dtv

Lieben Sie Krimis? Kochen Sie gern? Dann sind Sie hier richtig! Achtzehn namhafte Autoren servieren kulinarische Krimikurzgeschichten und liefern das passende Rezept gleich mit dazu.
Bei Peter Godazgar gesteht ein Auftragskiller aus den neuen Bundesländern seine Liebe zu Muttis Leipziger Allerlei. Susanne Mischke lässt einen Mann in der Sucht nach der streng riechenden Käsespezialität Weißlacker bis zum Äußersten gehen. Friedrich Ani weiß, wie der echte Bayrische Wurstsalat zu schmecken hat. Nicola Förg verteidigt vehement das Rezept der weltbesten Allgäuer Käsespätzle, und Cornelia Kuhnert lässt einen Kommissar von einer »Versoffenen Jungfrau« verführen.
Ein kurioser Rundgang durch die deutsche Krimiküche.

Die Herausgeber:
Cornelia Kuhnert lebt und schreibt in Hannover. Nach ihrem Geschichts- und Germanistikstudium arbeitete sie als Lehrerin. Seit einigen Jahren ist sie freie Autorin. Ihre Kriminalromane spielen im niedersächsischen Kleinstadtmilieu. Regelmäßig organisiert sie das Krimifest Hannover.
Mehr unter www.corneliakuhnert.de

Richard Birkefeld, 1951 in Hannover geboren, ist Historiker und Politologe. Seit 2002 schreibt er Kriminalromane und ist Herausgeber verschiedener Anthologien. Sein erster Roman ›Wer übrig bleibt, hat recht‹ wurde mit dem Deutschen Krimipreis und dem Friedrich-Glauser-Preis ausgezeichnet. Er lebt als freier Autor in Hannover.

Mörderische Leckerbissen

Herausgegeben von
Cornelia Kuhnert und Richard Birkefeld

Mit einem Vorwort von
Nele Neuhaus

Deutscher Taschenbuch Verlag

Ausführliche Informationen über
unsere Autoren und Bücher
finden Sie auf unserer Website
www.dtv.de

MIX
Papier aus verantwortungsvollen Quellen
FSC® C019821

Originalausgabe 2013

Umschlagkonzept: Balk & Brumshagen
Umschlaggestaltung: Wildes Blut,
Atelier für Gestaltung, Stephanie Weischer
unter Verwendung von Fotos von
plainpicture und Arcangel Images
Satz: Greiner & Reichel, Köln
Gesetzt aus der Stempel Garamond 9,7/12,5
Druck und Bindung: Druckerei C. H. Beck, Nördlingen
Gedruckt auf säurefreiem, chlorfrei gebleichtem Papier
Printed in Germany · ISBN 978-3-423-21476-6

Inhaltsverzeichnis

Westen

Osten

Vorwort

Das hier ist mein erstes Vorwort, das ich schreiben soll, und ich weiß – ehrlich gesagt – gar nicht so genau, wie man das macht. Eigentlich sollte ich ja auch gar kein Vorwort schreiben, sondern eine Krimikurzgeschichte.

Meine liebe Kollegin Cornelia Kuhnert fragte mich vor ein paar Monaten, ob ich einen Beitrag für eine Krimianthologie schreiben wolle. Viele der bekanntesten Krimiautoren und -autorinnen Deutschlands hatten bereits zugesagt. Gewünscht wurde ein Kurzkrimi, in dem das Essen eine Rolle spielen soll.

So schwer kann's ja nicht sein, dachte ich mir. Ich machte mir Gedanken, dachte mir einen Plot und dazu passende Figuren aus, erfand Namen und Orte und fing nach ein paar Tagen an zu schreiben. Sechs bis maximal zehn Seiten durften es sein.

Auf Seite neun stellte ich fest, dass ich viel zu sehr abgeschweift war. Mist. Kürzen. Drei Charaktere streichen. Die gelungenen atmosphärischen Landschaftsbeschreibungen, immerhin sieben Sätze, löschen? Oder besser die Dialoge? Nein, zuerst mussten die Adjektive raus, dann musste noch eine Figur dran glauben. Immerhin – auf diese Weise hatte ich zwei Seiten gespart. Während ich noch am Kürzen und Streichen war, kam mir die Bemerkung eines Deutschlehrers in den Sinn, der unter eine meiner Klausuren mit Rotstift »In der Kürze liegt die Würze!« geschrieben hatte. Damals mussten wir die Wörter zählen, denn dadurch wurde der Fehlerquotient errechnet, der sich in der Note niederschlug. 1200 Wörter flossen in zwei Stunden locker aus meinem Kugelschreiber, wohingegen meine Klassenkameraden mühsam gerade mal 300 zustande brachten. Ich beschuldigte meinen Lehrer der Lesefaulheit und Ignoranz, und er, der eindeutig am längeren Hebel saß, bestrafte diese Unterstellung mit Punktabzug. Meine Bemühungen, zukünftig kurze, griffige Aufsätze zu schreiben, scheiterten kläglich.

Lange Rede, kurzer Sinn: Ich schrieb die Geschichte, die ich so leichtfertig zugesagt hatte, nie fertig. Ich habe erkannt, dass das Schreiben von Kurzgeschichten ein Handwerk, nein, eine Kunst ist, die mir großen Respekt abnötigt. Meine Autorenkollegen beherrschen diese Kunst und haben sich wunderbar skurrile, schaurig-schöne, spannende und schwarzhumorige Geschichten ausgedacht, die den Leser auf eine kriminell-kulinarische Deutschlandreise entführen.

Und ich bin irgendwie richtig stolz, dass es mir gelungen ist, mein erstes Vorwort zu verfassen. Das sind übrigens exakt 376 Wörter. Mein Deutschlehrer wäre begeistert.

Ich wünsche Ihnen viel Vergnügen beim Lesen, Freude beim Nachkochen und einen guten Appetit beim Probieren der köstlichen Gerichte!

Herzlichst,

NORDEN

Cornelia Kuhnert

Reine Männersache

Hilde Reese schob die Küchengardine zur Seite und stutzte. Irgendetwas in ihrem Vorgarten war anders als gestern. Ihre Augen wanderten unschlüssig hin und her und blieben am Buchsbaum hängen, auf dessen akkuratem Kugelschnitt ein letzter Rest Schnee lag. Nein, das war es nicht. Auch an den vertrockneten Stockrosen gab es nichts Ungewöhnliches. Dann entdeckte sie, was ihr Unterbewusstsein längst gesehen hatte.

»Schorsch, komm mal her!« Ihre Stimme überschlug sich. »Was hast du mit den Hortensien gemacht?«

»Ich?«

»Ja, du. Frag nicht so blöd. Die sind dir doch schon die ganze Zeit ein Dorn im Auge. Hast wohl gedacht, ich merk das bei dem Schnee nicht gleich.«

»Das war ich nicht.« Schorsch holte tief Luft. »Vielleicht ein Reh. Die kommen im Winter bis an die Häuser.«

»Rehe«, feixte Hilde und besah sich den Schaden aus der Nähe. Überall im Beet entdeckte sie Fußspuren, selbst die Schneeglöckchen waren heruntergetreten. Das gab ihr zu denken. Niemals hätte Schorsch seine Lieblinge zertrampelt. Dann fiel ihr Blick auf das Beet der Nachbarin. Die Hortensien dort sahen genauso zerrupft aus wie ihre. Kurz entschlossen klingelte sie nebenan.

Elvira Schäfer öffnete verschlafen die Haustür. »Morgen, Hilde. Is was?« Wenig später begutachtete sie fröstelnd, nur mit Puschen und Bademantel bekleidet, die zerfledderten Büsche und schimpfte dabei wie ein Rohrspatz. Hilde und ihre Kegelschwester überlegten, was zu tun sei, als Heinrich Drostes Wutschrei zu ihnen herüberhallte. »Diese verdammten Schweine!«

Es ging bereits auf halb zehn zu, als die Kommissare Walter Streuwald und Dieter Borgfeld ihr Dienstzimmer betraten, das sie sich seit vielen Jahren teilten. Streuwald setzte sich und griff nach der Zeitung. Er war heute noch gar nicht dazu gekommen, die Fußballergebnisse der hannoverschen Kreisliga zu studieren. Als er am frühen Morgen im Polizeikommissariat in Burgdorf eingetroffen war, hatte es sofort eine Dienstbesprechung gegeben. »Wir haben innerhalb eines Monats drei Tote im Umkreis vom Fuhrberger Wald gefunden. Drei Männer mit Joggingschuhen und Teleskopstöcken – alle erschossen«, hatte Kriminaldirektor Rosinski die Besprechung eröffnet und anschließend den Stand der Ermittlungen zusammengefasst. An den nahe beieinanderliegenden Tatorten hatte man Patronenhülsen der Rheinisch-Westfälischen Sprengstoff-Fabriken gefunden, Projektildurchmesser 30–06. Die Geschosse stammten alle aus der gleichen Waffe, einer Büchse. Fazit: ein Serientäter, der es auf Nordic Walker abgesehen hatte. Rosinski hatte mit dem Zeigefinger auf das Ergebnis der ballistischen Untersuchung getippt und gesagt: »Ich bin froh, dass jetzt eine Sonderkommission aus Hannover die Ermittlungen übernommen hat. Die sind für so was einfach kompetenter.« Sein Blick war vom einen zum anderen gewandert, als hätte er Widerspruch erwartet. Der war jedoch ausgeblieben. Nur der Neuzugang aus Lage-Lippe hatte gehüstelt und etwas sagen wollen, zur Erleichterung aller dann aber die Klappe gehalten.

Jetzt ging zum Glück alles wieder seinen gewohnten Gang, dachte Borgfeld, legte den Hauptteil des »Hannoverschen Anzeigers« zur Seite und zog sein Notizbuch aus der Tasche. Mit frisch gespitztem Bleistift notierte er: Frühstück – ein Punkt. Zweites Frühstück – ein Punkt. Mit dem Lineal zog er eine akkurate Linie darunter, dann griff er lächelnd in seine Brotdose und nahm sich zwei Mohrrübenspalten heraus, dazu drei Apfelschnitze. Das musste reichen. Schließlich wollte er diese Woche ganz groß rauskommen und endlich zu hören bekommen, dass er bemerkenswert abgenommen habe. Wurde nach drei Monaten auch Zeit, fand seine Frau Maria, die ihn unter Androhung von Liebesentzug einmal pro Woche zu diesen Gewichtsfuzzis ins Gemeindehaus schleppte. Dabei wusste sie genau, dass er Qualen litt, wenn er öffentlich gewogen und anschließend sein Gewicht laut verkündet wurde. Vor der ganzen Runde. Nein, er wollte nicht wieder mit hochrotem Kopf dasitzen und missbilligende Blicke auf sich ziehen, vor allem von Maria. Er würde seiner Frau beweisen, dass er willensstark und vor allem …

In diesem Moment klingelte das Telefon. Borgfeld schluckte den letzten Rest des gut durchgekauten Mohrrübenbreis runter und griff zum Hörer. Kaum hatte er seinen Namen genannt, ereiferte sich eine Frau am anderen Ende der Leitung über zertretene Gartenbeete und abgeschnittene Hortensien.

Zwei Stunden später hatte Borgfeld nicht nur die Aussagen von Hilde und »Schorsch« Reese notiert, auch Frau Schäfer und vor allem Herr Droste hatten für gewaltigen Wirbel gesorgt. Droste, seines Zeichens Anwalt, hatte beste

Kontakte nach ganz oben und hielt damit nicht hinter dem Berg. Das konnte jede Menge Ärger bedeuten. Und den wollten weder Streuwald noch Borgfeld. Also hatten die beiden Kommissare die Spurensicherung alarmiert. Auf dem gefrorenen Boden gab es aber keine Spuren zu sichern, weil Frau Reese überall, auch im Vorgarten der Nachbarin, herumgetrampelt war, wie die Kollegen mit den Spezialwerkzeugen monierten.

»Das nächste Mal erspart ihr uns solche Einsätze«, maulte Harms, der Zweiräder über alles liebte, aber keine Beziehung zu Pflanzen hatte. »Wir machen uns dann mal wieder vom Acker. Das Protokoll schafft ihr ja wohl ohne uns.«

»Glaubst du?«, ätzte Streuwald zurück. Er ließ sich nicht gerne Vorhaltungen machen. Schon gar nicht von diesem Motorradfreak aus Hannover.

Streuwald blickte Harms noch nach, als Hilde Reese ihm auf die Schulter tippte. »Herr Kommissar, tut mit leid, dass Ihr Kollege so … muffig ist.« Sie lächelte wie ein verlegenes Schulmädchen. »Kommen Sie beide doch noch kurz mit rein. Ich wollte gerade *Arme Ritter* machen. Das tut gut nach der ganzen Aufregung am frühen Morgen und der Kälte hier draußen.«

»*Arme Ritter*«, frohlockte Streuwald und rieb sich die kalten Hände. »Komm, Dieter, die müssen wir probieren.«

»Für so etwas haben wir jetzt wirklich keine Zeit«, brummte Borgfeld. »Rosinski will das Protokoll garantiert noch heute Mittag auf dem Tisch haben.«

»Ach, hör auf. Ist doch kein Mord. Nicht mal ein Einbruch. Da müssen wir uns doch nicht stressen.«

Und ehe es sich Borgfeld versah, saß er mit Kollege Streuwald auf der Eckbank in Reeses Küche, vor sich eine dampfende Tasse Kaffee. Fast null Punkte, wenn man von dem

Schuss Milch absah, tröstete sich Borgfeld, und während er an seinem Getränk nippte, weichte die Frau des Hauses altbackene Weißbrotscheiben in einem Sahne-Eier-Milch-Gemisch ein. Streuwald nutzte die Zeit und diktierte Ermittlungsrelevantes in sein Aufnahmegerät. Bei dem Stichwort Tatzeit hielt er inne: »Wann, meinen Sie, wurde …«, Streuwald rang nach Worten, »der Diebstahl begangen?«

»Also, gestern Abend sahen die Hortensien noch normal aus«, sagte Hilde Reese und legte eine gelbschlierige Weißbrotscheibe in die Pfanne. »Und heute Morgen um acht waren die ganzen vertrockneten Blüten weg. Ich hatte ja erst den Schorsch im Verdacht, aber dann hab ich das da drüben bei Schäfers gesehen, und am Ende kam auch noch Droste dazu. Der war ganz außer sich. Letzte Woche haben die in Mellendorf ganze Büsche rausgerissen. Hat er gehört.« Das Fett zischte laut, als Hilde Reese eine zweite Brotscheibe in das Butterfett legte. »Droste hat gesagt, er legt sich selbst auf die Lauer. Vielleicht kämen die ja noch mal.« Sie blickte mit einem Augenzwinkern auf. »Und mit Droste ist nicht zu spaßen.«

»Sind Hortensien eigentlich so wertvoll?«, fragte Borgfeld, während er jede ihrer Bewegungen am Herd genau verfolgte.

»So ein ausgewachsener Busch kostet in der Gärtnerei schon ein paar Hundert Euro. Mittelgroße gibt es für fünfzig und kleine für zehn bis zwanzig. Ist also für jedes Portemonnaie was dabei. Hier«, mit Schwung reichte Hilde Reese ihm einen dampfenden Teller. »Ihr Kollege diktiert ja noch, fangen Sie schon mal an.«

Borgfeld schüttelte den Kopf. »Nein, danke, ich habe keinen Hunger.«

Sie warf ihm einen erstaunten Blick zu und gab den Teller weiter. »Dann du, Schorsch.«

Georg Reese ließ sich nicht lange bitten. Er zog Pflaumenmus und Aprikosenmarmelade zu sich heran und verteilte beides auf dem gerösteten Brot. Streuwald legte sein Diktiergerät zur Seite, als ihm die nächste Portion gereicht wurde. Lustvolles Stöhnen war zu hören, als er den ersten Bissen nahm.

»Wollen Sie nicht doch probieren?« Hilde Reese ließ einen vollen Teller dicht vor seiner Nase kreisen.

»Nein, danke, ich möchte nicht, also, ich würde zwar gerne, aber …«

Im nächsten Moment und ohne zu wissen, wie, stand der Teller vor ihm auf dem Tisch, und er hielt Messer und Gabel in der Hand. Fünf Happen später füllte sich der leere Teller erneut, genau wie sein Magen. Den dritten *Armen Ritter* lehnte Borgfeld strikt ab, doch ein Blick in die warmherzigen Augen von Hilde Reese überzeugte ihn davon, dass er die Köchin auf keinen Fall enttäuschen durfte.

»Wie war dein Tag?«, fragte Maria Borgfeld, als sie ihrem Mann fein geriffelten Selleriesalat mit blanchierten Erbsen zum Abendessen servierte. Borgfeld sah seine Frau achselzuckend an. »Heute war schlichtweg die Hölle los. Schon morgens mussten wir drei Gartendiebstähle aufnehmen.«

»Was fehlte denn?«, mischte sich seine der Pubertät halbwegs entwachsene Tochter Sonja ein. Erstaunlich. Normalerweise interessierte sie sich nicht für die Arbeit ihres Vaters, genauso wenig wie sein sechzehnjähriger Sohn Alexander.

»Büsche, vertrocknete Blüten und Knospen.« Borgfeld schob sich die Gabel mit dem Selleriesalat in den Mund und kaute geräuschvoll. »Die Gartenbesitzer sind stinksauer.«

»Ist ja auch gemein«, murmelte Maria Borgfeld, während sie ihrem Mann Hagebuttentee einschenkte. »Null Punkte«, hauchte sie ihm ins Ohr. »Ich bin so stolz auf dich. Diese Woche kommt dein Durchbruch bei Weight Watchers. Soll ich dir noch von dem Salat geben?«

»Nein danke, ich hab nicht so großen Hunger«, meinte Borgfeld und nippte an seinem Tee. »Ich möchte bloß wissen, warum die die vertrockneten Hortensienblüten klauen. Das ist doch nicht normal.«

»Hat ja auch keiner gesagt, dass durchgeknallte Kiffer normal sind.« Alexander fischte sich mit der Gabel eine saure Gurke aus dem Glas und biss genussvoll hinein.

»Wieso Kiffer?« Borgfeld verschluckte sich fast an seinem Tee, und der rote Sud schwappte auf die neue Plastiktischdecke mit Häkelkante, als er seine Tasse schwungvoll auf den Tisch setzte.

Am nächsten Morgen betrat Borgfeld gutgelaunt das Kommissariat. Streuwald war bereits da und saß mit hochrotem Kopf am Telefon. »Es geht gerade so weiter wie gestern. Schon die dritte Anzeige wegen Hortensienklau heute früh«, stöhnte er. »Alles Vorgärten in Burgwedel auf dem Weg zum Springhorstsee. Wer macht so was bloß?«

»Kiffer.« Borgfeld ließ das Wort in der Luft hängen, wie der Angler den Köder. Es dauerte keine drei Sekunden, und sein Kollege biss an.

»Kiffer? Wie kommste denn auf den Scheiß?«

»Es heißt, dass das Rauchen von gemahlenen Hortensienblättern zu ähnlichen Rauschzuständen führt wie Haschisch, nur eben legal.« Borgfeld grinste. »Und deshalb haben die Diebstähle von Hortensien in letzter Zeit zugenommen – von Flensburg bis Paderborn.«

»Echt?«, fragte Streuwald skeptisch.

»Ja. Echt.«

»Und Nebenwirkungen?«

»Das Übliche. Herz-Kreislauf-Probleme, bis hin zu Atemstillstand. Ist so ein Cyanid drin. Beim Rauchen entsteht Blausäure, und die kann tödlich sein. Genau wie bei Aprikosenkernen.«

»Aprikosenkerne?« Streuwald verdrehte die Augen. »Sag bloß, die sind auch giftig.«

Borgfeld nickte. »Du musst aber mindestens sechzig davon essen. Sonst bringt das nichts. Ich meine mit Exitus und so.«

In diesem Moment klingelte das Telefon. Martha Landeck, die Reporterin des »Hannoverschen Anzeigers«, war am Apparat und legte sofort los: »Was halten Sie eigentlich von der Bürgerwehr, die Heinrich Droste ins Leben gerufen hat?«

»Bürgerwehr?« Borgfeld versagte für einen Augenblick die Stimme. »Droste organisiert eine Bürgerwehr?«

Mann, Mann, Mann, tigerte es durch seinen Kopf. Der gestrige Tag hatte beschissen angefangen, der neue verhieß nichts Besseres. Aber dass es so schlimm kommen würde, damit hatte er nicht gerechnet.

Hilde Reese stand im Dunkeln hinter ihrer gehäkelten Küchengardine, das Licht hatte sie vorsichtshalber ausgeschaltet. Ihr wurde ganz mulmig beim Gedanken an den gestrigen Abend bei Droste. Wie der sich aufgespielt hatte. »Wir müssen unser Eigentum verteidigen und uns wehren! Von der Polizei haben wir nichts zu erwarten.« Mit solchen Worten hatte er die Nachbarn auf Linie gebracht. Sie hatte ihren Ohren kaum getraut, als ihr eigener Mann ein zustimmendes »Jawoll« in die Runde geschmettert hatte. Heute Abend schon wollten die Mitglieder der neu gegründeten Bürgerwehr abwechselnd Wache schieben. »Nicht mit mir«, hatte Hilde ihrem Mann zugezischt, als sie wieder zu Hause waren. Aber das hatte ihn nicht beeindruckt. »Macht nichts. Ist sowieso reine Männersache«, hatte er lapidar geantwortet.

Hilde warf einen Blick auf ihre Armbanduhr. Kurz vor einundzwanzig Uhr. Vielleicht ging ja alles aus wie das Hornberger Schießen. Das hoffte sie auch dann noch, als nacheinander die Lichter angingen: vor Legeners Holzschuppen, neben Trochtendorfs Einfahrt und hinten bei Droste. Als Nächstes hörte sie einen Pfiff, das Signal der Bürgerwehr. Dann einen Schuss. Was war das? Ein Restposten Sylvester-Kracher? Nein, eindeutig ein Schuss. Aber von Schießen war gestern Abend doch nicht die Rede gewesen! Hilde klammerte sich ans Fensterbrett. Jetzt gellten Schreie durch die Nacht, dazu lautes Gekreische. Vorsichtig schob sie die Gardine zur Seite und drückte ihre Nase an die Fensterscheibe. Da hinten bewegte sich etwas – schwarz gekleidete Gestalten stolperten aus den Vorgärten. Hilde zählte mit den Fingern: eins, zwei, drei, vier … fünf waren es. In dem Moment rannte der Dackel von Henriette von Trochtendorf auf die Straße und schnappte, Jagdausbildung sei Dank, beherzt zu, als ein flüchtendes Paar Beine in Reichweite kam. Das Opfer, ein Kerl im Kapuzenpulli, schrie auf und rannte mit dem zappelnden Dackel an seiner Wade weiter, nur deutlich langsamer. Festgebissen. Oh, das musste weh tun! Hilde wandte sich ab, nur um festzustellen, dass es jetzt schräg gegenüber zur Sache ging. Ein Vierbeiner mit Löwenschur schoss auf einen der anderen Flüchtenden zu – kein Zweifel, das war Philomenia. So schnell hatte Hilde den Zwergpudel der Wunderlichs noch nie rennen sehen. Doch ihm fehlte eindeutig der Jagdinstinkt. Philomenia setzte sich, wedelte mit dem Schwanz und ließ den Vermummten vorbeirennen. Dafür kam gleich neben ihr zuerst eine Mistgabel und dann Fred Voss mit einem entschlossenen »Haltet ihn!« hinter der Hecke hervorgeschossen. Gleichzeitig huschte etwas Schwarzes direkt vor ihrem Küchenfenster vorbei. Der Schatten hielt eine Forke in der Hand und brachte sich mitten auf der Straße in Position. »Schorsch!« Hilde japste nach Luft, ihr Kreislauf sackte ab. Das konnte nicht gutgehen. Entschlossen griff sie zum Telefon, tippte drei Ziffern ein und rief aufgeregt in den Hörer: »Kommen Sie schnell, hier herrscht Krieg.« Sie hatte gerade ihre Adresse angegeben, als drei der Vermummten ihre Rankhilfen aus dem Blumenbeet vorm Küchenfenster zogen – ein Geburtstagsgeschenk ihrer Kegelgruppe. »Jetzt fechten die auch noch mit meinen Rosenstäben!« Ihre Stimme überschlug sich fast. »Die haben handgeschmiedete Spitzen ... ich hab solche Angst, dass meinem Schorsch was passiert!«

»Beruhigen Sie sich, wir schicken einen Streifenwagen.«

Das Klackern beim Gegeneinanderschlagen von Mistgabel, Forke und Rankhilfe schwoll gefährlich an. Von überall her schossen Nachbarn herbei und bildeten einen Halbkreis um die Kämpfenden. Warum griff keiner ein? Vielleicht sollte sie ... Hildes Herz bebte. Bei den Ritterkämpfen hatten die Frauen auch nicht bloß auf den Burgzinnen gestanden und Däumchen gedreht. Hilde drehte sich mit einem entschlossenen Ruck vom Fenster weg und holte ihren Wischeimer. Von wegen reine Männersache!

Fast zeitgleich mit dem Einsatzwagen und dem Mannschaftsbus der Polizei traf auch ein Krankenwagen ein. Borgfeld übergab seinen Kollegen die pitschnassen Jungen. Sie waren gerade mal so alt wie sein Sohn. »Nehmt sie erst mal mit aufs Revier, um die Personalien festzustellen. Dann benachrichtigt die Eltern.«

»Komme ich jetzt ins Gefängnis?«, fragte einer der Jugendlichen ängstlich und am ganzen Leib vor Kälte schlotternd. »Ich habe doch …«

»Halt die Klappe! Die können uns gar nichts«, fiel ihm sein Kumpel ins Wort. »Im Gegenteil. Mein Vater wird Anzeige wegen Körperverletzung erstatten. Hunde auf uns hetzen, schießen und uns mit heißem Putzwasser übergießen, und alles nur wegen ein paar Blumen! Blumenklau ist schließlich kein Kapitaldelikt, und Hortensien sind keine illegalen Drogen. Klaro?«

»Mann, Mann, Mann, was für eine gequirlte Scheiße haben diese Burschen eigentlich im Kopf«, fluchte Borgfeld und blickte dem hochgewachsenen Schlaumeier nach, als er abgeführt wurde. Aber mit den Schüssen hatte der Kerl recht. Borgfeld richtete sich auf, und sein Tonfall wurde dienstlich.

»Wer hat geschossen?«

Die Mitglieder der Bürgerwehr schwiegen betreten.

»Also, los!« Borgfeld durchbohrte jeden Einzelnen von ihnen mit seinem Blick. Niemand antwortete. Auch die anschließende Befragung brachte keinen Erfolg – keiner wollte geschossen haben. Bis auf Heinrich Droste. Kein Wunder. Der fehlte nämlich. Gefolgt vom Tross der Anlieger zogen Borgfeld und Streuwald zu seinem Haus und klingelten. Niemand öffnete. »Droste lebt allein. Seine Frau ist …«, erklärte ein Nachbar, als sie aus dem Garten einen gedämpften Klagelaut hörten.

»Herr Droste?«, rief Borgfeld.

»Ohh«, kam es röchelnd aus dem Vorgarten. Hinter dem Hortensienbusch neben der Garage ragte ein Bein hervor. Nur wenige Schritte und die Polizeibeamten standen vor Droste, der bäuchlings im Beet lag. Streuwald leuchtete mit der Taschenlampe auf ein blutverschmiertes Bein und dann auf Drostes Fuß, der in einer Eisenfalle steckte. Die spitzen Zähne bohrten sich ins Fleisch. Auf Drostes Rücken breitete sich mittig ein dunkler Fleck aus. Borgfeld beugte sich hinunter. Da lugte etwas Röhrenförmiges unter Drostes Körper hervor. Ein Gewehr? Im Rindenmulch daneben waren weitere spitzzackige Gerätschaften zu sehen. Sie sahen aus wie Raubtiergebisse, bereit zum Zuschnappen.

»Mann, Mann, Mann«, stieß Borgfeld aus und setzte vorsichtig einen Fuß vor den anderen, um nicht in die Fallen zu treten. »Ruf den Notarzt«, wies er seinen Kollegen an.

Während Streuwald telefonierte, bückte sich Borgfeld und hob ein kleines, glänzendes Metallteil hoch. Eine Patronenhülse. Mit der Taschenlampe beleuchtete er den runden Patronenhülsenboden. Dann tippte er Streuwald auf den Rücken. »Ruf auch gleich noch die Kollegen von der Sonderkommission und der Spurensicherung an.«

Der Spuk war vorbei, und die Spurensicherung hatte ihre Arbeit aufgenommen. Streuwald und Borgfeld standen unschlüssig am Straßenrand.

»Und du glaubst wirklich, dass die Patronenhülse von Droste identisch ist mit denen, die wir im Fuhrberger Wald gefunden haben?« Streuwald rieb sich die eiskalten Hände.

»Ich sage nur: RWS 30–06«, entgegnete Borgwald. »Klar, wir müssen die ballistische Untersuchung abwarten. Aber mein Gefühl sagt mir, dass es nicht viele gibt, die einfach so mit ihren Flinten auf andere Menschen ballern.«

»Büchsen. Für Flinten nimmt man Schrot, bei Büchsen Kugelgeschosse. Musst du doch mittlerweile wissen.«

»Scheiß drauf! Ich bin jedenfalls gespannt, ob es sich um das gleiche Gewehr handelt, mit dem die Nordic Walker abgeknallt wurden.«

»Nur mal angenommen, du hast recht«, Streuwald rieb die Hände noch schneller aneinander, »dann erklär mir mal, warum Droste im Wald drei Männer mit Walkingstöcken erschießen sollte. Einfach so. Wo ist da das Motiv?«

»Hm«, brummte Borgfeld. »Vielleicht tickt der einfach aus, wenn man seine Kreise stört. Wenn man zum Beispiel das Wild in seinem Revier aufscheucht.«

»Da könnte was dran sein. Mir gehen die Typen mit ihren klackernden Stöcken auch tierisch auf die Nerven.«

»Walter!«

»Na, stimmt doch. Ist natürlich kein Grund, die gleich umzubringen.« Streuwald verstummte. Wie hatte er nur vergessen können, dass Borgfeld selbst einmal in der Woche ... »Und jetzt? Wollen wir uns ein bisschen stärken und irgendwo was trinken gehen?«, fragte er den Kollegen in versöhnlichem Ton. »Mir ist echt arschkalt.«

Als könnten sie heimliche Wünsche erraten, standen Hilde und Georg Reese plötzlich neben ihnen.

»Ich hab heißen Tee gekocht und einen kleinen Imbiss vorbereitet. Spezialrezept meines Mannes. Wie wär's?«

»Was Passendes zur blütenfleddernden Raubritterbande?«, versuchte sich Streuwald als Scherzkeks.

»Könnte man so sagen. Die Ritter der Koks ..., äh, der Hortensie«, prustete Georg Reese los und bekam sich vor Lachen nicht wieder ein. »Immerhin stammt das Gericht aus der Zeit ...«

»Schorsch«, unterbrach ihn seine Frau. »Jetzt hör auf mit deinen Vorträgen. Lass uns lieber reingehen. Es ist kalt hier draußen.«

»Der arme Droste. Fällt der erst in seine eigene Waffe – und dann löst sich auch noch ein Schuss. Und diese Fallen! Seit seine Frau ihn vor zehn Jahren verlassen hat, wird der immer seltsamer«, sinnierte Hilde Reese, während sie Tee einschenkte. »Was kriegt der denn jetzt für eine Strafe?«

»Keine Ahnung. Das ist Sache des Gerichts. Das Fangeisen. Die Schüsse. Mal schauen, was die Staatsanwältin daraus bastelt. Selbstjustiz ist für die ein rotes Tuch. Außerdem müssen die Ärzte Droste erst mal durchbringen.« Streuwald warf einen neugierigen Blick Richtung Herd, wo das Fett in der Pfanne verheißungsvoll zischte. Wenn sich Borgfelds Verdacht bestätigte, würde sowieso alles ganz anders aussehen, und die drei Morde im Fuhrberger Wald wären mit einem Streich aufgeklärt. Ganz ohne Zutun der Sonderkommission. Streuwald redete sich in Gedanken schon mit »Herr Hauptkommissar« an, als Hilde Reese ihm einen dampfenden Teller hinstellte. Er beäugte ihn misstrauisch. Die Masse sah zwar ähnlich aus wie gestern, war aber nicht eiergelb, sondern rot, blutrot. »Was ist denn mit dem *Armen Ritter* passiert?«

Georg Reese lachte auf. »Das ist die *Versoffene Jungfrau*. Da ersetzt man die Milch durch gewürzten Rotwein. Das vertreibt nicht nur die Kälte, sondern auch Kummer und Sorgen.« Reese griente spitzbübisch. »Und anschließend habe ich was vorbereitet.« Sein Grinsen wurde noch breiter, als er an einem silberfarbenen Kästchen herumfummelte. »Man muss doch schließlich wissen, um was es hier geht.«

Streuwald und Borgfeld wechselten mehr als nur einen Blick. »Na ja, also, illegal ist es ja nicht«, knarzte Streuwald.

»Legal, illegal, scheißegal«, kicherte Georg Reese und zündete sich eine Selbstgedrehte an. Garantiert nicht seine erste Zigarette heute, dachte Borgfeld, als er die *Versoffene Jungfrau* gereicht bekam. Ein Bissen davon, und er wusste, dass das nicht seine letzte war.

Arme Ritter – das Beste, was altem Brot passieren kann

Zu Zeiten des Dreißigjährigen Krieges ging es nicht nur der Bevölkerung schlecht, auch der verarmte Adel hatte Probleme, satt zu werden. Unter Namen wie *Rostiger Ritter, Fotzelschnitten, Pfidl-Pofesen* (Gefüllte Variante mit Pflaumenmus) verbreitete sich das Notessen *Arme Ritter* in ganz Europa. Es gibt ihn mit Vanillesauce, Zimt, Marmelade und Pflaumenmus. Der *Arme Ritter* heißt in den USA übrigens *»French Toast«*, in England *»Poor Knights of Windsor«*, in Spanien *»Torrigas«* und in Frankreich *»Pain perdu«*.

Grundrezept für Arme Ritter (6 Portionen)

Etwa 6 Scheiben Kastenweißbrot, ersatzweise Toastbrot oder Brötchenhälften, 1 ½ cm dick, 2–5 Tage alt
300 ml Milch
2 Eier
50 g Zucker, eventuell auch Zimt
50 g Butter oder 5 EL Speiseöl, z. B. Sonnenblumenöl

Los geht's: Ei mit Milch in einer Schüssel verquirlen. Die Brotscheiben oder Brötchenhälften in der Eiermilch wenden und eingeweicht (fünf Minuten oder länger) ziehen lassen. Dann in einer Pfanne die Butter erhitzen und die eingeweichten Brotstücke hineinlegen. *Arme Ritter* in der Pfanne auf beiden Seiten goldbraun anbraten. Warm auf den Teller geben, mit Zimt und Zucker bestreuen und servieren.

Die nicht jugendfreie Variante heißt *Versoffene Jungfrau*: Statt der Milch verwendet man gewürzten Rotwein (aufgekocht mit einer Zimtstange, zwei Nelken, Zitronenschale und Zucker).

Dora Heldt

Biikebrennen und Grünkohl

Es war kalt. Richtig kalt. Hermia zog ihre Wollmütze noch tiefer ins Gesicht und schob die Hände in die Manteltaschen. Sie kniff die Augen zusammen und versuchte, das Licht von Dietlindes Haus zu erkennen. Ernst hatte wohl wieder die schwächste aller Energiesparlampen eingeschraubt, das Licht drang kaum durch den Nebel. Typisch Ernst, dieser alte Geizhals würde irgendwann mal dran schuld sein, dass seine Frau sich im Dunkeln die Beine auf der Treppe brach. Hauptsache, die Stromrechnung war niedrig.

Hermia seufzte und ging vorsichtig weiter, denn die Straße war stellenweise sehr glatt, und sie hatte große Angst, auszurutschen. Der Februar auf Sylt war nicht die beste Zeit für alte Leute, dachte sie. Es wurde wirklich Zeit, dass der Frühling kam. Sie liebte die Insel zu jeder Jahreszeit, aber inzwischen mochten ihre alten Knochen die Kälte nicht mehr. Aber morgen war Biikebrennen, da wurde der Winter vertrieben. Hermia liebte diesen Brauch. In jedem Dorf wurde ein Feuer entzündet, alle kamen zusammen, es wurden friesische Lieder gesungen, Glühwein getrunken und der neueste Dorfklatsch verbreitet. Man traf Gott und die Welt, und anschließend gab es überall Grünkohl mit Schweinebacke, Kassler, Wurst und süßen Kartoffeln.

Es war immer zu schön, auch wenn mittlerweile Hermias Cholesterinspiegel und ihre Galle die Schweinebacke übelnahmen. Aber das war ihr egal, anschließend gab es einen Korn und am nächsten Tag nur Zwieback.

Ihr lief schon das Wasser im Mund zusammen. In diesem Jahr würden sie auswärts Grünkohl essen. In Hermias Lieblingslokal, dem »Alten Gasthof«, dazu hatte sie ihre beiden besten Freundinnen überredet. Dietlinde und Agathe nahmen ihre Ehemänner mit, deshalb waren sie zu fünft. Hermias Ehemann Wilhelm hatte sie vor drei Jahren verlassen, Gott habe ihn selig, genau auf den Tag vor drei Jahren. Damals hatte sie nicht am Grünkohlessen teilgenommen, das wäre ihr pietätlos erschienen. Aber sie war vorher zum Biikefeuer gegangen, schließlich musste sie sich vom Winter verabschieden. Ihre Freundinnen hatten sie damals begleitet.

Manchmal träumte sie noch von Wilhelm. Vierzig Jahre Ehe waren ja eine lange Zeit gewesen. Natürlich nichts gegen die siebzig Jahre, in denen sie nun schon mit Dietlinde und Agathe befreundet war. Seit der Einschulung kannten die drei sich, und immer hatten sie im selben Dorf auf Sylt gewohnt. Sie waren von klein auf unzertrennlich gewesen. Bis heute.

Die Sommer fanden am Strand statt, im Winter liefen sie Schlittschuh auf den kleinen Seen in den Dünentälern. Sie hatten alles gemeinsam gemacht, bis sie erwachsen wurden und ihre Männer kennenlernten.

Wenn man ganz ehrlich war, hatte eigentlich keine von ihnen das große Glück in ihrer Ehe gefunden. Deshalb war es umso besser, dass sie immer füreinander da waren. Und welch Glück, dass keiner der zugereisten Ehemänner eine von ihnen aufs Festland geschleppt hatte. Hermia hätte sich nie vorstellen können, woanders und ohne ihre beiden Freundinnen zu leben. Aber diese Angst musste sie ja jetzt nicht mehr haben. Jetzt nicht mehr. Jetzt waren sie alle mehr oder weniger zufrieden alt geworden auf Sylt.

Leise ächzend zog sie sich am Handlauf zu Dietlindes Hintertür hoch. Auch die Treppenstufen waren unbeleuchtet und obendrein spiegelglatt. Vermutlich hatte Ernst nicht eingesehen, für teures Geld Streusalz zu kaufen.

Kopfschüttelnd drückte Hermia die unverschlossene Tür auf und rief: »Ich bin es« in Richtung Küche, bevor sie ihren Mantel auszog und ordentlich an die Garderobe hängte.

»Ich bin in der Küche«, hörte sie Dietlindes Stimme. Natürlich, Dietlinde war um diese Zeit immer in der Küche. Sie saß am Küchentisch vor einem Kreuzworträtsel und blickte nur kurz zu Hermia auf, bevor sie die Augen wieder auf das Blatt richtete. »Moin, Hermia«, murmelte sie. »M-e-t-r-o-p-o-l-e, das passt. Und? Was gibt's Neues?«

»Metropole?« Hermia ließ sich tief ausatmend auf die Eckbank sinken. »Paris?«

»Nein. Hauptstadt mit neun Buchstaben.« Dietlinde sah sie an. »Metropole ist die Lösung. Du immer mit deinem Paris.«

»Irgendwann, meine Liebe«, antwortete Hermia sofort und fuchtelte mit dem Zeigefinger in ihre Richtung, »irgendwann fahren wir drei Hübschen nach Paris. Du wirst sehen. Vorher kriegt mich niemand unter die Erde.«

Dietlinde lächelte sie ein bisschen traurig an. »Ach, Hermia, wir werden alt. Du hast es mit der Hüfte, Agathe hat es mit den Augen, und mir tun auch alle Knochen weh. In diesem Leben kommen wir wohl nicht mehr nach Paris. Vielleicht im nächsten.«

Hermia wollte etwas darauf erwidern, aber sie hielt sich dann doch zurück. Dietlinde sah schon traurig genug aus. Die Wahrheit lag doch ganz woanders. Ernst, der alte Geizhals, würde lieber sein Geld im Deich vergraben, als seiner Frau etwas so Überflüssiges wie eine Parisreise zu bezahlen. Aber da war selbst Hermia machtlos, Dietlinde wehrte sich halt nicht.

»Hallo? Jemand zu Hause? Kaffee fertig?« Agathe konnte zwar nicht mehr gut sehen, dafür aber noch sehr laut und energisch reden. Da stand sie schon in der Küche und begrüßte ihre Freundinnen. »Moin, ihr Lieben.«

Dietlinde stand auf und machte sich ans Kaffeekochen. Weder Hermia noch Agathe hatten ihre Mützen abgenommen. Noch nicht einmal unter Freundinnen zeigte man sich mit aufgeladenen Haaren. Und Wollmützen waren Gift für die Frisur.

Agathe rutschte neben Hermia auf die Eckbank und sah zu, wie Dietlinde die Kaffeetassen verteilte. Dabei presste sie die Lippen zusammen und legte die Stirn in bedenklich viele Falten. Dietlinde sah sie kurz an und fragte: »Was ist? Hast du dich geärgert?«

»Ja«, meinte Agathe kurz angebunden, zog ihre Tasse zu sich und rührte drei Löffel Zucker hinein. »Setz dich hin, Dietlinde. Ihr werdet euch auch gleich ärgern.«

»Worüber denn?« Hermia fischte aus ihrer Handtasche eine Tupperdose mit Butterkuchen und stellte sie auf den Tisch. »Hier, gestern gebacken. Ist aber ein bisschen flach geworden.«

»Über deinen Göttergatten«, antwortete Agathe, blickte Dietlinde bedeutungsvoll an und bediente sich aus der Kuchenbox. »Du darfst keine Trockenhefe nehmen, Hermia. Habe ich dir schon mal gesagt.«

»Wieso hast du dich über Ernst geärgert?«, fragte Dietlinde etwas erstaunt und betrachtete dabei prüfend das Kuchenstück vor sich auf dem Teller. »So flach ist der doch gar nicht.«

Agathe blickte triumphierend in die Runde. »Jetzt haltet euch fest: Ernst hat im ›Alten Gasthof‹ angerufen und hat uns beim Grünkohlessen abgemeldet.«

»Wie bitte?« Hermia fiel fast ein Stück Kuchen aus dem Mund. »Wer sagt das?«

»Die nette Kellnerin, Lola«, antwortete Agathe. »Ich habe sie vorhin an der Post getroffen. Er hat gefragt, was das Essen kostet, und als er den Preis hörte, hat er es abgesagt.«

Dietlinde schob so heftig ihre Tasse zur Seite, dass der Kaffee überschwappte. »Es ist doch immer dasselbe mit ihm«, sagte sie wütend. »Da will ich einmal schön ausgehen, und Ernst guckt nur aufs Geld. Es ist so peinlich, was denkt Lola jetzt bloß?«

»Das, was alle wissen.« Hermia sah ihre Freundinnen vielsagend an. »Dass dein Ernst der größte Geizkragen unter der Sylter Sonne ist. Ich würde mir das an deiner Stelle nicht länger gefallen lassen.«

»Du kannst das leicht sagen«, Dietlinde knüllte ihr Taschentuch in der Hand. »Du bist Witwe und kannst machen, was du willst. Als Wilhelm noch lebte, hast du auch oft etwas absagen müssen, weil du stattdessen deinen betrunkenen Mann irgendwo abholen musstest. Hast du das vergessen?«

»Nein, habe ich nicht.« Hermias Gesichtsausdruck hatte etwas Selbstzufriedenes. »Aber irgendwann ist es genug. Und statt zu lamentieren, muss man eben mal etwas ändern.«

Agathe schnaubte abfällig durch die Nase. »Ändern? Hermia, du machst es dir leicht. Was soll Dietlinde tun? Wir kennen Ernst doch. Was er nicht will, das will er eben nicht. Ich habe nur Glück, dass Hans-Peter den ganzen Tag in seinem Modelleisenbahnkeller sitzt und mich in Ruhe lässt. Ab und zu betrinkt er sich mit dem Whiskey, den er im Keller bunkert, nur mit gutem natürlich, und denkt, ich merke das nicht. Aber ich darf dann die leeren Flaschen wegräumen. Aber meistens ist es so, als wäre er gar nicht da. Ich habe es besser als Dietlinde, wenn auch nicht so gut wie du, Hermia …«

Dietlinde hustete etwas, und die beiden anderen erschraken, als sie sahen, wie ihr plötzlich die Tränen über die Wangen liefen.

»Ich halte es nicht mehr aus«, flüsterte sie tränenerstickt. »Ernst wird immer schlimmer. Ich darf überhaupt nichts mehr machen, was Geld kostet. Über jede Ausgabe muss ich Rechenschaft ablegen. Und dann geht das Gezetere los. Ich kann nicht mehr, und ich will auch nicht mehr. Am liebsten wäre ich tot.«

»Dietlinde, bitte.« Agathe setzte sich aufrecht und tätschelte ihrer Freundin mitfühlend die Hand. »Alles zu seiner Zeit. Zum Sterben sind wir doch noch viel zu jung. Außerdem wollen wir zusammen nach Paris. Das haben wir schon vor fünfzig Jahren beschlossen, und das wird noch gemacht. Jetzt hör bitte auf zu weinen, ich kann das nicht sehen, sonst heule ich gleich mit. Hermia, sag doch auch mal was.«

»Paris?« Dietlinde weinte noch mehr. »Wie soll ich denn nach Paris kommen, wenn schon ein Grünkohlessen zu teuer ist?«

»Wir fahren nach Paris.« Hermia unterbrach energisch Dietlindes Schluchzen. »Jetzt ist Schluss mit den Tränen. Wir gucken uns das Elend von Dietlinde nicht mehr länger an. Wir kennen uns lange genug und haben uns immer geholfen. Und deshalb werde ich euch heute etwas erzählen. Ich mache das nur dieses eine Mal und dann werden wir nie mehr darüber reden.«

Am nächsten Abend stand Dietlinde vor dem knisternden Biikefeuer. Sie war aufgewühlt und versuchte, das Gedankenwirrwarr in ihrem Kopf zu sortieren. Sie zwang sich, tief durchzuatmen und ihre Augen ruhig über den Deich wandern zu lassen. Die Dünen sahen aus, als wären sie gezuckert, es hatte seit Tagen gefroren, obwohl der Himmel tagsüber blitzblau gewesen war. Winterwetter, wie man es sich nicht schöner vorstellen konnte. Trotzdem war Dietlinde durcheinander und beunruhigt. Es war so unglaublich, was Hermia ihnen gestern Abend in der Küche erzählt hatte. Geradezu unvorstellbar, aber es könnte tatsächlich die Lösung all ihrer Probleme sein. Auch wenn sie keine Ahnung hatte, wie das alles funktionieren sollte. Sie brauche sich gar keine Gedanken machen, hatten Hermia und Agathe immer wieder betont. Sie müsse gar nichts machen, einfach nur zusehen und den Mund halten. Dann würde alles gut werden. Dietlinde seufzte. Da hakte sich plötzlich jemand bei ihr ein.

»Alles wird gut«, flüsterte Hermia ihr ins Ohr. »Bleib ganz ruhig.«

Dann bemerkte sie Agathe, die links von ihr stand. Agathe sah auf die Uhr und nickte ihr aufmunternd zu. »Gleich ist es vorbei«, murmelte sie. »Denk an Paris.«

Dietlinde wurde ein bisschen übel.

Eine Woche später schloss Hermia Dietlindes Haustür hinter dem letzten Besucher und kehrte zurück in die Küche, wo Dietlinde und Agathe auf der Eckbank saßen.

»Geschafft«, stieß sie erleichtert aus und hängte ihre schwarze Kostümjacke über die Stuhllehne, bevor sie sich setzte. »Der gute Ernst ist unter der Erde, und der Butterkuchen ist auch aufgegessen. Dieses Mal habe ich übrigens frische Hefe genommen, hat man gemerkt, oder?«

Agathe sah sie strafend an. »Hermia! Ein bisschen mehr Feingefühl, bitte. Dietlinde hat gerade ihren Mann beerdigt und du sprichst von Hefe.«

Hermia zuckte die Achseln und schenkte noch mal Cognac in ihre Gläser. »Das war doch der Sinn der Aktion. Jetzt tu nicht so. Ich habe übrigens noch Grünkohl in der Truhe, den können wir heute Abend bei mir essen. Nach dem Biikebrennen haben wir ja keinen mehr bekommen.«

Dietlinde schloss einen Moment die Augen. Sie konnte es selbst kaum glauben. Mein Gott, was war nur geschehen?

Am Abend nach dem Biikefeuer waren Agathe, Hermia und sie zurück zu Dietlindes Haus gegangen. Ernst hatte mit geschlossenen Augen auf dem Sofa gelegen, eine Fernsehzeitschrift auf der Brust, in der Hand hielt er noch den Löffel mit einem Rest Schokoladenmousse, die Hermia mitgebracht hatte. Ganz friedlich hatte er ausgesehen, aber leider auch sehr tot. Der herbeigerufene Hausarzt Dr. Weber stellte dann fest, dass Ernst' Herz einfach aufgehört hatte zu schlagen. Schicksal. Er kondolierte Dietlinde und fragte Hermia und Agathe, ob sie ihrer Freundin in diesen schweren Stunden beistehen könnten. Das wurde selbstverständlich bejaht. Dr. Weber hatte noch darauf hingewiesen, dass Hermia sicherlich besonderes Mitgefühl für ihre Freundin zeigen könne, da ja auch sie ihren Mann damals während des Biikefeuers verloren habe. Ein gemeinsames Los, das die ohnehin engen Freundinnen noch enger aneinander binden würde. Hermia hatte sehr ernst genickt, und Dr. Weber hatte den Bestatter angerufen.

Jetzt griff Dietlinde zum Cognacschwenker und trank die goldgelbe Flüssigkeit in einem Zug aus. Sie schüttelte sich, stellte das Glas wieder ab und blickte Hermia an.

»War es wirklich genauso wie bei Wilhelm?«

Hermia nickte. »Ganz genauso. Das Schlafmittel hatte ich Wilhelm damals in eine heiße Schokolade mit Rum gerührt. Bei Ernst war es in der Schokoladenmousse. Eine halbe Stunde später war er eingeschlafen. Der Tod tritt ein, eine halbe Stunde nachdem man das Insulin gespritzt hat. Du kannst mir glauben: Sie haben beide nichts gemerkt. Ein schöner Tod. Und es sieht aus wie ein Herzinfarkt. Kein Mensch kommt darauf, dass hier nachgeholfen wurde.«

Dietlinde presste ihre Lippen zusammen. »Woher hattest du denn überhaupt das Insulin?«

»Von meiner Cousine Thea. Die ist doch Diabetikerin. Und sie ist so schusselig. Zerbricht dauernd die Ampullen. Ihr Arzt hat gar nicht gemerkt, dass ich mir beim letzten Besuch wieder eine mitgenommen habe. Tja, es zahlt sich aus, dass ich früher Krankenschwester war.«

Zufrieden sah sie in die Runde, dann wurde sie plötzlich ernst. »Es tut dir hoffentlich nicht leid?«

Dietlinde überlegte einen Moment, dann sagte sie mit fester Stimme: »Er war ein schlechter Mensch, der Ernst. Er hat mich mein Leben lang drangsaliert. Ich habe so oft überlegt, ihn zu verlassen, aber ich habe es nie geschafft. Wo hätte ich denn auch hin sollen? Ich liebe dieses Haus, obwohl es sein Elternhaus ist. Ich hatte nie eigenes Geld, und ich hatte auch nie Mut. Deshalb bin ich geblieben. Und das hat er jetzt davon.«

»Jetzt gehört dir hier alles«, ergänzte Agathe mit triumphierender Stimme. »Du bist jetzt eine wohlhabende Witwe, meine Liebe.«

»Ja«, antwortete Dietlinde und lächelte. »Nächstes Jahr werde ich fünfundsiebzig. Da fahren wir drei nach Paris. Versprochen! Und beim Biikebrennen im nächsten Jahr gehen wir im teuersten Lokal auf der Insel Grünkohl essen. Den kochen wir nie wieder selbst.«

Ein Jahr später
Dietlinde strich ein letztes Mal über den bunten Hotelprospekt »Maison Montmartre« und legte ihn lächelnd auf die Arbeitsplatte ihrer neuen Küche. Sie hatte sich im letzten Jahr neu eingerichtet, schlief jetzt in einem weißen, eleganten Schlafzimmer, kochte in einer modernen Küche und sah von einem wunderschönen Ohrensessel auf einen nagelneuen Flachbildfernseher. Nur die Eckbank war geblieben. An ihr hingen so viele Erinnerungen an die gemeinsamen Jahre mit Agathe und Hermia, die musste bleiben.

Übermorgen war Ernst' erster Todestag. Ein Jahr war schon wieder ins Land gegangen; im Alter flog die Zeit sowieso viel schneller vorbei. Es war ein gutes Jahr gewesen, nicht nur für Dietlinde, auch für Hermia, die eine neue Hüfte bekommen und die ganze Prozedur wunderbar überstanden hatte. Sie war fast wieder so gut zu Fuß wie früher und machte jetzt jeden Tag und egal, bei welchem Wetter, mit Dietlinde einen ausgedehnten Strandspaziergang. Eine wunderbare neue Angewohnheit.

Ab und zu kam auch Agathe mit, obwohl sie nicht gern lange Strecken lief. Überhaupt war Agathe im Moment ihr Sorgenkind. Sie sprach nicht offen darüber, aber Dietlinde vermutete, dass es etwas mit Hans-Peter zu tun habe. Ganz seltsam war er in den letzten Monaten geworden. Er war immer schon ein schweigsamer Eigenbrötler gewesen, aber jetzt wurde es noch schlimmer. Er kümmerte sich weder um seine Modelleisenbahn noch um seine Frau oder das Haus. Er fuhr alle paar Tage mit dem Auto weg, sagte nicht, wohin und warum, grummelte vor sich hin und wich allen Fragen aus. Hermia hatte schon gemutmaßt, dass er eine Freundin hatte. Das hielt Dietlinde für absoluten Blödsinn, nicht nur, weil Hans-Peter achtundsiebzig Jahre alt war, sondern weil er viel zu verstockt war, um eine Dame anzusprechen. Mittlerweile war Agathe ja sogar schon so weit, dass sie sich wünschte, er hätte eine Freundin. Da könnte er dann gleich hinziehen, und sie hätte endlich ihre Ruhe. Dietlinde und Hermia wunderten sich über ihre Freundin.

Dietlinde ging zum Esszimmerfenster und blickte hinaus. Auch in diesem Februar lag eine Raureifschicht über der Dünenlandschaft, die sich hinter ihrem Haus erstreckte. Zwischen zwei Dünen konnte sie einen Streifen vom Meer sehen. Ernst hatte immer darauf bestanden, die Jalousien herunterzulassen, weil ihn die Sonne störte. Jetzt hatte Dietlinde noch nicht mal mehr Gardinen. Deshalb sah sie auch gleich Hermia, die sie offensichtlich besuchen kommen wollte. Dietlinde lächelte und ging in die Küche, um die Kaffeemaschine anzustellen.

»Meine Güte, ist das kalt.« Hermia kam in die Küche gestapft und rieb sich die kalten Hände. »Was bin ich froh, dass übermorgen Biike ist. Ich habe ja immer das Gefühl, dass danach der Winter vorbei ist. Und dann kommt April und Pariiiis.« Das letzte Wort sang sie fast.

»Ist Agathe noch nicht da?« Hermia ließ ihren Blick durch die Küche wandern. »Ans Telefon ging sie nicht mehr, ich dachte, sie wäre schon hier.«

Sie ging zum Fenster und sah auf die Straße. Was sie dort sah, konnte sie kaum glauben: Eine völlig aufgelöste Agathe, ohne Mantel und nur mit Hausschuhen an den Füßen, stürmte auf Dietlindes Haus zu.

»Sie holt sich ja den Tod«, rief Dietlinde entsetzt, die jetzt neben Hermia am Fenster stand. Da hatte Agathe schon das Haus erreicht und polterte in die Küche, ohne sich die schneebedeckten Hausschuhe am Eingang abzustreifen.

»Er will das Haus verkaufen!« Agathes Stimme klang schrill, geradezu panisch. Hermia und Dietlinde fuhren erschrocken herum.

»Hans-Peter will verkaufen und von der Insel wegziehen. Und ich wusste nichts davon! Heute Morgen war schon dieser Makler da, Jörn Behrens. Sogar mit Interessenten. Sie sind im ganzen Haus rumgelaufen, mit dreckigen Schuhen und schlechten Manieren …«

Sie ließ sich auf die Eckbank fallen und brach in Tränen aus.

Nach einer betretenen Pause fing Hermia sich als Erste. »Er kann doch nicht einfach das Haus verkaufen. Da musst du doch zustimmen.«

»Muss ich nicht!« Agathe schrie aus lauter Wut. »Es gehört ihm. Ihm allein. Hans-Peter hat mir heute Morgen zwischen Tür und Angel mitgeteilt, dass er im Alter nicht auf einer Insel leben will. Keine Ahnung, was er sich dabei denkt, und eigentlich will ich es auch nicht wissen. Und dieser schmierige Makler hat ihm so viel Geld geboten, dass er dumm wäre, das Haus nicht zu verkaufen, sagt er. Außerdem will er nach Bayern. Hört ihr? Nach Bayern! Weil da kein Wind ist.«

Dietlinde öffnete den Mund und klappte ihn wieder zu. Was sollte sie dazu sagen?

Hermia überlegte erst und sagte dann zögernd: »Sollen wir noch mal mit ihm reden?«

»Es wird nichts nützen.« Erschöpft ließ Agathe den

Kopf sinken. »Er ist fest entschlossen. Und ihr kennt ihn doch. Wenn er einen Entschluss gefasst hat, dann kann niemand ihn umstimmen. Sagt mir, was ich tun soll.«

Hermia stand auf und ging in den Flur, wo sie sich ihren Mantel anzog und ihre Mütze aufsetzte. »Ich gehe mal zu Behrens und frage, was los ist. Ich habe früher auf den kleinen Jörn Behrens aufgepasst, der traut sich nicht, mich anzulügen.«

Später saßen die drei mit gesenkten Köpfen wieder in Dietlindes Küche. Nach einer ewig langen Pause räusperte sich Hermia. »Also gut«, sagte sie. »Fassen wir noch einmal zusammen. Hans-Peter hat diesem Zahnarztehepaar aus Hamburg mündlich den Verkauf zugesagt. Und er will so schnell wie möglich einen Notartermin machen, damit der Vertrag unterschrieben wird. Behrens wird einen Teufel tun, sich dieses Geschäft entgehen zu lassen. Das klingt alles so, als wäre da nichts mehr zu machen. Meine Damen, es gibt also zwei Möglichkeiten: Entweder zieht Agathe nach Bayern …«

»Ich will nicht nach Bayern. Alte Bäume kann man nicht verpflanzen«, warf Agathe mit dünner Stimme ein.

»… oder …«, fuhr Hermia mit entschlossener Stimme fort und ignorierte den Einwand ihrer Freundin, »oder wir müssen es anders lösen. Was meint ihr?«

Dietlinde und Agathe sahen sich an und nickten.

Die Kinder trugen voller Stolz die Fackeln zum Feuer, gerührt sah Dietlinde in ihre Richtung und stieß Agathe an. »Guck mal, da vorn die beiden blonden Mädchen, das sind die Enkelinnen von Gesa Hanken. Wie groß die schon sind.«

Agathe schob ihre Hand weg. »Dietlinde, das interessiert mich im Moment nicht die Bohne. Wo bleibt Hermia denn?«

Langsam folgten sie dem Fackelzug, die ersten friesischen Lieder wurden angestimmt. Es war frostig, und die Fackeln hatten Mühe, die stockfinstere Nacht mit ihrem Licht zu erhellen. Trotzdem strömten immer mehr Menschen zur Biike, die gleich entzündet werden sollte.

»Sie kommt bestimmt gleich.« Beruhigend strich Dietlinde der Freundin über den Arm.

»Hast du Hans-Peter den Whiskey hingestellt?«, fragte Agathe zum wiederholten Mal.

Dietlinde hatte Hans-Peter eine Flasche seines Lieblingswhiskeys vorbeigebracht. Sie hatte vorgegeben, den teuren Schluck bei Ernst' Sachen gefunden zu haben. Hans-Peters Augen hatten geleuchtet, bedankt hatte er sich nicht. »Er hat sich gleich wieder in seinen Keller verzogen. Die Flasche hat er mitgenommen. Das klappt!« Dietlinde senkte ihre Stimme zu einem verschwörerischen Flüstern.

»Dietlinde, ich habe Angst, dass etwas schiefgeht.« Nervös knetete Agathe an ihrem Arm herum.

»Geht es nicht.« Dietlinde klang ruhig, aber sie musste ein nervöses Kichern unterdrücken. »Langsam hat Hermia doch Übung. Sie wartet, bis er betrunken und müde ist, dann holt sie Theas Insulin aus der Tasche und …«

»Pssst!« Hektisch sah Agathe sich um. »Bist du verrückt? Wir reden doch nicht darüber.« Sie zog Dietlinde langsam weiter, auf dem Weg grüßten sie nach rechts und links. Trotz der vielen Touristen kannten sie doch noch viele Leute.

»Es sind eine Menge Fremde hier«, meinte Dietlinde. »Früher war es schöner, als wir noch unter uns waren. Die ganzen Reichen, die hier Häuser kaufen. Das ist nicht gut, dagegen muss man was unternehmen.«

»Dietlinde, bitte«, zischte Agathe. »Herrgott, wo bleibt denn Hermia? Das kann doch nicht so lange dauern!« Ihre Beine zitterten, nicht nur wegen der Kälte.

»Sie kommt sicher gleich.« Dietlinde blieb ganz ruhig. Als sie sich umdrehte, entdeckte sie plötzlich Hermias hellen Daunenmantel. »Na, siehst du, da ist sie ja.« Aber als sie die Freundin auf sich zueilen sah, bemerkte sie sofort deren Gesichtsausdruck, und der verhieß nichts Gutes.

Agathe hatte offensichtlich den gleichen Gedanken. »Oh«, sagte sie leise. »Hermia guckt so komisch. Hoffentlich ist nichts schiefgegangen.«

Hermia winkte noch dem einen oder anderen Bekannten zu, bevor sie Dietlinde und Agathe erreichte. »Da seid ihr ja«, sagte sie und hakte sich bei beiden unter. »Lasst uns näher ans Feuer gehen, es ist grausam kalt.«

Das Biikefeuer war inzwischen entzündet. Es roch nach brennendem Holz, und der Lichtschein der Flammen tanzte auf den Gesichtern der Umstehenden.

»Und?« Agathe beugte sich dicht zu Hermia, sie traute sich kaum, zu fragen.

Hermia starrte unbewegt ins Feuer. »Er lag im Flur«, flüsterte sie. »Hans-Peter war schon tot, als ich ankam. Er muss die Treppe runtergestürzt sein.«

»Was?« Agathe sah sie mit aufgerissenen Augen an. »Bist du sicher?«

Hermia nickte und legte den Zeigefinger auf den Mund. »Kommt, wir gehen. Aber möglichst unauffällig.«

Hans-Peters Kopf war seltsam verrenkt zur Seite gedreht, seine Augen waren geschlossen. Neben ihm lagen drei leere Umzugskartons. Hermia richtete sich stöhnend aus der Hocke wieder auf und schaute ihre Freundinnen an. »Er hat wohl Kartons von oben geholt«, vermutete sie, »und mit der ganzen Pappe auf dem Arm hat er nicht gesehen, wo er hintritt.«

Dietlinde beugte sich mit zusammengekniffenen Augen zu der Leiche und musterte sie. »Und außerdem muss er ziemlich betrunken gewesen sein. Die Whiskeyflasche steht im Wohnzimmer, halb leer.«

Agathe stand einen Schritt hinter den anderen. »Ach.« Sie räusperte sich schnell. »Ich kann das gar nicht sehen. Ob er gelitten hat?«

»Nein, das glaube ich nicht.« Hermia schüttelte den Kopf. »Wie der die Treppe hinuntergeschossen ist, das ist bestimmt ein glatter Genickbruch. Er hat sicherlich kaum was gemerkt.«

Für einen Moment standen alle drei mit gefalteten Händen still da und betrachteten andächtig den Verstorbenen.

Dietlinde hob das Schweigen auf. »So«, sagte sie forsch. »Agathe, du musst Dr. Weber anrufen. Und tu ein bisschen hysterisch, du hast gerade deinen verunglückten Gatten gefunden, den du zum Grünkohlessen abholen wolltest. Also, bringen wir es hinter uns.«

Während Dr. Weber den Toten untersuchte, saßen Dietlinde und Hermia neben der untröstlichen Agathe in der Küche und hielten ihre Hand. Nach einiger Zeit kam der Hausarzt und blickte das Damentrio fragend an. »Ihr Mann ist offensichtlich auf der Treppe aus dem Gleichgewicht gekommen. Was wollte er denn mit den Umzugskartons?«, wandte er sich schließlich an Agathe.

Agathe blickte mit tränenfeuchten Augen hoch. »Seine Modelleisenbahn einpacken«, antwortete sie mit erstickter Stimme. »Er wollte sie weggeben.« Sie schnäuzte sich laut, und Dietlinde erinnerte sich, dass Agathe schon als Kind auf Kommando heulen konnte. Das war eine Gabe.

Dr. Weber schien davon jedoch nicht sehr beeindruckt zu sein. In strengem Ton fragte er: »Wo ist denn Ihr Telefon? Ich muss leider die Polizei verständigen. Bei dieser Art der häuslichen Unfälle ist es meine Pflicht.«

Hermia sprang sofort auf. »Kommen Sie, Doktor, ich zeige es Ihnen. Sie können im Wohnzimmer telefonieren.« Sie tätschelte Agathe den Arm und sagte laut: »Ja, Liebes, weine nur. Was für ein Schock.«

Während Dr. Weber telefonierte, ließ sich Hermia viel Zeit im Flur. Sie presste sich an den Türrahmen zum Wohnzimmer und hörte, wie der Arzt etwas von einem seltsamen Sturz berichtete. »Es ist nur so merkwürdig, dass die Ehemänner der drei alle während des Biikebrennens gestorben sind. Jedes Jahr einer. Der Erste vor fünf Jahren, letztes Jahr der zweite und nun der dritte. Das ist doch kein Zufall.«

Hermia hielt den Atem an. Als der Arzt laut und deutlich sagte »Nein, natürlich nicht. Die alten Damen wirken nicht gerade wie Serienmörderinnen, aber ich halte es trotzdem für besser, wenn die Polizei sich das ansieht«, beeilte sich Hermia, zurück in die Küche zu kommen.

»Das kann noch dauern«, flüsterte sie ihren ängstlich dreinblickenden Freundinnen zu. »Grünkohl kriegen wir heute nicht mehr. Die Polizei kommt gleich.«

Plötzlich fiel Dietlinde etwas ein. Mit aufgerissenen Augen formten ihre Lippen das Wort »Insulin?«.

Hermia lächelte. »Ich bin gespannt, wie lange das Biikefeuer heute brennt. Was da immer alles verbrannt wird.«

Agathe saß zwischen ihren besten Freundinnen in der ersten Bank der kleinen Friesenkirche und hörte nur mit einem Ohr der Trauerrede der netten Pastorin zu. Ab und zu drückte Hermia ihren Arm, dann tupfte sie sich pflichtbewusst und wie auf Kommando mit ihrem Taschentuch über die Augen. Ein netter Kriminalkommissar war bei ihr gewesen. Er hatte sein Beileid ausgesprochen und ihr gesagt, dass Hans-Peter tatsächlich an einem Genickbruch gestorben sei. Ein Fremdverschulden hatte ausgeschlossen werden können. Deshalb war auch auf eine Obduktion verzichtet worden. Schuld an dem unglücklichen Sturz waren einzig und allein die drei sperrigen Kartons gewesen, die dem Armen die Sicht auf die Treppenstufen verwehrt hatten. Und natürlich auch die Promille, die man in seinem Blut gemessen hatte.

So konnte Agathe mit Anstand und Würde ihren Hans-Peter zehn Tage später beerdigen.

In der Kirche saß Dr. Weber jetzt drei Reihen hinter ihr. Sie hatte das Gefühl, dass er sie und ihre Freundinnen mit einem seltsamen Blick musterte, aber das konnte ihr ja jetzt egal sein. Für die Polizei war es ein tragischer Unfall gewesen. Daran gab es nichts zu rütteln.

Sie drückte ihren Freundinnen rechts und links verstohlen die Hand. Das verpasste Grünkohlessen würden sie noch nachholen. Denn so ganz ohne Grünkohl konnten sie sich dann doch nicht vom Winter verabschieden. Und der war definitiv zu Ende. Der Frühling nahte. Und Paris.

Agathe presste die Lippen zusammen, um nicht zu lächeln. Eine herrliche Zeit lag vor ihnen.

Grünkohl auf Holsteiner Art (6 Personen)

3 kg Grünkohl
Salz
250 g Zwiebeln
300 g Schweineschmalz
600 g Schweinebacke
600 g Kassler mit Knochen
6 Kochwürste
1 kg kleine Kartoffeln
Butterschmalz zum Braten
2 El Zucker

Grünkohl waschen, abtropfen lassen, von den Stielen streifen und in Salzwasser blanchieren. Abtropfen lassen und kleinhacken. Zwiebeln schälen und würfeln.

Zwiebeln in Schweineschmalz glasig dünsten, Grünkohl darin wenden, salzen, mit 1 Liter Wasser begießen und 1 bis 2 Stunden bei mittlerer Hitze zugedeckt schmoren lassen. Schweinebacke und Kassler 1 Stunde, Kochwürste etwa eine halbe Stunde mitschmoren lassen.

Kartoffeln kochen, pellen und kalt werden lassen.

Butterschmalz in der Pfanne erhitzen, Kartoffeln unter häufigem Rütteln rundum goldbraun braten, danach salzen, danach mit dem Zucker bestreuen und karamellisieren lassen.

Fleisch in Scheiben schneiden und mit den Würsten auf dem Kohl anrichten. Röstkartoffeln dazu servieren.

Christiane Franke

Für unsere Gäste nur das Beste

Donnerstag, 23. Juli, 14:00 Uhr
Heute ist es verdammt heiß. Ich sitze im Garten unserer Gaststätte auf der kleinen Holzbank am Kanal, obwohl ich eigentlich in der Küche schuften müsste. Aber ich brauche eine Pause. Möwen kreischen über mir am kitschig blauen Himmel, ab und zu stößt eine herab, schnappt sich etwas aus dem Wasser und rauscht zufrieden davon. Laut Wettervorhersage wird es am Wochenende noch heißer. Bis zu 35 Grad. Bei solchen Temperaturen habe ich eigentlich keine Lust auf das Getümmel in der Stadt, in die nicht nur ganz Wilhelmshaven, sondern auch jede Menge Urlauber und Menschen aus dem weiten Umland strömen werden. Aber Samstag dürfen wir mit unserem Restaurant das erste Mal beim weltweit größten Labskaus-Essen dabei sein. Und das ist schon klasse. Dieses Labskaus-Essen gibt es nämlich nur an einem einzigen Wochenende im Jahr. In der ganzen Innenstadt haben Gastronomen ihre Verkaufsstände aufgebaut, und auch das Marinearsenal ist mit seiner riesigen Gulaschkanone dabei. Da ist aber an diesem Tag nur Labskaus drin.

Das Labskaus-Essen ist Tradition in Wilhelmshaven, 2005 ist die Stadt damit sogar ins Guinness-Buch der Rekorde gekommen. So um die zehntausend Portionen werden da jedes Jahr verkauft. Irre. Als Heinz und ich vor einem dreiviertel Jahr gefragt wurden, ob wir teilnehmen wollen, haben wir gleich begeistert zugestimmt. Immerhin ist das eine grandiose Möglichkeit, Werbung für unsere familiäre Gaststätte zu machen. Sie liegt direkt am Kanal und hat einen wunderschönen Biergarten. Wir haben an nichts gespart, als wir den Laden übernommen haben. Sogar 'ne supertolle Terrasse aus Tropenholz haben wir fertigen lassen, ganz nach dem Motto: Für unsere Gäste nur das Beste!

Ein dreiviertel Jahr ist natürlich eine ziemlich lange Zeit. Da kann viel passieren. Beruflich. Privat. Und überhaupt. Klar. Man denkt erst, das kriegt man alles locker hin mit dem provisorischen Stand und den Warmhalteboxen. Ist überhaupt kein Problem, solche Mengen so perfekt rüberzubringen, dass die Gäste anschließend keinen brennenderen Wunsch verspüren als den, ihr »Außer-Haus-Essen« künftig bei uns einzunehmen. Aber im vergangenen Monat hab ich doch Muffensausen bekommen, obwohl Heinz versucht hat, mich zu beruhigen. Ich solle mich abregen, hat er gesagt. Er würde schon dafür sorgen, dass wir genügend Portionen haben.

Heinz ist gelernter Schlachter. Und darum kaufen wir das Pökelfleisch fürs Labskaus nicht irgendwo. Das stellt Heinz immer selbst her. Ein guter Koch will schließlich wissen, was drin ist, in dem Essen. Da gehört Heinz zu den ganz Peniblen. Heutzutage arbeiten ja viele mit Fertigmischungen, Tiefkühlkost und vorgefertigten Lebensmitteln; im Großmarkt kriegt man das alles. Aber nicht bei uns. Convenience-Produkte kommen uns nicht in die Küche. Wir kochen unsere Gerichte nach Hausfrauenart, und die Rezepte stammen alle aus dem handgeschriebenen Kochbuch meiner Oma. Zu Omas Zeiten gab's so was Tütenmäßiges noch nicht. Und man schmeckt ja auch, ob da 'ne fertige Würzmischung dran ist oder nicht. Darum machen wir alles selbst. Vom Apfelrotkraut über den Grünkohl bis hin zum gepökelten Fleisch fürs Labskaus.

Ich hab Heinz so oft beim Zerteilen des Fleisches und Auslösen der Knochen zugesehen, dass ich das inzwischen auch kann. Aber Heinz lässt mich nur selten ran, er sagt, ich soll mich lieber ums Kochen kümmern. Dazu hat er nämlich keine große Lust. Er spezialisiert sich lieber darauf, nicht nur Metzger, sondern auch Wirt zu sein, denn im vorderen Teil unserer Gaststätte haben wir ja Kneipenbetrieb. Das macht er auch echt prima. So ein Wirt muss ja mit den Gästen reden, sie zum Trinken animieren und so; Heinz hat viele Stammgäste. Ich merke, dass die seinetwegen kommen, denn wenn er mal nicht da ist, bleiben sie meist nur auf ein einziges Bierchen. Oder gehen gleich wieder, ohne was zu trinken. Finde ich zwar blöd, denn Bier zapfen kann ich genauso, aber ich hab natürlich nicht so viel Ahnung von Fußball. Heinz hat nämlich auch Geld in eine Leinwand und einen Beamer investiert, und wenn samstagnachmittags die Bundesligaspiele auf *Sky* übertragen werden, ist bei uns der Bär los. Heinz mittendrin. Ich würde es zwar lieber sehen, wenn er mir in der Küche mehr zur Hand ginge, aber so sind wohl die Männer.

14:30 Uhr

So, Pause beendet; das T-Shirt runtergekrempelt, das ich bis zum BH hochgeschoben hab, um zumindest ein bisschen Sommerbräune abzukriegen, und die Schürze umgebunden.

Fünfhundert Portionen wollen vorbereitet sein, am Stand wird dann nur noch erwärmt. Ist verdammt viel Arbeit, das macht man nicht mal eben so an einem Tag; die ganze Woche sind wir schon mit den Vorbereitungen beschäftigt. Für mich ist das megaanstrengend, denn genauso lange hab ich nicht mehr geschlafen, und nervlich bin ich ein einziges Wrack: ernähre mich morgens von Aufputsch- und abends von Beruhigungsmitteln, damit ich überhaupt einigermaßen funktioniere.

Letzten Donnerstag gab's nämlich einen mördermäßigen Streit zwischen Heinz und mir. Natürlich hatten wir auch vorher schon mal Differenzen. Aber bitte, in welcher Beziehung zankt man sich nicht, wenn man seit dreißig Jahren zusammen ist und seit über zwanzig Jahren zusammenarbeitet? Da sitzt der Streit zwangsläufig mit am Küchentisch. Klar gibt es auch Leute, die völlig abgestumpft sind. Die gar nichts Gemeinsames mehr unternehmen oder nicht mal mehr miteinander reden. Solche Gäste haben wir auch. Die sitzen sich schweigsam gegenüber und starren aneinander vorbei. Ich frag mich dann immer, warum gehen die überhaupt zusammen aus, wenn die sich nix zu sagen haben? Also, ich könnt mein Geld besser ausgeben. Zwei Mal Essengehen steht mindestens für ein Paar neue Schuhe.

Am Anfang unserer Beziehung haben wir viel gelacht, Heinz und ich. Ich weiß ja nicht, wie das woanders ist, aber im Lauf der Ehejahre ist das Niveau seiner Witze gesunken wie der Wasserpegel bei einsetzender Ebbe. Dafür hat er körperlich ganz schön zugelegt, quasi als Ausgleich zum sinkenden geistigen Niveau. Wo *ich* mich mit sehr viel Disziplin bei Kleidergröße 38 halte, hat Heinz' ehemals schlanke Figur von Jahr zu Jahr deutlichere Polster und Rundungen entwickelt. Den Ausdruck schwabbelig möchte ich aus Rücksicht auf meinen Mann nicht verwenden, aber es kommt dem leider ziemlich nahe. Und seine Witze rutschen immer weiter unter die Gürtellinie. Ich mag solche Witze nicht.

Aber ich will ja gar nicht von grundsätzlichen Problemen in unserer Beziehung reden, sondern über den Streit letzte Woche. Da bin ich nämlich dahintergekommen, dass er unser schönes kleines Lokal als Umschlagplatz für Kokain missbraucht. Ich hab mich schon gewundert, dass da neuerdings so wahnsinnig viele Gäste kommen. Ich hab das auf den Beamer und auf Fußball und auf Heinz' Qualitäten als Wirt geschoben, aber letzte Woche hab ich rausgekriegt, dass Heinz denen was verkauft. In kleinen Päckchen. Er hat was von Keine-Ahnung-was gefaselt, aber ich bin ja nicht blöd. Hab beobachtet und kombiniert – das geht auch ohne Abitur –, und dann hab ich mal so an Heinz' Computer rumgespielt. Der hat nicht mal einen Passwortschutz. Da kam ich ruckizucki an seine Daten. Und war völlig baff, als ich gesehen hab, dass mein kleiner, dicker Metzger-Heinz unter die Drogenhändler gegangen ist.

Wegen des Kokains haben wir uns gestritten wie die Kesselflicker. »Diese schmierigen Typen will ich hier nicht haben«, hab ich geschrien, »ich dulde nicht, dass du dieses Zeug verkaufst!«

»Scheiß was drauf«, hat Heinz zurückgeschrien, »wenn ich's nicht verkloppe, macht's ein anderer und streicht die Kohle ein.«

In *der* Nacht hab ich das erste Mal im Wohnzimmer geschlafen.

Freitag, 24. Juli, 12:30 Uhr

Es ist immer noch so heiß, ich glaub, heute ist es sogar noch zwei Grad wärmer. Gefühlt auf jeden Fall. Wie gut, dass wir in der Küche die Klimaanlage haben. Die Gewürze stehen parat, das Fleisch ist gepökelt und gekocht, der Darm, in den die fertige Masse gefüllt wird, liegt gewaschen und griffbereit vor mir. Als Hilfe für den Verkaufsstand hab ich Studenten engagiert, denn für fünfhundert Portionen müssen tausend Spiegeleier gebraten werden. Das kriegt man auch zu viert – wir haben Inga und Astrid, unsere Servicekräfte, natürlich auch zum Arbeiten eingeteilt – nie und nimmer hin. Zu jeder Portion gehört noch ein Rollmops und natürlich Rote Bete. Ich geb gern auch Ostfriesische Ananas auf den Teller, das ist eingelegter Kürbis. Süßsauer und oberlecker.

Fünfhundert Portionen sind wirklich verdammt viel. Sonst bewirten wir immer nur Gruppen von zwanzig oder dreißig Personen. Einmal waren es fünfzig. Da hab ich Heinz selbstverständlich auch geholfen, das gepökelte Fleisch kleinzuhacken. Unsere Küche ist schön groß und alles blitzblank sauber. Darauf legen wir allergrößten Wert. Da könnte jederzeit das Gesundheitsamt kommen, bei uns gibt's in Sachen Hygiene rein gar nichts zu beanstanden.

Die Gewürze sind untergemischt, jetzt kann ich anfangen, das Fleisch in den vorbereiteten Darm zu füllen. Ist schieres Brustfleisch. Heinz' Leitspruch lautet: Für Corned Beef darf man nur schieres Brustfleisch verwenden. Ich weiß nicht, ob die anderen Gastronomen das Labskaus-Fleisch fürs Wochenende auch selbst zubereiten, aber ehrlich gesagt, ich glaub es kaum. Unser Labskaus wird deshalb bestimmt der Renner. Auf Heinz' Gespür für das, was geschmacklich herausragt, konnte ich mich schon immer hundertprozentig verlassen.

15:00 Uhr

Fertig. Nun ist die Fleischmasse in Därme gefüllt und liegt im Kühlraum. Mir tun die Arme weh. Ich brauch 'ne Pause. Im Kühlschrank vom Schankraum steht für mich immer eine Flasche *Domaine de Boullery* bereit. Das ist ein französischer Weißwein, dessen volle Frucht und Lebendigkeit ich so liebe. Den haben wir natürlich nicht im Ausschank, da gibt's nur einen einfachen Tafelwein. Der kommt aber auch gut an bei der Kundschaft. Die meisten unserer Gäste haben keinen ausgeprägten Gourmetgaumen, aber selbstverständlich achten wir auch beim Wein darauf, dass die Qualität stimmt.

Von dem guten Tropfen hab ich mir jetzt ein Glas verdient. Ich nehm's mit in den Garten und setze mich auf die Holzbank am Kanal. Es ist immer noch windstill, kaum Bewegung im Wasser. »Prost«, sage ich einfach mal, denn Heinz ist ja nicht da.

Ach ja. Heinz. Ich kann ein leichtes Seufzen nicht unterdrücken, wenn ich an heute Vormittag denke. In aller Herrgottsfrühe war ich zum Großmarkt gefahren. Es gab ja doch noch allerhand zu besorgen. Stunden später kam ich völlig erschöpft zurück, die Ladefläche unseres Renault Kangoo bis oben hin mit Kartoffeln, Eiern, Rote-Bete- und Rollmops-Gläsern gefüllt. Ich dachte, er hat in der Küche alle fleischtechnischen Vorbereitungen getroffen und empfängt mich mit einer Tasse Kaffee, die wir gemütlich zusammen trinken, bevor wir endspurtmäßig loslegen. Da hab ich aber falsch gedacht! Als ich mit der ersten großen Plastikkiste in die Küche trat, waren da weder Heinz noch eine Tasse Kaffee. Ich hab leise vor mich hin geflucht, den riesigen Kunststoffkorb mit Freilandeiern abgestellt und bin wieder raus, um die anderen Sachen auszuladen.

Als ich mit dem Karton Rote-Bete-Gläser in unsere Vorratskammer kam, hab ich nicht schlecht gestaunt, als ich meinen Heinz oben auf der Leiter am Regal sah. Er machte sich an dem Pappkarton zu schaffen, in dem ich bis vor drei

Jahren knallrote, superscharfe Stiefeletten aufbewahrt habe. Mit Absätzen, für die man eigentlich einen Waffenschein braucht. Zwölf Zentimeter lang und so spitz, dass sie auf ein 1-Cent-Stück passen. Die Dinger sind aber inzwischen ausgemustert. Ich hatte sie eine Nummer zu klein gekauft, und da taten mir immer die großen Zehen weh. Den Karton habe ich trotzdem aufbewahrt, weil die Pappe so fest und das Muster so klasse war. Schwarz-weiß-rot kariert. Passte. Fürs Schwarzgeld, das natürlich nicht kariert ist, sondern grün und braun und blau. Also, die Scheine. Fast achttausend Euro haben wir zusammengespart. Achttausend Euro, von denen das Finanzamt keine Ahnung hat! Die sind für eine Kreuzfahrt. Mindestens Mittelmeer, besser noch Karibik. Außenkabine mit Balkon und allem Schingschangdudel. Jetzt aber stopfte Heinz das schöne Geld in einen Leinenbeutel.

»Was soll das denn?«, hab ich ihn zur Rede gestellt, immer noch den Karton voller Rote-Bete-Gläsern jonglierend.

»Ich muss neuen Stoff besorgen, die Nachfrage steigt. Meine Ware hat einen spitzenmäßigen Ruf, da will ich keinen enttäuschen.« Dabei hat Heinz von oben auf mich herabgeschaut und schmierig gelacht.

In dem Moment bin ich schlicht und ergreifend ausgerastet. »Das machst du nicht!«, hab ich gebrüllt und den Karton mit den Gläsern auf den Boden geschmissen. Prompt verwandelte sich der Fußboden in einen roten, glitschigen Glasscherben-Rote-Bete-See. »Ich will nicht schuld dran sein, dass junge Menschen von diesem Kram abhängig werden. Das lasse ich nicht zu!«

Ich war vollkommen außer mir, aber Heinz hat mich bloß verhöhnt: »Was du meinst, denkst oder zulassen willst, ist mir scheißegal. Mit dir bin ich ohnehin längst fertig!«

Ich hab ihn fassungslos angesehen, aber das hat ihn überhaupt nicht interessiert, und er hat rücksichtslos weitergemacht: »Du glaubst gar nicht, wie ich dich satthabe. Aber so was von satt. Außerdem hab ich seit drei Monaten was mit Astrid.«

Astrid. Eine unserer Aushilfen. Die einen noch tieferen Ausschnitt und einen noch größeren Busen hat als ich.

»Weißt du«, hat Heinz von seinem Leiterhochstand aus lässig gesagt, »sieh einfach zu, dass du dich vom Acker machst, und stör mich nicht weiter. Ich wollte eigentlich bis nach dem Labskaus-Essen warten, um dir das zu sagen, aber wo sich nun grad die Gelegenheit ergibt ...« Er hat sich wieder umgedreht, als ob nichts gewesen wäre, und weiter Geld in den Beutel gestopft.

Da hab ich mich auf ihn gestürzt.

Heinz war natürlich stärker als ich. Aber man glaubt ja gar nicht, was einem die Wut für Kräfte verleihen kann. Alles ging ganz schnell. Ich hab an seinen Beinen gezogen, Heinz ist die Leiter runtergefallen, und es gab ein dumpfes Geräusch, als er mit dem Nacken auf die niedrige Metallkiste mit den Ersatzfeudeln und dem Werkzeug geknallt ist. Er hat sich nicht mehr gerührt. Hat keinen noch so kleinen Mucks mehr von sich gegeben. Ich hab seinen Puls gefühlt und seinen Atem mit meinem Taschenschminkspiegel kontrolliert. Nichts.

Mein erster Gedanke war, den Notarzt zu rufen.

Mein zweiter Gedanke war, es sein zu lassen.

Hätte nur jede Menge Fragen gegeben. Und Verdächtigungen. Ich hätte natürlich alles auf die Kokain-Sache schieben und sagen können, dass Heinz höchstwahrscheinlich von Junkies überfallen wurde. Aber dann würde ich womöglich mit drinhängen, und das wollte ich auf gar keinen Fall. Außerdem, es kommt ja immer wieder vor, dass

Menschen einfach so verschwinden. Liest man ja dauernd in der Zeitung. Dass irgendwer sagt, er geht Zigaretten holen, und kommt nicht zurück.

Woher sollte ich denn wissen, was Heinz heimlich so vorhatte? Ich hab jedenfalls erst mal die Gaststätte abgeschlossen und die ganze Sauerei weggewischt. Die Scherben entsorgt und alles inklusive der Rote-Bete-Reste in den Müll geschmissen. Die Vorratskammer durfte auf keinen Fall so verdreckt sein. Dadurch geriet zwar mein Labskaus-Vorbereitungszeitplan völlig aus den Fugen, aber Ordnung muss sein. Dann hab ich mich um den toten Heinz gekümmert. Im Metzgern kenne ich mich ja inzwischen gut aus. Kurz hab ich überlegt, ihn zu Pökelfleisch zu verarbeiten. Aber als ich ihn da so liegen sah … und an unser Motto dachte … hab ich's doch gelassen. »Für unsere Gäste nur das Beste.« Nee, dass Heinz' Brustfleisch in die Fleischkategorie 1 A fällt, kann ich nun wirklich nicht behaupten.

15:20 Uhr

Ein leichter Wind kommt auf, das Wasser im Kanal gerät in sanfte Schwingungen. Drei Kanuten gleiten fast lautlos mit ihren Booten an mir vorbei, am gegenüberliegenden Ufer bewegt ein Kran Schrottteile durch die Luft. Möwen kreischen über mir. Bestimmt kommen gleich noch mehr. Ich nippe an meinem Wein und genieße es, dass ich mich ein wenig ausruhen kann. Der Tag ist ja bislang anstrengend genug gewesen.

Mein Telefon klingelt. Ich ziehe es aus der Schürzentasche. Es ist Inga, sie ist morgen der zweite Mann an Deck und arbeitet schon länger bei uns als Astrid, die kleine Schlange. Inga kennt sich aus, hat auch schon mitgeholfen, wenn wir mal einen kleineren Verkaufsstand mit Bratwurst hatten.

»Hallo, Inga«, sage ich, lasse meine Stimme aber schon mal etwas leidend klingen. »Ja, ist alles klar. Labskaus ist fertig. Ich muss nur gleich noch mal los, Rote Bete kaufen. Da sind mir die Gläser runtergefallen. Hatte totalen Stress mit Heinz.«

Inga fragt nach, und unter Tränen erzähle ich ihr das von Astrid und dem Kokain und dass Heinz weg ist nach dem Krach. Inga ist voller Mitgefühl. »So ein Arschloch«, schimpft sie und verspricht, morgen früh rechtzeitig hier zu sein, um beim Verladen der riesigen Labskaus-Behälter zu helfen. Das ist total lieb von ihr.

Als ich auflege, blicke ich aufs Wasser. Die Fische freuen sich offensichtlich über die unerwarteten Leckerbissen, die sich vom Bootssteg aus langsam auf der Wasseroberfläche verbreiten. Auch die Anzahl der Möwen, die darauf zuschnellen, ist inzwischen beachtlich gewachsen.

Am Horizont sehe ich einen Heißluftballon mit dem Logo der Versicherung, bei der Heinz nicht nur unsere Haftpflicht-, sondern auch seine Lebensversicherung abgeschlossen hat. Schiete. Die zahlen bei Verschwinden nicht. Hätte ich doch besser die Junkie-Tour inszenieren sollen? Mit einem leichten Seufzer stehe ich auf und werfe einen letzten Blick aufs Gewimmel im und auf dem Wasser. »Tschüss, Heinz«, denke ich und gehe beschwingten Schrittes zurück zum Haus.

Labskaus (nach dem handgeschriebenen Rezept meiner Oma)

2-3 Dosen Rindfleisch im eigenen Saft
1 Glas süßsaure Gurken (davon vier Gurken zum Kochen, den Rest als Beilage)
2 Zwiebeln
2 kg Kartoffeln
1 Glas Rote Bete
Eier (für Spiegeleier; 1-2 pro Person)
Rollmops (pro Person einen)

Das Fleisch in Würfel schneiden. Gewürzgurken und Zwiebeln ebenfalls würfeln. Alles zusammen mit etwas Wasser gut durchkochen lassen.

Kartoffeln kochen und quetschen/stampfen.

Die Fleischmasse dazugeben, aber nicht gleich alle Kartoffeln nehmen, besser etwas zurücklassen. Wenn das Labskaus zu dünn ist, den Rest Kartoffeln darunterrühren. Ein Stück Butter macht alles noch besser!

Serviervorschlag: Eine Portion Labskaus auf den Teller geben. Dazu pro Portion zwei gebratene Spiegeleier, die werden obenauf gelegt. An den Rand gibt man je einen Rollmops, etwas Rote Bete und eine halbierte, als Fächer aufgeschnittene Gewürzgurke.

Richard Birkefeld

In die Pfanne gehauen

Apéritif
Mein Gesicht war durchaus attraktiv: goldblonde Locken, leuchtend blaue Augen, erdbeerfarbener Schmollmund. Trotzdem war ich nicht der Traum aller Männer, und ich wusste, wie sie hinter meinem Rücken über mich redeten: Tolles Gesicht, *aber* …

Ich hatte immer schon Übergewicht, war das, was man in freundlicher Umschreibung ein Vollweib nannte, mit viel Holz vor der Tür und einem Hintern, der dem Vorbau in nichts nachstand.

Trotz unzähliger Diäten war es mir nie gelungen, mein Gewicht dauerhaft zu reduzieren. Ich war und blieb eine dicke Frau, die im Grunde ihres Herzens immer gerne schlank gewesen wäre. Allein schon, um auch mal die Männer kennenzulernen, die *ich* begehrte.

Ich musste mich immer mit dicken Männern begnügen, obwohl ich die nicht ausstehen konnte. Die, die mich anzogen, die Gutgebauten, die Körpergestählten mit ihren modellierten Muskelpaketen und flachen Bäuchen, machten stets einen Bogen um mich und konnten ihre Abneigung nur schwer hinter einer Maske von Höflichkeit verbergen.

Irgendwann, so zwischen neunundzwanzig und einunddreißig, hatte ich es aufgegeben, gegen meine Fettleibigkeit anzukämpfen, und arrangierte mich seitdem mit meiner Leibesfülle wie mit einem angeborenen Makel. Hemmungslos gab ich mich dem Genuss kalorienreicher Leckereien hin, bis selbst Ulle Wachowiak, meine ebenfalls schwergewichtige Nachbarin und Freundin, zu mir sagte, ich solle mit dem Essen aufpassen, denn ich sei nicht nur *dick*, sondern mittlerweile regelrecht *fett*.

Das tat weh, und ich stellte mich auf die Waage: 152 Kilogramm bei einer Körpergröße von 1,69 Metern. Ich, Peggy Lilienthal, ledig, zweiunddreißig Jahre alt, wohnhaft in Göttingen, Rechtsanwaltsgehilfin, war zu einer adipösen Matrone mutiert, mit Doppelkinn und Fettgrübchen in den Pobacken und gewaltigen Oberschenkeln, die bis zu den Knien hinab aneinanderscheuerten. Ein wandelnder Doppelzentner in XXXL.

Hors d'œuvre

Ein paar Tage später fragte mich Ulle, ob ich nicht Lust hätte, sie in eine Disco-Bar zu begleiten, die hauptsächlich von korpulenten Frauen und Männern, die korpulente Frauen liebten, frequentiert wurde. Das *Opulenz* in Northeim habe einen Namen in der Szene, und einmal im Monat reisten Kenner und Liebhaber aus ganz Niedersachsen, Thüringen und Hessen an, wenn es hieß: *ACHTUNG – HEISS UND FETTIG. Die Oversize-Party für Liebhaber barocker Formen.*

Da tanze der Bär, fuhr Ulle fort, und die Männer dort seien klasse, echte Hardbodies mit Sixpacks, Sahneschnittchen gewissermaßen, wie dem Unterwäschekatalog von *Calvin Klein* entsprungen. Und all diese Götterboten teilten eine Obsession, nämlich die Liebe zu molligen Frauen. Das sei die Chance, endlich mal einen vernünftigen und normalen Mann kennenzulernen. Dort brauche man sich nicht von selbstgefälligen schmerbäuchigen Sandalenträgern anbaggern lassen, die meinten, dicke Frauen wären für jede Anmache dankbar und würden jeden ranlassen, der nur ein paar Kilo weniger wog als sie selbst.

Ulles Vorschlag hörte sich vielversprechend an, und meine Frage »Was zieht man denn da an?« fasste meine Freundin als spontane Zusage auf.

Am folgenden Samstag besuchten Ulle und ich das *Opulenz*. Um es gleich vorwegzunehmen: Wir fühlten uns wie im Paradies. Zwar wimmelte es von fülligen Konkurrentinnen, aber die Männer waren in der Tat handverlesen. Schlanke, gutaussehende Kerle, die man vor lauter Frauenleibern manchmal gar nicht sehen konnte, umtänzelten dicke Weibchen, boten sich an wie kleine Spinnenmännchen ihren übergroßen Geschlechtspartnerinnen und fieberten in Rundungen gepresst ihrem offensichtlichen Traum entgegen: sich im wahrsten Sinne des Wortes der Fleischeslust hinzugeben.

Im *Opulenz* knisterte es vor Erotik, und die Atmosphäre legte sich wie ein Disconebel über die Tanzfläche. In dunklen Ecken, Separees und sogar den Waschräumen ging es drunter und drüber wie bei einer Voruntergangsorgie in Sodom oder Gomorrha. Mit Speck fängt man Mäuse! Nie war ein Sprichwort treffender.

Und dann stand er vor mir, ein Typ, wie ich ihn mir immer erträumt hatte: markant-männliches Gesicht und eine Figur wie Michelangelos David. Der wahr gewordene Traum einer jeden sexgeilen Frau.

Sein Name war Dr. Sebastian Nettelbrink, wissenschaftlicher Mitarbeiter am Institut für Zuckerrübenforschung in Göttingen. Er war Single, drei Jahre jünger, einen halben Kopf kleiner als ich und hatte sich auf der Stelle in mich verliebt, wie er nicht müde wurde zu betonen. Seine überaus geistreichen Schmeicheleien, gewürzt mit charmanten Aufmerksamkeiten, gaben mir das Gefühl, die wichtigste Person des Abends zu sein.

Ulle hatte sich längst mit einem Verehrer in eine dunklere Ecke verzogen, nicht ohne mir vorher mit hochgestrecktem Daumen zu signalisieren, dass auch sie meine Eroberung für einen Volltreffer hielt.

Ich ließ Sebastian nicht mehr los. Weder an dem Abend, der in seinem Bett endete, noch am folgenden Sonntagmorgen, der mit einem wahren Sinnesrausch begann und andauerte, bis mein Liebesgott ermattet dem Lustlager entstieg, in der Küche verschwand und mit einem reichhaltigen und liebevoll zubereiteten Frühstück zurückkehrte, wie ich es noch nie zuvor von einem Mann serviert bekommen hatte.

Er stellte ein riesiges Tablett auf die Bettdecke, gefüllt mit lecker aussehenden Käse-, Wurst- und Schinken-Kanapees, Schwarzbrotschnittchen, die dick mit Butter und Quark bestrichen und mit Honig, Nutella und Johannisbeermarmelade veredelt waren, sowie Graubrothäppchen mit gebeiztem Lachs und geräucherter Forelle. Dazu gab es Rührei und gekochte halbierte Eier, garniert mit Mayonnaise und deutschem Kaviar, Rollmöpse gegen den Kater, jede Menge Toastbrot, Müsli und Obst, eine Kanne gesüßten Kaffee mit Sahne und schließlich eine Karaffe Orangensaft.

Ich fühlte mich wie im Schlaraffenland. Während Sebastian mir liebevoll mit der einen Hand die Schnittchen in den Mund schob, unterstützte die andere Hand das außergewöhnliche Duett zwischen Gaumen- und Schenkelfreuden. Er liebte mich, fütterte mich, liebte mich, fütterte mich, bis wir erschöpft über dem leeren Tablett einschliefen, er auf mir liegend, zwischen meinen Brüsten schnarchend.

Mein Gott, war ich selig!

Als ich mich am Abend von ihm verabschiedete, um zurück in meine Wohnung zu fahren, küsste er mich zärtlich und fragte allen Ernstes, ob er mich wiedersehen dürfte.

Er war so süß ...

»Aber natürlich«, säuselte ich, und seine Augen verklärten sich vor Glück. Er presste sich an mich. »Ich würde dich gern zum Essen einladen und dich bekochen, mein Schatz. Du musst mir nur noch dein Lieblingsgericht verraten ...«

Dass ich so etwas erleben durfte. Ein Mann, ein Hardbody, ein fantasievoller Liebhaber, hager wie Bündner Fleisch, zärtlich, einfühlsam und intelligent, wollte *mir* mein Lieblingsgericht kochen. Endlich meinte es das Schicksal gut mit mir.

»Calenberger Pfannenschlag«, hörte ich mich mit belegter Stimme antworten, während ich die Freude über meine Antwort in seiner Hose wachsen sah.

Hauptgericht

Drei Wochen später zog Sebastian in meine Vierzimmerwohnung am Thomer Park ein. Sein Calenberger Pfannenschlag war so überzeugend gewesen, dass ich bereits nach dem ersten Rendezvous süchtig nach ihm und seinen Künsten war. Seine Koch- und Fingerfertigkeiten, sein lukullisches und erotisches Raffinement weckten in mir eine Gier nach immer mehr, die Sebastian nur allzu gern zu befriedigen suchte. Ich wusste, dass ich mit ihm den Mann meines Lebens gefunden hatte, einen Mann, der sich an meinen Rundungen nicht störte, ja, sie geradezu anbetete, und alles tat, um mich glücklich zu sehen. Vier Monate, nachdem wir uns kennengelernt hatten, waren wir verheiratet.

Ulle betrachtete unsere Beziehung mit Argusaugen. Anstatt sich für mich zu freuen, nahm sie jede Gelegenheit war, mich vor Sebastian zu warnen. Er habe nur Sex und Essen im Kopf und tue mir körperlich nicht gut, meinte sie. Ich hörte nicht auf sie und wertete ihre vorgebliche Sorge als Eifersüchtelei, weil sie bei ihrem Verehrer aus dem *Opulenz* nicht hatte landen können.

Unterdessen zauberte Sebastian die herrlichsten Fleischgerichte aus aller Welt auf den Tisch, doch nach und nach kristallisierten sich aus der carnivoren Vielfalt die Pfannenschlag-Varianten als Favoriten heraus. Heidjer Knipp, Hackgrütze, Rinderwurst oder Knipp und Büddelwurst waren in der norddeutschen Küche zwar als Arme-Leute-Essen bekannt, überzeugten mich in ihrer Einfachheit und geschmacklichen Intensität aber am meisten. Außerdem ließ sich der Pfannenschlag schnell kochen und in großen Mengen vorbereiten, sodass er in Portionen tiefgekühlt immer vorrätig war. Eine solche Planung war auch nötig, denn unser Beruf ließ uns häufig erst nach Ladenschluss in unserer Wohnung zusammenkommen. Da war es sinnvoll, dass für unser, besonders aber für mein Leibeswohl vorgesorgt war. Unsere erste gemeinsame Anschaffung war eine riesige Tiefkühltruhe, die wir im Wirtschaftsraum aufstellten, der sich immer mehr zu einem Lebensmittellager entwickelte.

Sebastian hatte sich einen elektrischen Fleischwolf besorgt, durch den er kiloweise Schweinskopf, Bauchfleisch, Speckschwarten und Rinderleber drehte. Anschließend vermengte er die Masse mit Hafergrütze oder Graupen, würzte sie herzhaft und briet in der Pfanne daraus einen *Schlag*. Serviert wurde das Ganze mit Bratkartoffeln, Salz- und Gewürzgurken, Mixed Pickles und kurz angebratenen Beutelwurstscheiben. Wenn Sebastian sich dann neben mich setzte und mich wie ein kleines Kind fütterte, war ich die glücklichste Frau auf Erden. Immer wieder bat ich um Nachschlag, um diese Seligkeit voll auszukosten.

Am schönsten waren die Wochenenden. Dann verwöhnte mich Sebastian mit seinem großartigen Frühstück und liebte mich bis in den Nachmittag hinein. Anschließend fuhren wir in den Supermarkt und deckten uns für die kommende Woche mit Getränken, Lebensmitteln und Naschereien ein, damit wir die Abende gemütlich und genussvoll vor dem Fernseher verbringen konnten.

Während Sebastian sein Gewicht seltsamerweise hielt, machte sich die gute Küche bei mir natürlich bemerkbar. Ich war längst aus meinen früheren Klamotten herausgewachsen und bevorzugte Stretch-Stoffe, weite Walla-Walla-Kleider oder Jogginganzüge in Übergröße. Oft fuhr ich extra nach Hannover, um mich in Spezialgeschäften einzukleiden, bis auch dort die weiße Flagge gehisst werden musste. Etwa ein halbes Jahr, nachdem wir geheiratet hatten, gab es keine Konfektionsgröße mehr, die ich von der Stange kaufen konnte. Von da an musste ich bei meiner türkischen Änderungsschneiderin bequeme Kaftane in Auftrag geben. Ich wog inzwischen 276 Kilogramm.

Doch je mehr ich expandierte, umso zärtlicher, leidenschaftlicher und fürsorglicher wurde Sebastian. Er suhlte sich förmlich in meinen Fleischmassen, wühlte sich in meine Speckrollen, wusch und salbte mich, half mir beim Aufstehen und Anziehen, denn das konnte ich alleine nicht mehr. Ebenso wenig war es mir möglich, Liebe zu praktizieren, doch Sebastian verstand es, mich weiterhin voll auf meine Kosten kommen zu lassen, und zelebrierte unsere oralen Obsessionen in orgiastischer Maßlosigkeit wie am ersten Tag.

Ulle schüttelte nur den Kopf über meine körperliche Veränderung und meinte, mit Sebastian könne psychisch etwas nicht stimmen. Ein Mann, der kommentar- und tatenlos zusehe, wie seine Frau Tag für Tag fetter wurde, sei ein Fall für die Couch. Wie immer ignorierte ich ihre ungefragten Ratschläge, ließ sie stänkern und gab mich Sebastians kundigen Händen hin.

Dann tauchten die ersten gesundheitlichen und beruflichen Probleme auf. Immer häufiger blieb ich im Bett liegen, weil es mir schwerfiel, mich aus den Federn zu wuchten und zur Arbeit zu schleppen. Um mein Gewicht messen zu können, benötigte ich mittlerweile zwei Waagen, und ermittelte so die Summe von 395 Kilogramm. Die Ärzte bescheinigten mir Berufsunfähigkeit und rieten mir, mich aus lebenserhaltenden Gründen essenstechnisch zu mäßigen, sonst bestünde die Gefahr, frühzeitig an Herz- oder Leberverfettung zu sterben. Ulle empfahl mir sogar, mich von Sebastian zu trennen, wenn mir mein Leben und meine Selbstachtung etwas wert seien.

Ich schlug ihre Mahnungen in den Wind und war glücklich in meiner Rolle als Mastgans, die von Sebastian vor allem mit Calenberger Pfannenschlag gestopft wurde, den er aus sättigenden Gründen nunmehr mit Rindertalg anreicherte und zusätzlich in Schmalz frittierte.

Die Lust, die ich bei unserem Fütterungsritual empfand, entschädigte mich dafür, dass ich inzwischen nicht einmal mehr das Bett verlassen konnte, das Sebastian längst mit schweren Vierkanthölzern verstärkt hatte. Auf Kleidung verzichtete ich ganz, weil ich es gar nicht geschafft hätte, mir die über den Körper zu ziehen. Außerdem lag ich fast nur noch auf dem Rücken, weil mich das bedrohliche Knacken des Bettes davor warnte, meinen massigen Körper unkontrolliert zu verlagern. So lag ich, alle Gliedmaßen von mir gestreckt, im Bett, wie eine Nacktmullkönigin, haarlos, von weißen Fettwülsten befleischt, die sich in den Falten, Rillen, Überlappungen entzündeten oder zu nässen begannen. Ich konnte weder auf die Toilette gehen noch mich duschen und war vollständig auf Sebastian angewiesen, der alle Pflegedienste klaglos übernahm, meine wunden Stellen pflegte und einbalsamierte, meine Bettpfanne wechselte, mich reinigte, wusch, eincremte, schamponierte, frisierte, mani- und pedikürte und mich nach wie vor mit einer Intensität liebte, die meine Fleischmassen zum Zittern brachten. Über dem Bett hatte er einen riesigen Spiegel angebracht, damit ich ihn bei seinen Liebeskünsten beobachten konnte: ein kleines agiles Kerlchen, das sich auf meinem Bauch bewegte wie das gerade entschlüpfte Junge eines Beuteltiers.

Sebastian hatte auch begonnen, mich zu fotografieren und unser Liebesspiel zu filmen. Das war mir zunächst unangenehm, doch da es ihn in seinen erotischen Künsten zu beflügeln schien, erhob ich keinerlei Einspruch und gewöhnte mich rasch an diese neue Seite unserer Intimität.

Dessert

Ulle, die einen Schlüssel zu unserer Wohnung besaß, hatte keinerlei Verständnis für meine zunehmende Verfettung und dafür, dass ich meine Gesundheit, wie sie meinte, der perversen Vorliebe eines Mannes opferte. Sie kam oft herüber zu uns, beschimpfte Sebastian ob dessen Verantwortungslosigkeit und hielt ihn an, seine opulenten Kochkünste im Interesse meiner Gesundheit zu mäßigen und die Ratschläge der Ärzte zu beherzigen. Doch Sebastian wischte ihre Einwände beiseite, verwies auf unser Glück und auf unsere gemeinsame Lust am Essen. Was sollte daran schlimm, ungesund oder gar lebensbedrohend sein?

»Wenn Peggy doch glücklich ist …«, lautete seine entwaffnende Antwort, während Ulle nur die Augen verdrehte und verständnislos den Kopf schüttelte. Natürlich wusste ich, dass meine Freundin es im Grunde gut meinte mit mir. Deshalb nahm ich ihr die oftmals beleidigende Kritik auch nie wirklich übel. Ernst genommen habe ich sie allerdings auch nicht. Bis sie mir vor wenigen Tagen, als wir für einige Stunden alleine in meiner Wohnung waren, die Augen öffnete.

Sebastians Obsession und unser seltsames Verhältnis seien ihr schon die ganze Zeit suspekt gewesen, sagte Ulle zu mir. Deshalb hätte sie eines Tages angefangen zu recherchieren, was wohl dahinterstecken könnte. Im Internet sei sie bald auf das entscheidende Stichwort und die einschlägige wissenschaftliche Literatur gestoßen. Sie reichte mir einen Ausdruck aus Wikipedia, der das Thema auf den Punkt brachte. Bei der Lektüre traf mich fast der Schlag: *Feeding (engl. feederism oder fat fetishism) ist eine Paraphilie (psychische Störung der Sexualpräferenzen), bei der ein sogenannter Feeder (dt. »Fütterer«) eine andere Person (Feedee, dt. »Gefütterter«) »anfüttert«, bis sie ein deutliches Übergewicht erreicht hat und deren Figur für ihn sexuell attraktiv ist. Dabei empfinden sowohl der Feeder wie auch der Feedee sexuelle Erregung.*

Während ich weiterlas, überlief es mich heiß und kalt. Da stand, dass die Störung beim Feeder so weit gehen kann, dass er sein Feedee nur noch als Fetischobjekt sieht, das es bis zur Bewegungsunfähigkeit und Pflegebedürftigkeit zu mästen gilt. Ziel sei es, den Feedee vollständig abhängig zu machen und sexuell zu dominieren. Feeder neigten auch dazu, ihre Obsessionen mit Gleichgesinnten in einschlägigen Internetforen auszutauschen.

Ich konnte nicht fassen, was ich da las, doch es kam

noch schlimmer. Ulle präsentierte mir auf ihrem Notebook eine Website zum Thema *Extremfeeding*, und nach ein paar Klicks erblickte ich Fotos meiner eigenen Fleischmassen im Netz. Sebastian musste sie unter dem Pseudonym *Fatfuckmaster* hochgeladen und mit anzüglichen Bildunterschriften versehen haben. Er hatte noch nicht einmal mein Gesicht weggepixelt. Dutzende von Fotos zeigten mich aus allen Perspektiven und gaben mich schutzlos den Blicken der Betrachter preis, die die Bilder ihrerseits mit pornografischen Kommentaren versehen hatten.

Von einer Sekunde auf die andere zerplatzte mein Glück wie eine Speckblase auf einer in die Pfanne gehauenen Schweineschwarte. Es war alles nur Illusion gewesen. Sebastian liebte nicht mich, die dicke Peggy Lilienthal, sondern den gewaltigen Fleischberg, den voluminösen Speckmantel, den ich darstellte und auf dem er seine Paraphilien abarbeiten konnte. Mir wurde speiübel. Ich fühlte mich missbraucht, und vor Scham, Enttäuschung und blanker Wut brach es aus mir heraus: »Dieses Schwein!«

Ulle sah nur eine Möglichkeit: »Du musst dich von Sebastian trennen. Der macht dich nicht nur zum Gespött der Leute, sondern bringt dich früher oder später auch ins Grab.«

Ich wusste, dass Ulle recht hatte. »Aber wie? Ich liege hier nur rum und bin von ihm abhängig.«

»Du brauchst medizinische und psychologische Hilfe. Zunächst einmal musst du ins Krankenhaus, damit dein Magen verkleinert wird. Nur so wirst du langfristig wieder abnehmen und ein normales Leben führen können. Ich werde dir dabei helfen, aber zuerst musst du Sebastian in die Wüste schicken. Also – lass dir schnellstens etwas einfallen …«

Ich schloss die Augen und überlegte. Auf keinen Fall

würde ich diese Demütigung klag- und tatenlos hinnehmen. Ich wog jedes Für und Wider ab und kam zu der bitteren Erkenntnis, dass es nur einen Weg gab, meine Lebenssituation nachhaltig zu verändern. Es war Zeit, Sebastian das Maul zu stopfen …

Digestif

Als Sebastian nach Hause kam, ließ ich mir nichts anmerken. Wie immer küsste er mich zur Begrüßung und verschwand anschließend in der Küche, um mir mein Lieblingsessen vorzubereiten. Ich hörte den Fleischwolf brummen und gleich darauf das Schmalz zischen, als er die Hackgrütze in die Pfanne schlug. Eine Viertelstunde später betrat Sebastian gänzlich entkleidet das Schlafzimmer. Er hielt einen großen tiefen Teller mit einer riesigen Portion Essen in der Hand, setzte sich zu mir auf die Bettkante und begann, mich zu füttern.

Ich ließ ihn zunächst gewähren, denn das gehörte zu meinem Plan. Während des Fütterungsrituals nahm ich Sebastians Erregung wahr, die sich gestern noch sofort auf mich übertragen hätte. Jetzt empfand ich nur Widerwillen angesichts dieses Lüstlings.

Mit der Begründung, ich hätte schon den ganzen Tag unter Magenproblemen gelitten, weigerte ich mich weiterzuessen und bat Sebastian, mir die Bettpfanne unterzuschieben. Diese stand wie üblich unter dem Bett, an diesem Tag allerdings nicht griffbereit wie sonst. Ulle hatte sie auf meinen Wunsch ganz weit unters Bett, bis fast an die Wand geschoben. Ich hatte vorgegeben, das unappetitliche Utensil nicht in meiner Nähe ertragen zu können.

Sebastian stellte den Teller beiseite und bückte sich nach der Pfanne. Als er feststellte, dass sie nicht am üblichen Platz stand, kroch er fluchend unters Bett. Währenddessen verfolgte ich im Deckenspiegel jede seiner Bewegungen.

Sobald nur noch seine Beine unter dem Gestell hervorschauten, nahm ich alle Kraft zusammen und wälzte meine Fleischberge auf die Seite des Betts, unter der sich Sebastian befand, und ruckelte, soweit das ging, kräftig hin und her. Das scharrende Geräusch der Bettpfanne, die Sebastian in dem Moment an sich zog, vermengte sich einen Lidschlag später mit dem Krachen der splitternden Vierkanthölzer.

Ich knallte mit dem Gestell und meinem elefantösen Gewicht auf den Boden, vernahm unter mir ein kurzes und heftiges Ausatmen und aus dem Augenwinkel das Zucken von Sebastians nackten Füßen, die unter dem Bett hervorlugten. Dann erstarrte die Bewegung.

Etwa zehn Minuten verharrte ich in dieser etwas unglücklichen Schräglage, bis ich absolut sicher war, dass sich unter mir nichts mehr regte. Ich kramte das Handy hervor, das ich unter einer meiner Brüste deponiert hatte, und wählte Ulles Nummer.

»Hallo, Ulle, mir ist gerade etwas Dummes passiert. Ich habe mich im Schlaf anscheinend unruhig hin und her gewälzt, und dabei ist das Bett zusammengekracht. Mein Gott – habe ich mich vielleicht erschrocken. Kannst du bitte rüberkommen und mir helfen? Und ruf den Rettungsdienst an, damit man mich aus dieser misslichen Lage befreit. Da ist irgendetwas, das mir furchtbar in den Rücken drückt …«

Calenberger Pfannenschlag oder »Knipp«

1 kg Graupen
2 Liter kräftige Fleisch- oder Gemüsebrühe
750 g Rinderleber
etwas Restfleisch vom Schwein (Kopffleisch, fetter Schweinebauch)
500 g Speckschwarten
1 Prise Nelkenpfeffer
Salz und Pfeffer

Die Graupen in Brühe kochen, dann auf kleiner Flamme ausquellen lassen.

Rinderleber kochen. Mit etwas Restfleisch vom Schwein und Speckschwarten durch den Fleischwolf mengen.

Dann die Fleischmasse mit einer Prise Nelkenpfeffer, Salz und Pfeffer würzen, alles in die Grütze geben und gut vermengen.

Anschließend die komplette Masse in einen Leinenbeutel füllen und für ca. 2 Stunden in 2 Liter Fleischbrühe ziehen lassen. Dann wird der Beutel entfernt. Fertig!

Die Grützwurstmasse (der sogenannte »Knipp«) wird dann in die Pfanne »geschlagen« (daher »Pfannenschlag«) und angebraten. Dabei muss sie etwas breiig bleiben und doch Krüstchen bilden.

Der Calenberger Pfannenschlag wird serviert mit Bratkartoffeln und Sauergemüse (Gewürzgurken, Cornichons, Senfgurken, Silberzwiebeln, Mixed Pickles) oder sauren Gurken (Salzgurke).

SÜDEN

Nicola Förg

Eine Frage der Kässpätzle-Ehre

Es war der Tag vor dem Weltuntergang. Ein Tag wie jeder andere – abgesehen vom Weltuntergang eben. Es regnete und konnte sich nicht so recht entscheiden, ob es schneien wollte. Ein paar *Kitzabolla* mischten sich unter das Nass – Winter im Oberallgäu war anders. Am Stammtisch im Gasthof »Zum Lustigen Emmentaler« wurde eifrig diskutiert. Zum Weltuntergang passe das Wetter ja, fand der Sepp. Ob er so einen destruktiven Schmarrn glauben wolle, hatte ihn der Matthias gefragt. Er war Inhaber des »Lustigen Emmentalers« und außerdem der Koch. Man könne das nie ganz *gwies* wissen, meinte der Franz. Und der Uli hatte sich nur an die Stirn getippt. Aber in einem stimmten die alten Schulfreunde überein: Ob Weltuntergang oder nicht – Grund für einen zünftigen Endzeit-*Hoigata* gab es allemal.

Die Medien waren in letzter Zeit übergequollen mit Antworten auf die Frage, was man unbedingt noch erledigen müsse, bevor die Welt untergeht. Von Fensterputzen über wilden Sex bis hin zu Powershopping war alles dabei gewesen. Schwachsinn! Für echte Allgäuer konnte es am Vortag des Weltuntergangs nur eines geben: Kässpätzle essen, was sonst! Nicht irgendwelche natürlich, wie man sie landauf, landab und im benachbarten Ausland (Vorarlberg, Liechtenstein, aber auch Oberschwaben und, schlimmer noch, Oberbayern) ertragen musste. Wo allerlei vermengt wurde, das dann den Namen Kässpätzle, Käsknöpfle, preißisch Käsespatzen oder boarisch Kasspotzn trug. Nein, einzig und allein die Kässpätzle von der Kreszenz durften es sein.

Kreszenzia, Kreszenz oder Zenz, Austragsbäuerin vom Zwick, die sich weigerte, unten im Dorf zu leben. Sie wohnte allein auf ihrer Alp. Mit ihr ein paar Kühe, aus deren Milch sie einen sensationellen Bergkäse machte. Viele haben ihr die Alp abkaufen wollen, zu Preisen, die einen ganz *drimslig* werden ließen. Die Kreszenz hat immer auf *dollohrig* gemacht, dabei hat sie zugehört wie ein Luchs.

Heute gab es eine richtige Straße auf den Berg, und die Kreszenz war nicht mehr ganz so aus der Welt wie ehedem. Ihr Sohn und der Enkel, namentlich der Matthias, der vom »Lustigen Emmentaler«, sahen nach ihr – so wie die vielen Wanderer, Mountainbiker, Schneeschuhgänger und Rodler, die das ganze Jahr über hinaufzogen zur Kreszenz und ihren legendären Kässpätzle.

Zum Glück hatte der Uli, ein gestandener Busunternehmer, sein Fahrzeug direkt vor dem »Lustigen Emmentaler« geparkt, sonst wären die vier Freunde beim Verlassen der Wirtschaft *bätschnass* geworden. Langsam wand sich der Kleinbus hinauf auf die Alp. Auf halber Höhe ging der Regen in dicke Flocken über, die immer fetter wurden, bis auf 1400 Metern Höhe die Hütte der Kreszenz erreicht war.

Die Stube war warm, besser gesagt bullenheiß, und *miigele* wie kein Platz sonst im weiten Erdenrund. Zwei junge Männer saßen bereits vor ihren Gläsern. Die Kreszenz hatte auch vom Weltuntergang gehört, und sie war sich gar nicht so sicher, ob da nicht vielleicht was dran war. Ob da dann nicht Außerirdische landen würden. Dem Argument, dass eine untergegangene Welt auch den paar Marsmännchen nichts mehr nutzen würde, war sie nicht zugänglich. »*Dia Welt verschnöllt ja it zmohl*«, sagte sie. Was eine längere Diskussion auslöste, ob nicht genau das passieren würde. Die Welt. Wie man sich das wohl vorzustellen hatte, ihren Untergang. Auch das mit den Zeitzonen war zu bedenken. Denn theoretisch war woanders ja schon viel früher Morgen als in den Oberallgäuer Nagelfluhbergen …

Derlei Diskussionen erforderten in jedem Fall ein Bier vom Schäffler. Das hatte auch so ein weltuntergangsmäßig schwarzes Etikett, wie der Sepp fand. Die beiden anderen Gäste, zwei *Mordslaggl* in voller Outdoor-Montur, mischten sich ins Gespräch. Man prostete sich zu. Ach, so ein Weltuntergang, der hatte doch was.

Der Matthias war zu seiner Oma in die Küche gegangen – und kam gleich wieder zurück, begleitet von einem wüsten Scheppern. Wenn die Kreszenz eins hasste, dann waren es Zuschauer in ihrer Küche. Weiland, als Dreikäsehoch, hatte der kleine Matthias am Herd viel von ihr gelernt: Schupfnudla, Funkakiechle, Krautkrapfa – alles, was heute auf der Speisekarte des »Lustigen Emmentalers« zu finden war. Fast alles. Denn wenn sie Kässpätzle machte, hatte nie jemand zusehen dürfen. Kein Mensch wusste, was für einen Käse sie nahm, und niemand auf der Welt vermochte dieser an sich einfachen Speise derartige Geschmacksnuancen zu verleihen wie die Kreszenz. Der Matthias hatte lange experimentiert, probiert, verändert – an die Kreszenz kam er einfach nicht heran. Das wurmte ihn. Nicht nur, dass er sich mit fleischlosen Spezialitäten aus der Region einen Namen gemacht hatte. Er war ehrgeizig und strebte nach mehr: Er wollte der beste Koch für vegetarische Küche sein und am liebsten noch einen Stern für seine Kochkunst einheimsen. Der »Lustige Emmentaler« sollte ein Ort werden, zu dem gesundheitsbewusste Feinschmecker nur so hinpilgerten. Aber es war ein *Gfrett* mit der Oma! Zwar hatte sie eingewilligt, der Nachwelt ihr Kochbuch zu hinterlassen, jedoch ohne das Rezept für die Kässpätzle …

Allmählich wurde es Abend, und die Gäste hatten einen rechten *Gluscht*, aber die Maxime der Kreszenz war immer gewesen: »*It hudla.*« Und dann kamen sie doch, die legendären, weltbesten Kurz-vor-dem-Untergang-Kässpätzle. Zum Niederknien gut! Der Ofen prasselte, der Käse zog herrliche endlose Fäden, und draußen schneite es inzwischen weltuntergangsmäßig stark. Der Uli warf dem Matthias einen besorgten Blick zu und wollte nun doch mal nach dem Bus schauen. Auch ob er Schneeketten dabeihätte, denn er bezweifelte stark, dass sie ohne selbige das Tal jemals erreichen würden. Was im Prinzip ja auch egal sei, wie der Franz meinte, es sei doch eh Weltuntergang …

Es gab einen Nachschlag von den Kässpätzle, und auch die zweite Schüssel der herrlichen Speise wurde *ratzibutz* leer. Der Matthias bat die Kreszenz, den Hausgebrannten zu holen, aber sie meinte, der hätte sich *verschloffa*. Ihr Enkel lachte und machte sich auf die Suche, kam aber mit leeren Händen zurück. Er schlug vor, man könne ja den heiligen Antonius bitten, den Schnaps zu finden. Das war seiner Oma dann Drohung genug. Sie zog den Hochprozentigen aus einer *Holzbeig* hervor und ließ es sich nicht nehmen, zwei Stamperl mitzutrinken. Bis irgendwo eine Tür schlug. Zum Schnee war jetzt auch noch Wind aufgekommen. Die Oma ging erstaunlich leichtfüßig hinaus, um nach dem Rechten zu sehen.

Nach einer Weile kam die Kreszenz wieder, sie hatte neues Schäffler dabei, und die Gläser klirrten. Der Sepp machte sich bald in Richtung Klo auf, das Bier suchte seinen Weg. Der Franz begann die Teller zusammenzustellen, was der Sepp, der inzwischen wieder zurück war, höchst *gschpässig* fand. Das sei schließlich Weiberarbeit, aber der Franz sei ja auch so ein *Pfröpflar*, immer schon gewesen! Stirnrunzelnd sahen ihm die Freunde nach, als er sich auch noch anschickte, den Geschirrstapel in die Küche zu tragen. Man hörte Wasser laufen, womöglich spülte der auch gleich noch ab. Das war ja *kähl!* Es war auch der Franz, der nach einer Weile wiederkam und fragte, wo denn der Uli sei. Gute Frage, eigentlich.

Draußen beim Bus war er nicht, es waren auch keine Fußspuren zu sehen, aber die hätte sowieso der Sturm zugeweht, der inzwischen ein kleiner Blizzard geworden war. Nicht, dass der Uli irgendwo zusammengeklappt war und so kurz vor dem Weltuntergang ganz normal im Schnee erfror oder sonst wie unspektakulär verstarb! Sie riefen und suchten, und dann kam ein Schrei vom Franz aus der *Käskuch*. Im Kessel, irgendwie ungut mit der Käseharfe verkeilt, lag der Uli. Tot. In einer Frühform von Käse ertrunken. An sich ja ein schöner Tod. In der Hand hielt er ein Stück Papier. Und eben, als der Matthias das an sich nehmen wollte, erschallte ein markiges »Halt!«. Einer der beiden *Mordslaggl* fuhr dazwischen, und bei der Gelegenheit erfuhren sie, dass es sich bei den beiden um Gendarmen aus dem Bregenzer Wald handelte.

Nun war das so eine Sache: Die Alp, auf der die Kreszenz lebte, lag zwar offiziell in Deutschland, aber quer durch die nachträglich angebaute *langlechde* Käseküche verlief die Grenze zu Tu Felix Austria. Im Prinzip genau durch den Käsekessel. Und weil der Uli nun mehrheitlich auf österreichischer Seite hing, hielten sich die beiden Offiziellen für mehr zuständig und nahmen das Zepter in die Hand, wenngleich sie die deutschen Kollegen informiert hatten. Sie ließen die Männer wieder Platz nehmen, die Kreszenz auch, und wegen des Schocks gab es, hochpolizeilich erlaubt, einen *Obschtler* für alle. Mit bedeutungsvoller Stimme hub der eine Gendarm an: Sie alle wären mal draußen gewesen: der Matthias, um den Schnaps zu suchen. Der Sepp, um sich zu erleichtern. Der Franz, um den Tisch abzuräumen. Sie alle seien verdächtig. Wie bei Agatha Christie. Ein Mord im Orient-Express quasi. Nur sei das hier eben eine Alphütte, und der Kreis der Verdächtigen deshalb – nun – überschaubar.

Das war auch dem Kreis der Verdächtigen klar, und schlagartig wurde es still. Bis ein Jeep von der Allgäuer Seite heraufkam und zwei deutsche Beamte ausspuckte. Am Ende konzentrierte sich die ganze Ermittlung darauf, dass der tote Uli ein Rezept umkrallte. Handgeschrieben. In altdeutscher Schrift. Nicht mehr sehr leserlich, bis auf die Überschrift: Annis Kässpätzle. Anni war die Mutter von der Kreszenz gewesen. Legendär wie die Tochter. Oder noch legendärer. Und der Uli hatte versucht, das Familienrezept zu stehlen!

Die ermittelnden Beamten hatten bald schon die Theorie aufgestellt, dass der Matthias das Rezept der Oma hatte retten wollen und den Freund deshalb in den Käsebottich gestoßen hatte. Der Matthias beteuerte immer wieder, dass er den Uli nicht gestoßen hätte. Dass er das alles doch gar nicht gewollt hätte. Was eigentlich?, fragte der Franz. Dass der Uli seinen persönlichen Weltuntergang hat erleben müssen?

Über alldem war die Kreszenz dagesessen und hatte von einem zum anderen gesehen. Bis sie sagte, dass die *Kooge so ebbas von hindrafier* denken würden. Der Uli, *jessas*, für wen würde der das Rezept wohl stehlen? Alles Kokolores – das Wort hatte sie von einem Verehrer aus Bochum, der ihr gegen Ende des Zweiten Weltkriegs den Hof gemacht hatte. Aber der Matthias, der hätte doch zeit seines

Lebens versucht, sie zu beklauen. Ganz *figgrig* wäre der immer wegen dem Rezept gewesen. Sie wandte sich zu ihrem Enkel und drohte ihm mit dem Finger. Den armen Uli aufzustacheln, damit er das Rezept für ihn stehle ... so was mache man als Freund doch nicht. Den anderen zu erpressen, bloß weil der auf seinen Bustouren den alten Weibern das Wechselgeld immer falsch rausgab. Waren doch selber schuld, die alten *Schnetterbäsen* ... Sie habe dem Uli mit ihrem *Knöpflar* doch bloß gedroht, bis er gestanden hatte, dass er das Kässpätzle-Rezept für den Matthias hat stehlen wollen. Und dann war er rücklings umgefallen. Schad, aber nicht mehr zu ändern. Die Männer starrten die Kreszenz an, der Matthias starrte am meisten, bis der Sepp zu lachen begann, was natürlich unpassend war angesichts des abgelebten Freundes.

»Und das Rezept ist jetzt weg?«, fragte der Matthias entsetzt.

»Des ka i auswendig. Du Seftl. Des ka i allat scho.«

Weil die Kreszenz immer schon gewusst hatte, dass so was mal in unrechte Hände fallen könnte. In die von Außerirdischen, die in den nächsten Stunden kommen würden. Oder, falls der Weltuntergang ausfallen würde, dann eben doch in die des unwürdigen Enkels. Und wenn der es gewagt hätte, ihre Kässpatzen nachzumachen, womöglich noch mit Analogkäse, dann wäre selbst die tief gläubige Kreszenz vom Glauben abgefallen ...

* * *

Kitzabolla – Hagelkörner
gwies – gewiss, bestimmt
Hoigata – Zusammenkunft, geselliges Beisammensein
drimslig – schwindlig
dollohrig – schwerhörig

bätschnass – klatschnass
mügele – angenehm, gemütlich, warm
Dia Welt verschnöllt ja it zmohl. – Die Welt zerreißt es nicht plötzlich.
Mordslaggl – große Männer
Gfrett – liebe Not, Ärger
Gluscht – Appetit
it hudla – nichts übereilen
ratzibutz – völlig, ganz und gar
verschloffa – Dinge verschliefen manchmal, sie verschwinden auf wundersame Weise.
Holzbeig – Holzstapel
gschpässig – merkwürdig
Pfröpflar – Nichtskönner
kähl – wüst
Käskuch – Sennerei
langlechd – länglich
Obschtler – Obstbrand
… dass die *Kooge so ebbas von hindrafier* – … dass die Kerle so was von verzwickt/verkehrt
jessas – Ausruf der Verwunderung
figgrig – unruhig
Schnetterbäsen – Tratschweiber
Knöpflar – Spätzlehobel
Des ka i auswendig. Du Seftl. Des ka i allat scho. – Das kann ich auswendig. Du Blödmann. Immer schon.

Kreszenz' Kässpätzle-Rezept …

… kennen wir auch nicht. Aber es ist anzunehmen, dass sie mindestens drei Sorten Käse benutzt hat. Wer Kässpätzle bloß mit Emmentaler macht, ist einer Kreszenz nicht würdig.

Zutaten:
4 Eier
600 g Mehl
Salz
¼ Liter Milch
¼ Liter Wasser
100 g geriebener Emmentaler
100 g mittelalter Bergkäse
100 g Romadur
3 Zwiebeln
Butterschmalz

Aus Mehl, Eiern, Wasser, Milch und Salz bereitet man einen zähflüssigen Spätzleteig, den man mit dem Spatzenhobel in kochendes Salzwasser reibt. Wenn die Spätzle aufschwimmen, sind sie fertig. Abseihen und die gekochten Spätzle schichtweise abwechselnd mit dem Käse in eine warme Schüssel geben. Mit ein paar Butterflocken belegen und ca. 5 Minuten bei 200 Grad im Ofen überbacken.

Währenddessen Zwiebelringe scharf anbraten. Wenn sie glasig werden, mit etwas Mehl bestäuben (dadurch werden sie knusprig) und weiterbraten, bis sie schön braun sind. Vor dem Servieren Spätzle mit den abgerösteten Zwiebeln bedecken.

Dazu isst man grünen Salat mit Essig-Öl-Dressing. Niemals Krautsalat!

Bier, Weißwein und Verdauungsobstler passen dazu!

Friedrich Ani

Der Tanzbär von Burghausen

»Vielleicht hilft gutes Zureden«, sagte Robert Osing. »Der Mann war über Jahre unser bester Bote.«

»Der Typ muss bluten.« Jakob Fink, den sie seit der Geburt Jockl nannten, leerte sein Weißbierglas, schaute sich um, als gäbe es neue Gesichter zu entdecken, und streichelte den Revolver, der neben ihm auf einem braunen Kissen lag. Die Waffe, ein siebenschüssiger Smith & Wesson-Magnum-Plus-Revolver, hatte er von seinem Cousin Jesus, der im Import-Export-Geschäft tätig und weltweit vernetzt war. Seit er in Polen eine damals einundzwanzigjährige Tänzerin geheiratet hatte und zum katholischen Glauben zurückgekehrt war, nannte er sich Jesus. Seine Eltern hatten ihn auf den Namen Josef taufen lassen, mit achtzehn trat er aus der Kirche aus und vertraute sich erst wieder deren Schoß an, nachdem Sophia ihm den ihren geöffnet hatte.

»Weißt noch? Jesus?«, sagte Fink.

»Klar. Gegen deinen Cousin ist Khashoggi ein Hausierer.«

Fink lachte eine Minute lang durch. Dann hörte er schlagartig auf, und sein graues, zerfurchtes Gesicht erstarrte zur alten Steingrimasse. Zwei Tische weiter wandte Wedelking den Kopf ab und widmete sich wieder seiner

Zeitung. Fink war klar, dass der Kerl nicht las, der tat nur so, weil er ein heimlicher Spanner war. Wedelking stammte aus dem Osten, Thüringen, soweit man wusste, und war bei der Stasi gewesen, woraus er keinen Hehl machte. Auch daraus nicht, dass er den Fall der Mauer für einen Irrtum der Geschichte hielt und der westliche Kapitalismus an sich selber zugrunde gehen würde, und zwar innerhalb der nächsten zehn Jahre. Das erzählte Wedelking seit zwanzig Jahren, niemand hörte ihm zu, außer seiner Frau, die er gehasst hatte, bis Fink sie mit einer Gabe Jesu, seines Cousins, den Händen des HERRN übergab.

»Was soll das sein?« Osing zeigte auf den Teller, den Hanse, der Wirt, ihm hingestellt hatte.

»Was soll die Frage?«

»Was soll die Frage?«, sagte Osing.

»Das ist der Wurstsalat, den du bestellt hast.«

»Mit Käse oder was?«

»Du wolltst einen Schweizer Wurstsalat.«

»Spinnst du?«

»Ich spinn nicht.«

»Du spinnst.«

»Du wolltst einen Schweizer Wurstsalat. Oder, Jockl?«

»Ich war nicht dabei«, sagte Fink.

»Freilich warst du dabei«, sagte Hanse Schildknecht, der das Gasthaus von seinem Vater übernommen hatte, einem engagierten NPD-Mitglied, der um ein Haar in den Münchner Stadtrat gewählt worden wäre, wenn er am 20. April nicht an einer Gedenkstunde auf dem Odeonsplatz teilgenommen hätte. Daraufhin wurde er wegen Verunglimpfung der Opfer des Nationalsozialismus zu einer Geldstrafe verurteilt und zog sich enttäuscht aus der Kommunalpolitik zurück. Für Hanse war Politik nie ein Thema gewesen, und ihm war bewusst, dass eine braune Gästeklientel für die Zukunft des ehrwürdigen »Bärenhofs« im Münchner Stadtteil Giesing eher schädlich wäre. Die Freunde seines Vaters und deren Nachkommen fanden anderswo Unterschlupf, das war in München kein Problem, und so begann Hanse, um ein junges Publikum zu werben. Mit relativ niedrigen Preisen, solidem Essen, Kabarett- und Spieleabenden. Der Erfolg blieb übersichtlich.

»Wieso war ich dabei?«, fragte Fink.

»Was?«

»Ich hab keinen Käs bestellt«, sagte Osing.

»Du hast einen Schweizer bestellt.« Hanse schüttelte den Kopf und hörte nicht mehr auf damit.

»Was ist das überhaupt für ein Käs?«

»Emmentaler, wie immer.«

»Ist da auch eine Wurst drunter?«

»Was?«

»Ist da auch eine Wurst drunter?«

»Was?«

»Ist das ein Kässalat?«

»Was?«

Fink legte den Revolver auf den Tisch. Das machte er manchmal, wenn die Dinge um ihn herum anfingen, ihn zu belasten.

»Was soll das jetzt sein?«, fragte Hanse. Hinter dem Wirt lugte Kante, der Koch, aus der Küchenluke. Kante war ein Zwei-Zentner-Mann, der selten redete und viele Jahre in der Kantine des Bayerischen Fernsehens gearbeitet hatte. Aus blankem, unkontrolliertem Zorn schlug er eines Mittags einer zweiunddreißigjährigen Redakteurin so heftig ins Gesicht, dass sie zwei Zähne verlor und einen Schock erlitt. Er habe, so erklärte Kante gegenüber dem Hauspsychologen, ausprobieren wollen, ob die Frau, die er seit Monaten beobachte, zu irgendwelchen Gesichtsregungen fähig war oder mit diesem einen, selbstzufriedenen Ausdruck geboren worden sei oder diesen sich habe implantieren lassen. Niemand im Bayerischen Rundfunk hätte Kante derartige Gedanken zugetraut, geschweige denn die Kenntnis von Fremdwörtern. Er wurde entlassen, musste Schmerzensgeld bezahlen und schaltete von nun an nur noch den NDR ein.

»Gute Frage«, sagte Fink zu Hanse. »Was soll das sein? Ist interessant, Hanse. Der klassische Smith & Wesson hat nur sechs Schuss in der Trommel, das ist bekannt. Aber die Leute wollten mehr, die Sportschützen, die Kenner, sie wollten mehr Kopflastigkeit, verstehst, Hanse? Kopflastigkeit, darum ging's, und was haben die Hersteller getan? Sie haben gehandelt. So wie du damals, als du den Fernseher rausgeschmissen hast. Weil: Du wolltst keine Leut, die bloß zum Fußballschauen kommen, du wolltst echte Gäste. Stimmt's? Stimmt. Hat nicht geklappt, aber das liegt nicht an deiner Idee mit dem Fernseher. Das liegt an vielem anderen. An dir. An deinem Essen. An deinem Wurstsalat. Die Tüftler bei Smith & Wesson, obacht, die haben genau gewusst, was sie machen und wem sie damit eine Freude bereiten. Darum geht's ja als Dienstleister: Du musst den Leuten eine Freude bereiten, sonst gehen sie woanders hin. Sie essen ihren Wurstsalat woanders. Schau dich um. Jetzt hast du keinen Fernseher mehr, aber auch keine Gäste. Du hast den Wedelking, du hast den Schubert, den alten Freund deines Vaters, was bringt der dir? Nichts. Wenn die Nazis wieder an die Macht kommen, kriegst du vielleicht einen Job in der Kantine, das wär möglich ...«

Fink lachte zwanzig Sekunden durch. Dann war sein Gesicht wieder normal. »Du hast den Hinzmann, der heult in sein Bierglas, weil die Schülerin ihn damals verpetzt hat, das ist auch schon mindestens fünfzehn Jahre her. Und du hast den Gerstl, der mit dir Karten spielt, weil er jemanden braucht, dem er von seinen Heldentaten als Polizist erzählen kann. Wahrscheinlich ist der der Einzige, dem du eine Freude machst, die anderen sitzen nur hier, weil sie nicht wegkommen. Aber die Leute, die zum ersten Mal den siebenschüssigen Revolver in der Hand gehalten haben, waren begeistert. Die haben gejubelt, Hanse, so einen Jubel wirst du hier nie erleben. Also, wenn du mich fragst, was das sein soll, dann sag ich dir: Das ist ein Freudespender, siebenschüssig. Und bring mir noch ein Weizen.«

»Was?«, sagte Hanse.

Osing stocherte mit der Gabel im Wurstsalat. »Was sind das für Zwiebeln?«

»Was?«

»Was sind das für Zwiebeln?«

»Was?«

»Die hängen ja alle ineinander, die sind nicht ordentlich geschnitten. Und wieso ist da Mais drin? Und was soll das Salatblatt?«

»Bist du neuerdings Essenstester?«, fragte Hanse.

»Nein.« Osing legte die Gabel auf den Holztisch und faltete die Hände. Eine Weile betrachtete er mit gesenktem Kopf den Teller, in Gedanken versunken. Dann sagte er mit leiser Stimme: »Dieser Wurstsalat ist ein Massaker.«

»Was?«

Diesmal klang Osings Stimme lauter, aber nicht zu laut. »Dieser Wurstsalat ist ein Massaker.«

Hanse Schildknecht schien unberührt. »Der ist wie immer. Ganz genau wie immer. Das ist ein klassischer Schweizer Wurstsalat, mit Regensburgern drin, Zwiebeln, Essig, Gurke …«

»Und was soll der Mais? Und die ausgezuzelte Tomate?«

»Was, ausgezuzelt?«

»Die Tomate ist ausgezuzelt.«

»Blödsinn.«

»Die Frage ist doch«, sagte Fink und strich mit Zeige- und Mittelfinger über den Lauf des Revolvers, »nimmst du den Wurstsalat zurück, oder muss der Robert den essen, so wie er dasteht?«

»Der steht da wie immer«, sagte Hanse.

»Du auch«, sagte Fink.

»Was?«

»Du stehst auch da wie immer.«

Neben dem Wirt tauchte Kante, der Koch, auf. Er war im Grunde nur neugierig, ob Fink bloß ein Maulpfau war oder das Ding tatsächlich benutzen würde. Um das herauszufinden, holte Kante aus und hackte das kleine, geschliffene Beil, mit dem er oft Knochen und zähes Fleisch zerteilte, in Osings Schädel. Es blieb stecken, während Osing vom Stuhl kippte, sich aufbäumte, in Richtung Tür robbte und zusammenbrach. Im Vergleich zu seinen Erfahrungen in der Küche fand Kante, dass diesmal relativ wenig Blut im Spiel war. Wie sich später herausstellen sollte, war Osing noch am Leben und starb erst im Krankenhaus aufgrund eines allergischen Schocks durch ein falsch verabreichtes Antibiotikum.

Den Aspekt des geringen Blutverlusts hätte Kante gern noch etwas weiter verfolgt. Doch da traf ihn eine der sieben Kugeln aus der kopflastigen Smith & Wesson direkt in die Stirn und schleuderte ihn fast unmittelbar vor die Küchenklappe, aus der er immer so entspannt herausgelugt hatte.

»Was ist jetzt mit dem Wurstsalat?«, fragte Fink und legte den Revolver wieder auf das weiche braune Kissen, als benötigte die Waffe etwas Ruhe.

»Was?«, sagte Hanse. »Was? Was?« Er schaute zu dem reglos daliegenden Osing, dann drehte er den Kopf nach hinten und sah den dicken Koch in der Blutlache, fing an zu zittern und bemerkte, dass die vier anderen Gäste ihn anstarrten. »Ich bin … ich bin …«

»Du bist der Wirt«, sagte Fink. »So isses.« Daraufhin verstummte er.

Gerstl machte sich so seine Gedanken, wusste im Augenblick aber auch nicht, was die klügste Reaktion auf diesen zweifachen Mord sein könnte. Schwierig, dachte er und warf Schubert einen Blick zu, der in der Nähe des Tresens saß, weil er von dort den kürzesten Weg zur Toilette hatte. Schubert war siebenundsiebzig und galt als Erfinder des doppelarmigen Hitlergrußes, den Hanse ihm allerdings aus Imagegründen in seinem Lokal verboten hatte.

Sauberer Schuss, dachte Schubert, präzise und mit ruhiger Hand ausgeführt. Er musste dringend pinkeln, befürchtete jedoch, er würde etwas verpassen. Derweil kratzte sich Hinzmann ununterbrochen am Bauch und hoffte, jemand würde etwas unternehmen und den Mörder unschädlich machen. Wedelking schwitzte, mehr nicht.

»Ich bin …«, begann der Wirt erneut. »Ich bin … Polizei …«

Fink beugte sich vor. »Was ist mit dem Wurstsalat?«

»Was?«

»Was ist mit dem Wurstsalat?«

»Was?«

»Setz dich hin.«

»Was?«

»Setz dich hin.«

»Nein.«

»Setz dich hin«, sagte Fink.

»Setz dich hin«, rief Hinzmann.

»Nein«, sagte Hanse.

Ein schmieriger Geruch zog durch den Raum. Fink deutete auf den Teller. Ihm dauerte das alles zu lang. Er und sein Partner Osing waren nicht hergekommen, um über das schlechte Handwerk von Köchen und Wirten zu diskutieren. Sie waren mit einem Mitarbeiter verabredet, der sie um eine Menge Geld beschissen hatte und den sie nicht allein im Dunkeln treffen wollten, sondern unter Zeugen. Damit hinterher die Notwehrfrage eindeutig geklärt werden konnte.

Dass dieser Koch unter BSE oder sonst einer Gehirnkrankheit litt, hatte niemand geahnt. Bedauerlich, das mit Osing. Andererseits war ihm das nachgiebige Verhalten seines Partners in diversen Dingen in letzter Zeit eher auf die Nerven gegangen. Er hatte den Eindruck, Osing würde allmählich alt und weich und an Feuer und Wut verlieren. Ein fataler Zustand, fand Fink. Und dann bestellte sein Freund Robert-vielleicht-hilft-gutes-Zureden-Osing auch noch überall, wo sie hinkamen, Wurstsalat.

»Zum letzten Mal, Hanse: setz dich.«

»Warum?«

»Ich will sehen, wie du den Wurstsalat isst.«

»Was?«

»Setz dich.«

Auf dem elektrischen Stuhl hätte Hanse Schildknecht sich nicht widerwilliger niedergelassen. Er zögerte, die Gabel zu nehmen, vielleicht, weil Osing sie schon in der Hand gehalten hatte. Das dringende Bedürfnis, ein weiteres Mal nach dem toten oder sterbenden Gast in der Nähe der Tür zu sehen, unterdrückte Hanse ebenso wie Schubert das seine, endlich aufs Klo zu gehen.

»Anfangen«, sagte Fink.

»Ich kann nicht«, sagte Hanse.

»Wieso nicht?«

»Ich kann nicht.«

»Ist Gift drin?«

»Was?«

»Ist Gift drin?«

»Ich bin … Nein … Warum hast du … Und was …«

Die Tür, die aus zwei Holzflügeln bestand, ging auf, und ein Junge von etwa zwölf Jahren kam herein. Er hatte einen Aluminiumkoffer bei sich. Sein Gesicht war gerötet, die Jeans schienen ihm zwei Nummern zu groß zu sein, sein grüner Pullover war übersät von Fusseln. Er blieb kurz stehen, betrachtete den leblosen Mann auf dem Boden, schaute sich um und ging direkt auf Finks Tisch zu.

Schubert wippte mit den Beinen und klemmte die Fäuste zwischen die Knie.

»Was willst du?«, fragte Fink den Jungen.

»Bist du der Jockl?«

»Und wer bist du?«

»Ich bin der Hias. Der Koffer ist für dich.«

»Von wem?«

»Von meinem Papa.«

»Wieso kommt der nicht selber? Wir warten seit Stunden auf ihn.«

»Er kann nicht. Er hat sich gestern in der Scheune aufgehängt.«

Fink legte seine Hand auf den Revolver. »Gestern? Und wieso?«

»Er hat auf einen Zettel geschrieben, dass er nicht mehr der Tanzbär von Burghausen sein will und ich dir das Scheißgeld bringen soll. Er hat echt Scheißgeld auf den Zettel geschrieben. Meine Mama sagt, sie hat keine Ahnung, was das bedeutet. Willst du den Koffer nicht?«

»Hast du reingesehen?«

»Nein.«

»Setz dich da rüber an den freien Tisch.«

Ohne weiter zu fragen, setzte der Junge sich an den Tisch und legte den Koffer darauf. Fink wollte kein Risiko eingehen. Falls der Idiot einen Sprengsatz eingebaut hatte, würde der liebe Gott dem Jungen die Sache schon in gewohnter Manier erklären.

»Mach den Koffer auf, Hias.«

Der Junge hantierte an den zwei Schlössern herum, und sie schnappten auf. Er hob den Deckel.

»Was ist drin?«, fragte Fink.

»Lauter Hundert-Euro-Scheine.«

»Der ganze Koffer voll?«

»Ja. Wahnsinn.«

»Nimm einen Schein raus.«

Der Junge tat es und schaute Fink ratlos an.

»Behalt ihn und geh nach Hause.«

Der Junge stand auf. »Scheiß viel Geld. Dank schön.« Er wandte sich zur Tür. »Ist der Mann da tot?« Weil er von niemandem eine Antwort erhielt, riss er die Flügeltür auf und rannte nach draußen.

Auch Schubert wollte losrennen, aber es war zu spät.

»Was ist jetzt mit dem Wurstsalat?«, fragte Fink.

»Was?« Ein voluminöses Beben schüttelte Hanses Körper.

Fink dachte an das Geld, das ihm jetzt allein gehörte, und fragte sich plötzlich, ob er den Wurstsalat nicht einfach selber essen sollte – als eine Art Hommage an seinen alten Freund.

Bayrischer Wurstsalat

500 g Regensburger
3 Zwiebeln
5 EL Rapsöl
3 EL Essig
viel klein gehackter Schnittlauch
gut Pfeffer
wenig Salz (die Wurst ist salzig genug)
ein Spritzer Zitrone

Wurst in Scheiben und die Zwiebeln in Ringe schneiden, würzen und mehrfach umrühren. 30 Minuten ziehen lassen, nochmals umrühren, notfalls erneut pfeffern. Servieren mit einer dicken Scheibe Bauernbrot, dazu zwei bis drei Helle Bier, abschließend zwei Bärwurz-Schnäpse. Mahlzeit!

Sabine Thomas

Seeteufel

Es gibt Momente im Leben, die machen mit aller Brutalität deutlich, dass man langsam alt wird. Wenn kleine Kinder einen siezen zum Beispiel oder wenn die Friseuse einem nahelegt, doch mal eine Tönung zu probieren. Oder wenn man eine Einladung zum Klassentreffen erhält.

Die Einladung erwischte mich in einem denkbar ungünstigen Moment. Midlife-Crisis, die siebzehnte. Dem Brief lag eine Kopie des Abi-Klassenfotos bei. Du meine Güte, wie hatte ich denn ausgesehen! Leider war die Frisur, die man mir damals im Salon *Irmi* verpasst hatte, juristisch gesehen schon verjährt. Auch für die neonfarbenen Klamotten konnte niemand mehr zur Verantwortung gezogen werden. Gut, die anderen sahen auch nicht besser aus. Dauerwellen, verunglückte Nena-Frisuren und Horrorklamotten mit Schulterpolstern und augenkrebsauslösenden Farben und Mustern. Nur einige wenige waren immun gegen die Achtzigerjahre-Geschmacksverirrung gewesen. Meine damals beste Rivalin Inga zum Beispiel, und natürlich Oliver. Der Klassenschwarm. Alle Mädchen waren damals in ihn verknallt, ich natürlich auch. Ich glaube, er wusste gar nicht, dass wir zusammen in eine Klasse gingen.

Nur ein einziges Mal waren wir uns etwas nähergekommen, und zwar am Pausenkiosk. Ich kämpfte mich gerade zum Ausgabefenster durch, wo sich Hunderte von Schülern drängelten, als ich plötzlich Olivers Stimme hinter mir hörte, ganz nah an meinem Ohr. Ich spürte sogar seinen warmen Atem. Er stand direkt hinter mir und wurde von der hungrigen Horde an mich gepresst. Wie ich diesen Moment genossen hatte! Lange, lange habe ich davon gezehrt. Fünfundzwanzig Jahre lang, um genau zu sein. Und in genau vier Wochen würde ich ihn wiedersehen.

Nach dem ersten Schock und der darauf einsetzenden Euphorie kam die Ernüchterung. Nämlich in dem Moment, als ich den Kleiderschrank inspizierte, um festzustellen, dass ich nichts zum Anziehen hatte.

»Ich fahre morgen in die Stadt«, sagte ich beim Abendessen beiläufig zu Klaus, meinem Mann. Ich weiß nicht, warum ich ihm verschwieg, dass ich eine Einladung zum Klassentreffen erhalten hatte. Ich sagte es ihm auch nicht später, als wir anschließend vor dem Fernseher saßen und eine Krimiserie nach der anderen über uns ergehen ließen. Am Ende des Abends hatte ich keine Ahnung, wer wen warum umgebracht hatte. Meine Gedanken kreisten unablässig um das Klassentreffen. Und um Oliver.

Als Klaus sich während einer Werbepause durch die Kanäle zappte, verzog ich mich mit meinem Laptop in die Küche, wo die Geschirrspülmaschine leise vor sich hin brummelte. Ich holte tief Luft und gab Olivers Namen in die Suchmaschine ein.

Er sah fast genauso aus wie früher, vielleicht sogar noch besser. Und er hatte richtig Karriere gemacht. Er war Arzt geworden und leitete eine Klinik für Schönheitschirurgie am Starnberger See.

Ich klickte mich durch seine Homepage und blieb bei

der Überschrift »Das Sisi-Konzept« hängen. »Die sagenumwobene Kaiserin Elisabeth, genannt Sisi, galt als eine der schönsten Frauen ihrer Zeit. Sie investierte viel Zeit und Energie in ihre Schönheit. Damals war das ein Privileg. Heutzutage kann jede Frau so schön wie eine Prinzessin sein. Wir helfen Ihnen dabei.«

Das klang so einfach.

Mehr war über Oliver nicht herauszufinden. Ich klickte die weiterführenden Links an. Schöne Gegend, dieses Starnberger Fünfseenland. Kein Wunder, dass König Ludwig II. und die Kaiserin Elisabeth dort Urlaub gemacht hatten und auch heute noch viele Millionäre in der Gegend leben, darunter die Fürstin Gloria von Thurn und Taxis.

Auch kulinarisch schien das Fünfseenland ein Eldorado zu sein, besonders für raffinierte Fischspezialitäten. Wie ich Fischgerichte liebte! Beim berühmten *Fischmeister* in Ambach zum Beispiel gab es Mousse von der Starnberger-See-Brachse mit Kapern, Fischfilet auf Muschel-Rosenkohl-Ragout mit Petersilienkartoffeln; das Starnberger Fischrestaurant *Dechant* lockte mit Seeteufel auf Safranschaum … Mir lief schon beim Lesen das Wasser im Munde zusammen.

Am nächsten Tag fuhr ich in die Stadt. Nachdem ich am Autobahnende stundenlang in einem Stau gesteckt hatte und das Parkhaus des Shoppingcenters wegen der Neueröffnung eines Elektromarktes hoffnungslos überfüllt war, verlor ich ziemlich viel Zeit mit der Suche nach einem Parkplatz. Als ich schließlich das Center betrat, kam ich mir vor wie eine Kandidatin der TV-Sendung *Shopping-Queen*: Ich hatte exakt vier Stunden Zeit, um das perfekte Outfit für das Klassentreffen zu finden.

Nach dem dritten Laden war nicht nur meine Frisur ruiniert, sondern auch meine Laune. Offenbar gab es ab einer bestimmten Kleidergröße keine vernünftige Abendgarderobe mehr. Selbst in einem Fachgeschäft, das auf Übergrößen spezialisiert war, fand ich nichts Passendes. Bevor ich zum Endspurt ansetzte, stärkte ich mich erst einmal mit einer Pizza. Dann steuerte ich eine kleine Boutique am Ausgang des Shoppingcenters an.

Kaum hatte ich den Laden betreten, schoss eine Verkäuferin auf mich zu und fragte, ob sie mir helfen könnte.

»Ich suche ein Abendkleid. Ein schönes langes Abendkleid. Für ein Klassentreffen.«

Sie lächelte nachsichtig, beinahe mitleidig. »Dann schauen wir mal, was wir in *Ihrer* Größe haben.«

Ich verzog mich in die Umkleidekabine und quälte mich von einem Kleid zum anderen. Im ersten sah ich aus wie eine Presswurst, im zweiten bekam ich keine Luft mehr, und in das dritte kam ich gar nicht erst rein.

»Und?«, fragte die Verkäuferin, die vor meiner Garderobe Stellung bezogen hatte.

»Können Sie mir vielleicht noch ein paar andere Kleider bringen, vielleicht auch etwas … größer?«

Sie nahm die drei Kleider entgegen, die ich ihr durch den Vorhangspalt reichte, und verschwand. Nach einer gefühlten Ewigkeit kam sie zurück. »Also, in *Ihrer* Größe haben wir nur noch das da.«

Das Kleid war ein Traum. Leider passte es nicht. Jedenfalls nicht richtig. Vielleicht in vier Wochen, zum Klassentreffen, aber nicht jetzt. Ich zwängte mich mit aller Kraft hinein.

»Und?«, fragte die Verkäuferin durch den Vorhang.

»Perfekt«, presste ich hervor, während ich versuchte, meinen Bauch noch weiter einzuziehen.

In diesem Moment platzte der Reißverschluss.

»Ich nehme es«, sagte ich und legte das Kleid so auf den Tresen, dass der kaputte Reißverschluss und der Riss im Stoff nicht zu sehen waren. Der Preis spielte keine Rolle. Trotzdem musste ich schlucken, als die Verkäuferin die Kreditkarte durch den Schlitz zog und die Zahl auf dem Display der Kasse erschien.

»Haben Sie es anprobiert?«, fragte die Kassiererin, bevor sie es zögernd in die Tüte schob.

Ich nickte. »Passt perfekt.«

Es würde perfekt passen. In genau vier Wochen *musste* es passen.

Nach diesem kostspieligen Vergnügen gönnte ich mir zum Abschluss einen leckeren Cappuccino und ein Stück Käsekuchen. Ab morgen würde ich abnehmen.

Zu Hause versteckte ich die Tüte mit dem Traumkleid in der hintersten Ecke meines Kleiderschranks. Am Abend verzog ich mich wieder mit dem Laptop in die Küche und recherchierte im Internet in Sachen Oliver. Über einen Link auf seiner Seite wurde ich auf eine Personal-Trainerin aufmerksam, die am Starnberger See ein »Sisi-Wellness-Programm« mit Diät anbot. Fünf Kilo in einer Woche! Ohne lange nachzudenken, klickte ich auf den Button »Verbindlich buchen«. Meinem Mann erzählte ich später, dass ich die Wellness-Woche bei einem Preisausschreiben gewonnen hätte.

Es war Hochsaison. Mit viel Glück ergatterte ich das letzte freie Zimmer mit Balkon und Seeblick im *Forsthaus am See*. Ich freute mich schon auf meine Henkersmahlzeit am Abend.

Auf der Terrasse des Hotel-Restaurants genoss ich im Sonnenuntergang den Blick auf den kleinen Yachthafen und über den See. Als Vorspeise orderte ich lauwarmen Ziegenkäse auf Avocado-Tomaten-Vinaigrette, danach das gebratene Zanderfilet auf Champagnerkraut und – man lebt nur einmal – zum Dessert das Schokoladensoufflé mit Amarenakirschen, Schoko-Crumble und Rumsahne.

Pappsatt zwang ich mich anschließend zu einem kleinen Spaziergang am See entlang.

Vom Balkon meines Hotelzimmers aus genoss ich später einen wunderschönen Blick über den schwarz glänzenden See, in dem sich der Vollmond spiegelte. Gegenüber am anderen Ufer glitzerten die Lichter, und irgendwo da drüben war mein Traummann.

Am nächsten Morgen bollerte es in aller Frühe an meine Zimmertür. Ich wälzte mich aus dem Bett, warf meinen Bademantel über und öffnete die Tür. Vor mir stand die Frau, die versprochen hatte, mich in einer Woche um fünf Kilo und sehr viel Geld zu erleichtern. Sie war gertenschlank, wirkte durchtrainiert und dennoch grazil. Ihre blonden Haare hatte sie zu einem frechen Dutt aufgesteckt. Sie strotzte nur so vor Energie und Vitalität.

»Guten Morgen! Ich bin Katja. Ab unter die Dusche, in zehn Minuten treffen wir uns auf der Terrasse. Und dann geht's los!«

Während ich als Frühstück einen Kräutertee zu mir nahm, erklärte Katja mir, was mich die nächsten Tage erwartete. »Der Wetterbericht für diese Woche ist traumhaft. Ich hole Sie jeden Morgen ab, und von hier aus unternehmen wir dann ausgedehnte Walking-Touren um den See. Am Ende der Woche wiegen Sie fünf Kilo weniger. Mindestens.«

Abschließend überreichte sie mir ein kleines Päckchen. Darin befand sich ein weißes Stofftaschentuch mit Sisis

Initialen. »Zur Motivation für die nächsten Tage«, erklärte Katja. »Sisi hatte eine absolute Traumfigur, die sie durch strenge Diät und viel Sport ihr Leben lang beibehielt.«

Ich hatte unglaubliche Dinge über Sisis Diäten gelesen: Angeblich hatte sie sich oft nur von zwei Orangen am Tag ernährt oder von gesalzenem Eiweiß, rohen Eiern und eiskalter Milch. Ab und zu soll sie sich ein Veilcheneis gegönnt und danach ihre Hofdamen mit stundenlangen Gewaltmärschen gequält haben.

Mir schwante Unheil.

Schon der erste Tag war die Hölle. Zunächst walkten wir am Ufer auf dem *Kaiserin-Elisabeth-Rundweg* entlang zum Schloss Possenhofen.

»Hier ist Sisi aufgewachsen. Auch später als Kaiserin ist sie immer wieder gerne hierhergekommen. Heute ist das Schloss aufgeteilt in Eigentumswohnungen. Eine davon wird hoffentlich bald mir gehören.« Katja lächelte siegesgewiss.

Später marschierten wir bergauf ins Dorf zum Bahnhof Possenhofen, der im historischen Teil das Sisi-Museum beherbergte. Als wir ankamen, strömte gerade eine Horde japanischer Touristen völlig beseelt aus dem Museum.

»Der Bahnhof wurde von König Ludwig erbaut«, erklärte Katja, als wir das Museum betraten. Dann zeigte sie mir eine Fotografie vom König im offenen Sarg. »Hier, schauen Sie mal genau hin: Auf seiner Brust liegt ein kleiner Strauß mit Veilchen. Man sagt, Sisi habe ihn nach seinem Tod dort hingelegt. Veilchen waren ihre Lieblingsblumen.«

Katja zog mich weiter in den ehemals königlichen Wartesaal, der prunkvoll ausgestattet war. In einer Ecke stand eine Kleiderbüste mit einem bodenlangen schwarzen Kleid, das meinem Traumkleid nicht ganz unähnlich war – nur etwa zehn Nummern kleiner. Katja folgte meinem Blick und lächelte. »Dieses Kleid wurde nach Sisis Originalmaßen gefertigt.«

Um in dieses Kleid zu passen, müsste selbst Victoria Beckham noch ein paar Kilo runterhungern. Ich seufzte. Außerdem machte sich langsam der erste Hunger bemerkbar. Ich hätte sogar gesalzenes Eiweiß gegessen, wenn man es mir angeboten hätte.

Katja schien meine Gedanken erraten zu haben. »Jetzt haben wir uns natürlich eine kleine Stärkung verdient«, sagte sie. »Und deshalb wandern wir nun weiter zum *Golfhotel Kaiserin Elisabeth*, wo Sisi in späteren Jahren immer abgestiegen ist.« Das Hotel lag auf einer Anhöhe hoch über dem See und erschien mir wie eine Fata Morgana. Nur die Aussicht auf etwas zu essen gab mir die Kraft, weiterzugehen.

Katja besorgte zwei Flaschen Wasser, bevor wir uns auf den Weg durch die Wolfsschlucht machten. Mir tat bald alles weh. Die neuen Walkingschuhe waren viel zu eng, die Sonne brannte unbarmherzig vom Himmel, und in meiner Verzweiflung wünschte ich mir nichts sehnlicher als einen riesengroßen Becher Veilcheneis.

Gefühlte Stunden später erreichten wir das Golfhotel. Es versprühte noch ganz den Charme der alten Zeit, und es kam mir vor, als wehte der Geist von Sisi durch die altehrwürdigen Hallen. Auf der Terrasse stand als Hommage an die Kaiserin ein lebensgroßes Holzpferd vor offener Kutsche.

Katja bestellte Mineralwasser und für jeden einen Salat. Mehr hätte Sisi auch nicht gegessen.

Nach dem Essen ging es sofort weiter. Unterhalb des Hotels führte der Elisabeth-Weg am Golfplatz vorbei durch den Lenné-Park hinunter zum See. Nach etwa einer halben Stunde erreichten wir das Ufer.

»Jetzt besuchen wir als krönenden Abschluss die Roseninsel, wo sich Sisi und Ludwig immer heimlich getroffen haben«, sagte Katja. Mit der kleinen hölzernen Fähre setzten wir über und folgten dem betörenden Duft der Rosen, der über der gesamten Insel lag. Wie romantisch!

Zurück auf dem Festland, waren es nur noch wenige Minuten zu meinem Hotel. Auf den letzten Metern hatte ich praktisch kein Gefühl mehr in den Beinen. Gerade als ich meine letzten Kraftreserven mobilisierte, verkündete Katja, dass wir nun noch ein paar Yoga-Übungen auf dem Steg des Yachthafens machen würden.

»Ohne mich«, sagte ich. »Bei aller Liebe. Alles, was ich jetzt brauche, ist ein heißes Bad, danach gehe ich sofort ins Bett. Ohne Abendessen.«

Katja lächelte. »Sehr schön«, lobte sie mich. »Sie waren super heute. Morgen fahren wir mit dem Dampfer nach Starnberg und marschieren von dort aus am Ostufer entlang auf dem *König-Ludwig-Weg* bis nach Seeshaupt. Übrigens«, fügte sie hinzu, »Sisi ist von hier aus oft zu Fuß nach München oder Andechs gewandert.«

Langsam begann ich, Sisi zu hassen.

Die nächsten Tage waren ein einziger Albtraum. Jeden Morgen, bevor der Frühstücksraum im Hotel geöffnet wurde, holte Katja mich ab. Wir unternahmen ausgedehnte Walking-Touren, machten auf einsamen Bootsstegen Yoga- und Qi-Gong-Übungen und schwammen im See. Trotzdem hatte ich so gut wie kein Gewicht verloren. Katja tröstete mich. Das sei in den ersten Tagen völlig normal, weil der Körper Fett in Muskeln umwandelte und neue Muskelmasse aufbaute. So würde ich niemals mein Ziel erreichen, am Ende der Woche in das Traumkleid zu passen, das vorwurfsvoll in meinem Hotelzimmer hing.

Abends saß ich hungrig und erschöpft auf meinem Balkon, wo mir der Duft von gebratenem Fisch um die Nase wehte. Katja hatte dem Hotel-Personal eingeschärft, mir auf gar keinen Fall irgendetwas zum Essen zu servieren. Außerdem hatte sie mir den Autoschlüssel abgenommen, damit ich nicht auf die Idee kam, heimlich nach Starnberg zu McDonald's oder zur Nachttankstelle oder gar an den Ammersee zu *Matos Fischladen* an der Herrschinger Promenade zu fahren.

Bevor ich ins Bett ging, rauchte ich in der Dunkelheit gerne noch eine letzte Zigarette. Ich starrte auf den See hinaus und stellte mir vor, dass am anderen Ufer der Mann lebte, für den ich all diese Strapazen auf mich nahm.

Am vorletzten Tag marschierten wir nach Tutzing und kehrten im *Midgardhaus* am See ein, wo es im Biergarten so wunderbar nach Steckerlfisch duftete. Als Katja auf die Toilette ging, schnappte ich mir die Speisekarte und schwelgte in der Beschreibung der leckeren Fischgerichte. Gegrillter Dorsch auf hausgemachten Nudeln mit Hummerschaum, gebratener Zander vom Starnberger See mit Buttermilchsauce und Schmorkartoffeln …

Katja riss mir die Speisekarte aus der Hand. »Sie werden doch wohl so kurz vor dem Ziel nicht schwach werden, oder?«

Dann orderte sie für uns beide frisch gestochenen Löwenzahn mit Spargel und Karotten. Für den Nachtisch hatte sie eine ganz besondere Überraschung: »Und jetzt gibt's für jeden noch eine Kugel Veilcheneis à la Sisi nach einem Rezept des Wirts Fritz Häring.«

Das Eis schmeckte einfach göttlich. Ich wollte gar nicht

wissen, wie viele Kalorien ich mir da gerade auf der Zunge zergehen ließ. Während ich den Löffel in das köstliche Sorbet tauchte und den Blick über den blau glitzernden See genoss, klingelte Katjas Handy. Sie warf einen kurzen Blick aufs Display und nahm das Gespräch an.

»Hallo, Oliver! Was für eine Überraschung!« Ich erstarrte.

»Ich sitze gerade mit einer Klientin beim *Häring*. Aber wir können uns gerne später zum Abendessen treffen. Was meinst du? Um acht im *Forsthaus*? Danach eine kleine Runde mit deinem Boot? Klingt super! Bis später! Freu mich!«

Mir wurde heiß und kalt. Ich versuchte, mir nichts anmerken zu lassen.

Katja strahlte. »Entschuldigung. Das war ein Geschäftspartner von mir. Er ist Schönheitschirurg und führt eine Klinik am anderen Ufer.« Sie hielt inne und sah mich prüfend an. »Haben Sie eigentlich schon mal darüber nachgedacht, etwas machen zu lassen? Ein bisschen Fettabsaugen oder so?«

Auf dem Weg zurück ins Hotel versuchte ich mehrfach, das Gespräch auf Oliver zu lenken, um etwas mehr über ihn herauszufinden. Aber als sie vorschlug, dass sie uns kurz bekannt machen könnte, damit er mich mal »in Augenschein nehmen könnte«, winkte ich ab. Ich war noch nicht so weit. Das Kleid passte immer noch nicht. Nein, er sollte mich erst in vier Wochen sehen, wenn ich mich in eine gertenschlanke Sisi verwandelt hatte. Ich musste höllisch aufpassen, mich jetzt nicht zu verplappern und ihm nicht versehentlich über den Weg zu laufen. Gleichzeitig konnte ich es kaum erwarten, ihn endlich wiederzusehen.

Die untergehende Sonne tauchte den Himmel und den

See für einen kurzen Moment in dramatisch blutrotes Licht. Auf der Terrasse des Hotels flackerten Kerzen und Fackeln, Stimmen und Gelächter drangen zu mir hoch, und wie jeden Abend duftete es verführerisch nach gegrilltem Fisch. Wie gerne säße ich jetzt dort unten, mit Oliver, bei gutem Essen und einer Flasche Rotwein bei Kerzenschein …

Ich entdeckte die beiden an einem der Tische auf der Seeterrasse vor dem Yachtclub. Sie lachten viel und steckten immer wieder die Köpfe zusammen. Nach dem Essen tranken sie noch mehrere Gläser Rotwein, bevor sie sich erhoben und Richtung Yachthafen gingen, wo sie von der Dunkelheit verschluckt wurden.

Ich weiß nicht, was mich dazu gebracht hat, den beiden zu folgen.

Leise schlich ich den Steg entlang. Links und rechts wiegten sich die Segelboote im leichten Sommerwind. Ich sah, wie Katja ihre High Heels auszog und er ihr auf ein schneeweißes Motorsegelboot mit dem Namen *Seeteufel* half. Dann flammte ein Feuerzeug auf, eine Öllampe wurde entzündet. Ich schlich näher heran.

»Bist du sicher, dass du nach zwei Flaschen Wein noch fahren kannst?«, fragte sie kokett.

»Auf dem See machen sie keine Alkoholkontrollen!«, antwortete er. Beide lachten.

»Es ist ganz schön spät geworden«, sagte sie. »Ich muss morgen wieder früh raus und habe einen harten Tag vor mir. Ich hab da momentan eine etwas schwierige Klientin. Seit einer Woche scheuche ich sie um den See herum, füttere sie ausschließlich mit Salat, und trotzdem nimmt sie kaum ab. Wahrscheinlich frisst sie heimlich Schokolade.«

»Schick sie doch mal zu mir«, sagte er grinsend. »Ich sauge ihr das überschüssige Fett und ein paar Scheinchen ab, und wir machen fifty-fifty. Wie immer.«

»Hab ich schon versucht. Aber sie hat nicht so recht angebissen. Vielleicht kommst du morgen Nachmittag einfach mal vorbei, wenn wir auf dem Steg Yoga machen. Rein zufällig natürlich. Mit deinem Charme kriegst du sie bestimmt rum. Sie kommt übrigens aus deiner alten Heimat, vielleicht kennst du sie ja. Petra Elvers heißt sie.«

Ich erstarrte und hörte auf zu atmen. Warum nur hatte ich bei der Hochzeit meinen Mädchennamen behalten ... Für einen Moment hörte ich nur das Glucksen der Wellen, die leicht gegen die Bootswände schlugen.

»Die Elvers? Ach du liebe Zeit! Natürlich kenne ich die. Mit der bin ich zur Schule gegangen! Das war so ein richtiger Krapfen, wie man so schön bayrisch sagt.«

Die beiden prusteten los.

»Jetzt muss ich aber wirklich ...«, sagte Katja.

»Ach komm, bleib doch noch ein bisschen«, lockte er. »Auf ein letztes Gläschen Wein ...«

Ich hörte, wie eine Tür aufgeklappt wurde. Mutig pirschte ich mich noch näher heran. Die beiden waren in der Kajüte verschwunden. Durch das Fenster konnte ich sehen, was sie dort machten.

In diesem Augenblick packte mich eine unglaubliche Wut. Auf Katja, auf Oliver und auf mich. Wie konnte ich nur so blöd sein. Das ganze Affentheater! Das blöde Kleid, die verdammte Diät und die Quälerei – alles nur wegen ihm, alles umsonst. Und dann noch diese blöde Kuh, die mir das Geld aus der Tasche zog, damit sie sich eine Eigentumswohnung im Sisi-Schloss kaufen konnte.

Nicht mit mir!

Mit einem Satz sprang ich auf das Boot, schleuderte die

Öllampe durch die offen stehende Kajütentür, schlug sie zu und hängte von außen den Haken ein. Die Öllampe zerbrach, Feuer loderte auf, Katja schrie, Oliver versuchte verzweifelt, von innen die Tür zu öffnen, und unsere Blicke trafen sich ein letztes Mal.

In null Komma nichts brannte das Schiff lichterloh. Die Schreie der beiden verfolgten mich bis zum Hotel, wo sämtliche Lichter angingen. Ich rannte hoch in mein Zimmer, riss die Balkontür auf und sah gerade noch, wie die *Seeteufel* mit einer gewaltigen Explosion in Flammen aufging und über dem See verglühte.

Seeteufel in Safranschaum

Zutaten (für 4 Pers.)
800 g Seeteufelfilets
2 Schalotten
1 Ei
¼ l Fischfond
1/8 l trockener Weißwein
200 g Crème fraîche
2 Messerspitzen Safranpulver
Salz, Pfeffer, Öl

Schalotten fein hacken und in Öl kurz anbraten. Mit Weißwein ablöschen, den Fischfond zugeben, etwas reduzieren. Crème fraîche mit Eigelb verrühren, Sauce hinzufügen und aufschlagen. Mit Salz, Pfeffer, Safran und Zitronensaft abschmecken.

Seeteufel-Filets abspülen, trocken tupfen, salzen und pfeffern. Den Fisch mehlieren (in Mehl wenden) und auf jeder Seite ca. 4–5 Minuten anbraten.

Den Seeteufel auf dem Saucenspiegel anrichten und servieren. Beilage: Reis oder grüne Bandnudeln.

Tipp: Besonders locker wird die Sauce, wenn man das restliche Eiweiß aufschlägt und zum Schluss unterhebt.

Rezept mit freundlicher Genehmigung von Peter Dechant (Dechant Fischladen & Restaurant), Starnberg

Veilchen-Sorbet »Sisi«

Eine Handvoll Veilchenblüten im Mörser zerstoßen. ¼ l heißes Wasser und 125 g Zucker zugeben und abkühlen lassen. Dann in eine Form gießen und ins Tiefkühlfach stellen. Öfter umrühren und eiskalt genießen. Mit Veilchenblüten garnieren.

Susanne Mischke

Weißlacker-Junkie

Schon zum dritten Mal schlich der Lochbihler Franz am Käsestand vorbei. Es ging auf ein Uhr zu, und die Händler waren dabei, ihre Waren zusammenzupacken. In Kürze würde der Kemptener Wochenmarkt an der Lorenzkirche schließen.

Dem Lochbihler lief das Wasser im Mund zusammen. Der Geruch seines Lieblingskäses verfolgte ihn bis zum Wurststand am anderen Ende des Platzes, wo immer noch dichtes Gedränge herrschte. Weißwürste sollten das Zwölf-Uhr-Läuten eigentlich nicht hören, aber hier kümmerte man sich nicht darum und ließ sie sich schmecken, genauso wie die Wiener und die Polnischen mit Brezen und Semmeln.

Den Lochbihler ließen die heißen Würste kalt. Er kehrte um, pirschte sich wieder an den Käsestand heran und beobachtete verstohlen, wie nacheinander der Camembert, der Bergkäse, der Emmentaler und der Romadur weggeräumt wurden. Aber der Weißlacker lag noch da! Fünf Exemplare, sauber verpackt in Silberfolie. Eine knappe Wochenration. Vielleicht würde er sie so kurz vor Schluss etwas günstiger bekommen? Nein! Diesmal musste er der Versuchung widerstehen! So konnte es einfach nicht weitergehen. *Und wenn ich nur einen einzigen …?*

Die junge Frau hinter der Käsetheke lächelte ihm aufmunternd zu. Erschrocken wandte sich der Lochbihler ab. Hatte die Lisa ihn womöglich erkannt? Obwohl er seit *dem Vorfall* drei Wochen lang nicht mehr hier gewesen war? Seinen Käse hatte er in der Zwischenzeit bei Feneberg gekauft, obwohl er dort nicht so gut war wie beim Rossegger auf dem Markt. Aber wahrscheinlich bildete er sich das nur ein, und der Käse stammte am Ende doch vom gleichen Lieferanten. Der Weißlacker sei nämlich vom Aussterben bedroht, hatte neulich in der Allgäuer Zeitung gestanden, und einzig in Sonthofen gebe es noch eine Käserei, in der er hergestellt würde.

Nur ungern erinnerte sich der Lochbihler Franz an *den Vorfall.* Voller Vorfreude hatte er an der Käsetheke nach Weißlacker angestanden, und je näher er seinem Ziel gekommen war, desto aufgeregter war er gewesen. Und dann war es passiert. Die Kundin vor ihm hatte ihm die letzte Packung vor der Nase weggekauft. Am liebsten hätte er die blöde Kuh umgebracht, und nur mit Mühe hatte er sich beherrschen können. Die Lisa musste ihm seine Gefühle angesehen haben. »Nur keine Panik, der Herr, es ist noch eine ganze Ladung da«, hatte sie gesagt und einen frischen Karton mit zwölf Weißlacker-Packungen unter dem Tresen hervorgezaubert. Da war eine derartige Gier über ihn gekommen, dass er gleich acht Stück auf einmal gekauft hat. Wenn er daran dachte, könnte er heute noch vor Scham in den Boden versinken. Bloßgestellt hatte er sich, sein Innerstes in aller Öffentlichkeit nach außen gekehrt. Ein Albtraum. Wahrscheinlich hatte die Lisa ihrem Chef hinterher erzählt: »Du, da war heut einer am Stand, der hat fast eine ganze Kiste Weißlacker gekauft. Das muss ja stinken bei dem daheim …«

An so einen Kunden erinnerte man sich natürlich. Der

Lochbihler Franz wollte aber nicht, dass man ihn erkannte. Er war ein introvertierter Mensch, und was er fühlte und dachte, ging keinen etwas an. Als der Inhaber des Käsestands, der Rossegger Hans, letzten Herbst angefangen hatte, ihn wie einen alten Bekannten zu begrüßen, da war er fast ein halbes Jahr lang nicht mehr hingegangen und hatte seinen Weißlacker im Supermarkt gekauft. Erst im Frühjahr hatte er sich wieder getraut. Vorsichtig, wie ein Ganove, der das Terrain sondiert, hatte er sich dem Käsewagen genähert. Und dann war da diese neue Verkäuferin gewesen. Was für ein Glücksfall! Lisa, so stand es auf ihrem Namensschild, war freundlich, aber angenehm distanziert. Keine Fragen, kein unerwünschter Small Talk, herrlich. Den ganzen Sommer über hatte er entspannt einkaufen können. Bis zu *diesem Vorfall.*

Jetzt hielt ihn die Lisa sicher auch für einen Weißlacker-Junkie. Ja, so hatte ihn neulich sein Arbeitskollege, der Ransmeier Walter, genannt. Der Ransmeier hatte dabei gelacht, aber der Lochbihler war zusammengezuckt und bleich geworden wie … ein Weißlacker. Ja, schöner Vergleich!

Von wegen Sucht! Nach Alkohol, Drogen oder Nikotin konnte man süchtig sein, aber doch nicht nach Käse. Was ihn mit dem Weißlacker verband, war … eine Leidenschaft. Ja, Leidenschaft, das hörte sich schon viel besser an. Das klang nach Genuss und Lebensfreude, nicht nach Zwang und Abhängigkeit.

Der Lochbihler Franz wusste sehr wohl, was eine Sucht war. Immerhin hatte er es geschafft, mit dem Rauchen aufzuhören, obwohl das wirklich hart gewesen war. Und nach der Scheidung von seiner Uschi, vor fünf Jahren, da hatte er eine Zeit lang zu viel getrunken. Aber auch das hatte er in den Griff bekommen. Ein, zwei Weizenbier am Abend, zum Weißlacker, mehr war heute nicht drin. Wenn's hochkam, noch einen Obstler zum Abschluss …

Der Lochbihler Franz tauchte aus seinen Gedanken auf und beschloss, schnell noch eine Runde zu drehen, um etwas Obst zu kaufen. *Und wenn er dann immer noch daliegt, dann nehme ich ihn mit! Dann will es das Schicksal so.*

Am Obststand hatte sich eine Schlange gebildet. Während er wartete, schielte der Lochbihler immer wieder Richtung Käsestand. Ob der Weißlacker wohl schon weggeräumt war? Bestimmt. Die Lisa freute sich sicher schon auf ihren freien Samstagnachmittag. Das Wetter war ja herrlich, ein Altweibersommer, wie er schöner nicht sein könnte. Ideal für die morgige Bergtour mit der Monika, dachte der Lochbihler. Seine Monika …

»Hallooo! Was darf's bei Ihnen sein?«, rief die Frau vom Obststand ungeduldig, und die Alte, die hinter ihm stand, zupfte ihn am Ärmel und zischte: »Sie sind dran! Schlafen können S' daheim!«

Der Lochbihler kaufte ein Kilo Cox Orange und blaue Weintrauben, steckte hastig das Wechselgeld ein, stopfte seine Einkäufe in den Stoffbeutel und lief eiligen Schrittes zurück zum Käsestand.

Peng! Kaum stand er davor, hatte die Lisa die Verkaufstheke hochgeklappt. Aus, vorbei.

Umso besser, dachte der Lochbihler, das würde ihm sein Vorhaben nur erleichtern. Denn eines war klar: Wollte er die Monika nicht verlieren, musste er den Weißlacker aufgeben, und zwar ganz.

Frauen und Weißlacker, das ging auf die Dauer einfach nicht zusammen. Die Erfahrung hatte er schon bei der Arbeit gemacht. Früher hatten sie zu viert im Büro des Sachbereichs Körperschaftssteuer M-R gesessen, aber die beiden Kolleginnen hatten so lange genörgelt und gehetzt, bis er und der Ransmeier Walter in ein kleineres Büro umgezogen waren. Sein Atem, seine Kleidung, ja sogar seine Akten – alles röche nach Weißlacker, hatten die Weibsbilder behauptet. »Der Mensch ist, was er isst«, pflegte die fette Ellhardter klugscheißerisch zu sagen. Ausgerechnet sie, die immer nach Schweiß und einem billigen Parfum stank.

Dabei brachte der Lochbihler den Weißlacker schon lang nicht mehr zur Brotzeit mit ins Amt. Er aß ihn nur bei sich zu Hause, am Abend. Und manchmal eine winzige Ecke zum Frühstück, aber nicht immer … Außerdem hatte der Ransmeier gemeint, dass ihm das mit dem Gestank gar nicht auffallen würde. Aber Frauen hätten nun mal die feineren Nasen, davon könne er, der Ransmeier, auch ein Lied singen.

Im Privaten lief es beim Lochbihler Franz nicht anders. Nachdem ihn die Uschi verlassen hatte, hatte er versucht, eine Frau übers Internet kennenzulernen. *Finanzbeamter, um die fünfzig, recht gut aussehend, einigermaßen schlank, fast volles Haar mit apart ergrauten Schläfen, Eigentumswohnung mit Blick auf den Aggenstein.* Damit war er ganz gut angekommen, aber keine Frau hatte ihn nach dem ersten Rendezvous wiedersehen wollen. Alle hatten sie gemeint, »die Chemie« stimme nicht.

Doch jetzt gab es die Monika. Er hatte sie über eine Anzeige in der Allgäuer Zeitung kennengelernt. Vor dem ersten Treffen mit ihr hatte er sich den Nachmittag frei genommen, war ins Fitnessstudio gegangen und hatte dort vier extralange Saunagänge absolviert. Nach jedem Gang hatte er seine Haut mit Speickseife und einem Rubbelschwamm malträtiert, bis er rot gewesen war wie eine englische Telefonzelle. Kurz bevor er zum Treffpunkt im Biergarten der Brauereigaststätte Stift aufgebrochen war, hatte er eine ganze Flasche Odol vergurgelt, dass ihm der Rachen gebrannt hatte wie Feuer. Immerhin, die Mühe hatte sich gelohnt. *Fröhliche, kernige Mittvierzigerin, naturverbunden, brünett* hatte in ihrer Anzeige gestanden, aber die Monika war noch dazu attraktiv und konnte ein Dirndl wirklich gut ausfüllen.

Auch sie wollte ihn gern wiedersehen. Das hatte sie ihm zum Abschied am späten Abend gesagt, dabei verschmitzt gelächelt und ihn auf die Wange geküsst. Die Chemie schien also zu stimmen. Der Lochbihler Franz hatte sich danach so beschwingt und fröhlich auf den Heimweg gemacht wie schon lange nicht mehr … war die Treppe zu seiner Dachgeschosswohnung hinaufgerannt … hatte die Tür aufgerissen … und sich auf den Kühlschrank gestürzt.

Nein, er wollte es mit der Monika nicht vermasseln. Mit dem Weißlacker war ab sofort Schluss. Das dachte er in dem Moment, als die Lisa den Motor anließ und mit dem Käsewagen vom Marktplatz fuhr. Er blickte ihm so lange nach, bis er den Schriftzug, der sich über das Heck des Transporters zog, nicht mehr erkennen konnte. *Rossegger Hans, Betzigau – feinster Käse aus dem Allgäu.*

Wieder zu Hause, tigerte der Lochbihler Franz rastlos durch seine Wohnung. Alle paar Minuten spähte er in den Kühlschrank, der intensiv nach Weißlacker roch, obwohl gar keiner drinlag. Er bewahrte den Käse zwar stets in einer Tupperdose auf, aber der durchdringende Geruch hatte sich längst überall festgesetzt. Um nicht vollends verrückt zu werden, räumte er den Kühlschrank aus, wischte ihn mit Essigwasser aus und trug die Tupperdose zu Grabe. *Nie mehr! Denk an die Monika,* sagte sich der Lochbihler, als er den Deckel der Mülltonne zuknallte.

Der Rossegger Hans war ein ruhiger Mensch, von dem manche sagten, dass er zum Lachen in den Keller ginge.

Aus dem kam er gerade heraus, als die Lisa den Käsewagen auf seinem Hof abstellte. Der Rossegger lachte zwar nicht, sah aber doch sehr zufrieden aus. Weil es draußen sehr warm war, entluden sie als Erstes zusammen das Marktfahrzeug und brachten die Ware in den Kühlraum. Dann war die Abrechnung dran, und die Lisa bekam ihren Lohn ausbezahlt. Bevor sie sich auf ihr Fahrrad schwingen konnte, das an der Hauswand stand, winkte der Rossegger sie herein, in die Küche seines alten Bauernhauses, was ungewöhnlich war. Auf dem Esstisch vor der Eckbank stand ein Teller. Darauf lag ein großes Stück Weißlacker, daneben eine Scheibe Brot. Der Rossegger stach ein Stück von dem Käse ab, bestrich das Brot damit, teilte es und reichte der Lisa eine Hälfte. »Probier.«

»Ich mag diesen Stinkerkäs jetzt nicht essen«, sagte sie widerstrebend. »Es ist Samstag, und ich will heut noch unters Volk.«

»Riech doch mal dran«, sagte der Rossegger.

Die Lisa schnüffelte. Schnüffelte noch einmal. »Ich riech nichts.«

»Du hast doch keinen Katarrh, oder?«

»Nein!« Wieder roch die Lisa an dem Käsebrot. »Riecht fast wie Quark.« Sie nahm einen Bissen und blickte den Rossegger erstaunt an. »Das ist ja wirklich ein Weißlacker! Und noch dazu ein richtig räser!«

»Aber riechen tust du nichts?«

»Nein.«

Jetzt probierte auch der Rossegger von dem Brot. Sein Unterkiefer mahlte langsam und bedächtig, wie bei einem wiederkäuenden Rind. Als er fertig war, ging er auf die Lisa zu und hauchte ihr ins Gesicht. »Riechst du was?«

Sie schüttelte den Kopf. Dann begann sie übers ganze Gesicht zu strahlen. »Das ist ja voll cool! Ein Weißlacker, der nicht stinkt! Geil«, jubelte sie und hüpfte aufgeregt in der Küche umher.

Der Rossegger zeigte seine Freude, indem er eine Flasche Enzian und zwei Gläser aus dem Küchenschrank holte. »Ein Jahr lang hab ich rumprobiert und am Ende selber nicht mehr geglaubt, dass das noch hinhaut. Prost.«

Die Lisa schüttelte sich nach dem scharfen Zeug. »Wieso schmeckt der Weißlacker so räs und riecht dabei kein bisschen? Wie hast du das hingekriegt?«

»Betriebsgeheimnis«, meinte der Rossegger und schenkte sich noch einen Schnaps ein.

»Was hast du denn jetzt damit vor?«, wollte die Lisa wissen.

»Ich werde noch mehr davon machen, und dann werden wir ihn auf den Wochenmärkten verkaufen«, sagte er. »Das wird der Renner.«

»Und weiter nichts?«, fragte die Lisa entgeistert.

»Wieso, was meinst du?«

»Mensch, Hans! *Der geruchlose Weißlacker*, das ist doch eine Sensation! Tausende von Frauen werden es dir danken. Wenn du die Lizenz verkaufst, dann kannst du richtig absahnen.«

»Ich kann ja mal denen in Sonthofen schreiben.«

»Denen in Sonthofen? Bist du verrückt? Besser, du wendest dich gleich an die großen Lebensmittelkonzerne. Nestlé, Oetker, Müller Milch und wie sie alle heißen. Dort sitzt die dicke Kohle!«

»Schau mer amol«, murmelte der Rossegger Hans.

»Als Erstes musst du das Verfahren zum Patent anmelden, damit dir keiner zuvorkommt«, sagte die Lisa.

»Ja, ja, das mach ich schon noch. Die Unterlagen hab ich schon beisammen«, brummte er. »Noch einen Schnaps?«

»Nein, ich muss los! Darf ich der Mutter so einen mitbringen? Jessesmaria, die wird schauen. Seit Jahr und Tag regt sie sich auf, dass der Käs vom Vatter den ganzen Kühlschrank vollstinkt …«

Mit einem Stück vom geruchlosen Weißlacker im Rucksack radelte die Lisa vom Hof. Ihre Worte gingen dem Rossegger Hans im Kopf herum wie ein Brummkreisel. Nicht, dass er nicht auch schon an so etwas gedacht hätte. Ans große Geld. Auf jeden Fall musste er sein Geheimnis gut hüten. Fast bereute er es, seiner Aushilfe davon erzählt zu haben. Junge Frauen wie die Lisa waren doch von Natur aus geschwätzig. Bestimmt wusste es in einer Stunde das ganze Dorf. Und was, wenn das Probestück, das er ihr mitgegeben hatte, gar nicht in den heimischen Kühlschrank, sondern in ein Hightech-Labor wanderte? Noch im selben Moment schämte er sich für sein Misstrauen. Nein, die Lisa war ehrlich, das hatte sie oft genug bewiesen. Trotzdem, hier ging es nicht um ein paar Euro, sondern ums große Geld. Der Gedanke ließ ihm keine Ruhe. Das große Geld … Es war noch nicht einmal da, schon hatte man Probleme damit.

Am Abend, gegen zehn Uhr – bis dahin hatte der Lochbihler seine Weißlacker-Abstinenz ganz gut verkraftet –, klingelte das Telefon. Die Monika. Es täte ihr furchtbar leid, aber sie müsse die Bergtour für morgen leider absagen. Ihre Mutter hätte einen Schlaganfall gehabt oder so etwas Ähnliches, jedenfalls sei sie vorhin ins Krankenhaus gebracht worden …

Die Monika klang wirklich sehr aufgeregt, und natürlich hatte der Lochbihler vollstes Verständnis für die Situation. Vielleicht würde es ja am nächsten Wochenende klappen, hatte die Monika gemeint.

Kruzitürken, hätte ich doch bloß einen gekauft, war sein erster Gedanke, nachdem die Monika aufgelegt hatte.

Überhaupt, hätte sie nicht früher Bescheid sagen können? Jetzt haben die Geschäfte alle zu, und morgen ist Sonntag!

Bald konnte er an nichts anderes mehr denken als an den entgangenen Weißlacker. Nach zwei Stunden hatte er sich in eine Mordswut hineingesteigert. Kranke Mutter. Von wegen! Bestimmt war das gelogen. Und welche Ausrede würde er nächstes Wochenende zu hören bekommen? Der Dackel krank, ein Rohrbruch im Haus? Mach dir nichts vor, Lochbihler! Die Chemie stimmt mal wieder nicht.

Für so ein verlogenes Luder hatte er seinen Weißlacker aufgeben wollen. Der Teufel musste ihn geritten haben! Was war die Gesellschaft der Monika schon im Vergleich zu dem Moment, wenn ein frisch ausgepackter Weißlacker ihn anlachte und seinen unwiderstehlichen Duft für ihn verströmte. Und wenn der erste Bissen herb, oder räs, wie man im Allgäu sagte, seinen Gaumen kitzelte ... das war besser als Sex, viel besser.

In seiner Verzweiflung öffnete der Lochbihler Franz den Kühlschrank, in dem es jetzt nach sauer angemachtem Weißlacker roch. Er hoffte, sein Verlangen würde dadurch ein wenig gestillt. Aber das Gegenteil war der Fall. *Rossegger Hans, Betzigau – feinster Käse aus dem Allgäu ...*

Du bist ja vollkommen irre, sagte er zu sich, während er hastig das Telefonbuch aufschlug und nach der Adresse suchte.

Er erkannte den Käsewagen sofort. Obwohl das Hoflicht nur eine Funzel war, konnte er dank Vollmond und klarem Himmel recht gut sehen. Im Haus war alles dunkel. Kein Wunder, es war ja schon nach zwölf. Gut, dass er sein Auto unten an der Hauptstraße abgestellt hatte. Der Lärm hätte den ganzen Hof aufgeweckt.

Ob er den Rossegger Hans vielleicht doch aus dem Bett

klingeln sollte? Blödsinn. Der war schließlich Käsehändler und kein Drogendealer, bei dem die Junkies mitten in der Nacht aufkreuzten, wenn sie einen Affen schoben.

Das alles ging dem Lochbihler durch den Kopf, während er sich umschaute. Da, der fensterlose Bau zu seiner Linken. Das musste das Käselager sein. Wahnsinn, nur eine Wand trennte ihn vom Objekt seiner Begierde. Irgendwie musste er dort hineingelangen … Nein, stehlen wollte er natürlich nicht, er würde Geld dalassen …

Eine Eisentür verwehrte ihm den Zutritt, doch neben der Tür befand sich ein Kellerschacht, und das Fenster dort unten stand auf Kipp. Vorsichtig lupfte er den Kellerrost an. Sehr gut. Er war schwer, aber zum Glück nicht gesichert. Bis zum Hals schlug ihm das Herz, als er das Teil hochhievte und gegen die Hauswand stellte. Wenn er jetzt erwischt würde, dann konnte er seine Stelle als Beamter und seine Pension vergessen. Aber nicht einmal das konnte ihn davon abhalten, in den Schacht hinabzusteigen.

Ruckzuck hatte er das Fenster geöffnet. Wie gut, dass er neulich an der Schulung *Das sichere Haus* teilgenommen hatte, da hatte die Polizei anschaulich demonstriert, wie so etwas ging.

Lautlos glitt der Lochbihler in den finsteren Raum. Hätte er bloß eine Taschenlampe mitgenommen. Zwar fiel das Mondlicht durch den Schacht, aber das reichte nicht aus, um sich zu orientieren. Er schnüffelte. Ja, es roch nach Käse und dazu ein bisschen säuerlich. Nur weiter, immer an der Wand entlang, dachte er. Irgendwann musste ja ein Lichtschalter kommen.

Der Lochbihler Franz stieß mit dem Fuß gegen etwas Blechernes, das mit lautem Geschepper umfiel. »Scheiße!«, fluchte er leise. Er blieb stehen und horchte. Nichts. Dann tastete er sich weiter durch die Dunkelheit.

Plötzlich ging das Licht an.

»Sauhund verreckter! Hob i di!«

Noch bevor er etwas erkennen konnte, fühlte sich der Lochbihler von einem Paar kräftiger Pratzen am Hemdkragen gepackt und gegen die Wand gepresst. Das konnte nur der Rossegger Hans sein, dachte er.

»Wer hat dich geschickt?«, blaffte der Käsehändler.

»Niemand!«, sagte der Lochbihler wahrheitsgemäß.

»Sag's mir, oder ich prügle es aus dir raus!«, schrie der Rossegger und drückte dem Lochbihler fast die Luft ab.

»Ich wollt doch bloß was vom Weißlacker. Ich bezahl ihn auch«, röchelte der Lochbihler.

»Ja, klar. Deswegen steigst du auch bei mir in den Keller ein. Das Rezept wolltest du mir klauen! Aber das kriegt ihr nicht. Das liegt auch nicht im Safe, das ist einzig und allein hier abgespeichert!« Schäumend vor Wut tippte der Rossegger mit dem Zeigefinger gegen seine Stirn. »Sag mir, für wen du hier Industriespionage betreibst und woher du das mit dem Weißlacker überhaupt weißt, sonst …«

Der Lochbihler brachte keinen Ton heraus. Ihm ging allmählich die Luft aus, und jetzt fing der Rossegger auch noch an, ihn wie einen Apfelbaum zu schütteln. Er sah nur noch eine Möglichkeit, sich zu wehren. Es war zwar nicht die feine englische Art, und einem französischen Nationalspieler hatte es seinerzeit eine Menge Ärger eingebracht, aber der Lochbihler Franz konnte in der Wahl der Mittel jetzt nicht zimperlich sein.

Mit einem Kopfstoß drückte er dem Rossegger die Nase ein. Der jaulte vor Schmerz, ließ von seinem Opfer ab und taumelte zurück. Mit ungelenken Schritten versuchte der Rossegger dem riesigen Molkekessel in der Mitte des Raums auszuweichen, kam ins Trudeln und kippte vornüber in die trübe Lake.

Einem Reflex gehorchend, versuchte der Lochbihler Franz, ihn herauszuziehen – vergeblich, der Kerl wog bestimmt an die hundert Kilo. Nach mehreren Versuchen kam dem Lochbihler seine Pension wieder in den Sinn. Wie würde er der Polizei die Situation jemals erklären können? Und an den Weißlacker dachte der Lochbihler natürlich auch, wegen dem war er schließlich gekommen!

Er ließ den im Kessel dümpelnden Rossegger zurück und lief schnurstracks die Treppe hinauf, die zum Käselager führte. Fiebrig vor Aufregung betrat er das Allerheiligste, raffte so viele Weißlacker-Packungen an sich, wie er nur tragen konnte, und machte sich aus dem Staub.

Den Rossegger Hans fand man erst drei Tage später. Da war sein Leichnam schon so von der Molke durchdrungen, dass er aussah wie ein Käse. Die Kripo hatte Schuh- und Fingerabdrücke sichergestellt und fahndete nach dem Einbrecher. Da der Lochbihler Franz als braver Finanzbeamter selbstverständlich nicht aktenkundig war, verliefen die Ermittlungen im Sande.

Aus diesem Grund muss die Welt – insbesondere die Damenwelt – auch weiterhin auf geruchlosen Weißlacker verzichten.

Weißlacker schmeckt am besten auf einem gebutterten Brot (Schwarz- oder Mischbrot) und als Beigabe zu Kässpatzen.

Man kann ihn aber auch sauer anmachen …

Weißlacker, sauer angemacht

250g Weißlacker
3 EL Weißweinessig
Salz
Pfeffer, frisch gemahlen
1 TL Senf, mittelscharf
4 EL Öl
Radieschen
½ Zwiebel
etwas Schnittlauch

Essig, Salz, Pfeffer und Senf verrühren, bis sich das Salz aufgelöst hat. Nach und nach unter Rühren Öl dazugießen. Radieschen putzen, waschen, in Scheiben schneiden. Zwiebel schälen, in sehr dünne Scheiben schneiden. Weißlacker in grobe Scheiben schneiden, Radieschen und Zwiebelscheiben drum herum legen, Soße darübergießen und mindestens 30 Minuten ziehen lassen. Mit Schnittlauchröllchen und etwas Pfeffer aus der Mühle würzen.

WESTEN

Gisa Klönne

Grüne Soße

Ich hätte etwas hören müssen, denkt er. Den Aufprall. Das Warnsignal. Das Jammern der Bremsen. Doch er hatte nichts gehört, gar nichts. Er hatte die Frau nur gesehen, jedes Detail war nun in sein Hirn gebrannt: ihr Kleid, ihr Gesicht, ihre roten Sandalen. Und er sieht sie auch jetzt noch, sieht sie lebendig, als laufe sie immer noch neben den Gleisen am Waldrand entlang. Eine junge Frau, die spazieren geht und den Frühling genießt, nichts weiter.

»Herr Horstmann, können Sie mich hören? Hallo?«

Er riecht fremden Schweiß neben sich, hört eine Stimme an seinem Ohr. Die Stimme eines Mannes. Zu nah, zu beharrlich. Lass mich in Ruhe, lass mich nach Hause, will er erwidern, aber sein Mund gehorcht nicht.

Er hatte zu schreien begonnen, als er die Frau sah. Er hatte auch das nicht gehört, doch er musste geschrien haben, aus vollem Halse. Als hätte man ihm die Stimmbänder durchtrennt, so war er sich vorgekommen. Wie eine dieser gequälten Kreaturen in den Versuchslaboren der Pharmakonzerne, die aufgrund einer Laune des Schicksals der Willkür ihrer Wärter ausgeliefert sind, der Willkür und einem Leben, das diese Bezeichnung nicht wert ist.

Er hatte geschrien und getobt, sinnlos und stumm. Zugleich hatte sein Körper reagiert und alles richtig gemacht, nach Vorschrift: das Achtungssignal, die Vollbremsung, Bremssand, mehr Bremssand, den Totmannschalter nicht vergessen. All diese Hebel und Schalter und Knöpfe und Displays. Seine fliegenden Finger, seine weit aufgerissenen Augen.

Er hatte gekämpft, ja, das hatte er. Etwas in ihm hatte sich aufgebäumt und nicht ins Unvermeidliche fügen wollen. Diesmal würde er es schaffen und rechtzeitig anhalten, einen aberwitzigen Moment lang war er wirklich davon überzeugt gewesen. Aber die Frau hatte sich nicht darum geschert, was er sich von ihr wünschte, sie hatte die Arme gehoben und war auf ihn zugeflogen, in den Sog seiner Lok, mitten hinein in diese große, zeitlose, jeden Laut absorbierende Stille.

»Herr Horstmann, hallo? Sie haben der Einsatzzentrale gesagt, die Frau habe eigentlich gar nicht springen wollen, aber jemand sei hinter ihr her gewesen, ein Mann. Dieser Mann habe die Frau verfolgt, und sie sei vor ihm geflohen, ist das richtig?«

Die Sonne steht tief und blendet ihn. Er blinzelt, seine Augen brennen. Durchscheinendes Rot. Gläsern. Rubinrot. Spätnachmittagslicht, das nicht weichen will, auch wenn er verzweifelt die Nacht herbeisehnt. Nichts mehr sehen. Nichts fühlen. Das Erinnern betäuben können, ein paar Biere, ein paar Klare, manchmal half das.

»Lassen Sie uns die Ereignisse noch einmal Schritt für Schritt rekapitulieren, so wie Sie sie vorhin gemeldet haben, Herr Horstmann. Sie sind aus dem Tunnel gekommen, und dann lief die Frau aus dem Wald? Auf der rechten Seite?«

»Ja«, sagte er mühsam, ein wundes Krächzen.

»Und dann, was war dann?«

»Ich weiß nicht, ich …«

Noch siebzehn Minuten bis Feierabend, das hatte er gedacht, bevor er sie sah. Und ob das Wetter wohl bis Montag halten würde, wenn er schon mal ein ganzes Wochenende frei hatte. Frühling, wahrhaftig, keine Wolke am Himmel. Marlena würde jetzt wohl gerade die Grüne Soße bereiten, ganz frisch mit Kräutern aus dem Garten, auch mit Pimpinelle. Sie würden im Wohnzimmer essen, vielleicht sogar draußen; wenn das Wetter hielt, könnten sie am Sonntag grillen. Noch siebzehn Minuten bis Frankfurt, bis zur Übergabe der Lok an den Kollegen der Nachtschicht. Er hatte geblinzelt, als er in den Tunnel einfuhr und kurz darauf schon wieder das Gleißen der Nachmittagssonne am anderen Ende auf sich zurasen sah. Er hatte nach seiner Sonnenbrille getastet und das Leben auf einmal recht schön gefunden. Er hatte sich vorgestellt, wie er am Bahnhof sein Fahrrad aus der Stellbox holen, über die Mainbrücke und entlang der Oberrader Gemüsefelder nach Hause radeln würde. Und er hatte an das Rezept seiner Urgroßmutter gedacht, das gerahmt an der Küchenwand hing, und sich gefragt, ob Marlena es diesmal wohl befolgt oder sich doch wieder zu einer Variation hatte hinreißen lassen. Aber in jedem Fall würde sie Frühkartoffeln aus Zypern gekocht haben, wie gestern, weil es für die Ernte der deutschen noch zu kalt war, und das war in Ordnung so, auch wenn die aus Zypern nicht ganz so gut schmeckten.

Stimmte das tatsächlich, war ihm all das durch den Kopf gegangen, bevor das blau leuchtende Kleid seine Aufmerksamkeit erregt hatte? Konnte man in Sekundenbruchteilen so viel denken? Vielleicht war sie ja nicht direkt hinter dem Tunnel aus dem Wald gelaufen, sondern etwas später, wie sollte er das jetzt noch mit Sicherheit wissen? 250 Stundenkilometer hatte er drauf, das sind 4,1 Kilometer pro Minute, knapp 70 Meter in jeder Sekunde.

Ein leuchtendes Kleid, eine Irritation zunächst nur inmitten der grün fluoreszierenden Waldstreifen, die vor ihm lagen, dann blitzartig sein Erkennen. Sie hatte ihr Haar zu Zöpfen geflochten, was altmodisch wirkte, wie aus einem Märchen, wie aus Hänsel und Gretel. Zu ihrem blauen Kleid trug sie rote Sandalen mit Absatz. Sie hatte jung ausgesehen, mädchenhaft fast, nicht so, als wollte sie sterben.

»Dieser Mann, Herr Horstmann, bitte versuchen Sie es. Können Sie den beschreiben?«

»Ist er denn nicht …?«

»Tot, meinen Sie? Nein, wir haben nur die Frau, also das, was von ihr noch übrig …«

Der Frager bricht ab, räuspert sich, hüstelt. Ein junger Kerl, unerfahren, höchstens dreißig. *Polizeioberkommissar Hendrik Meyer, tut mir leid,* so hat er sich vorgestellt. Blass um die Nasenspitze, aber dennoch entschlossen, ist er zu ihm in den Führerstand geklettert. Wann war das gewesen, wie lange danach? Und wie lange würde er noch bleiben und ihn bedrängen?

Er weiß es nicht, weiß auch das nicht. Er hätte den Führerstand verlassen und nach dem Rechten sehen müssen, als der ICE endlich zum Stillstand gekommen war. Zumindest die Scheibenwischer hätte er betätigen müssen, um das Rot fortzuschieben. Bei Tempo 250 beträgt der Bremsweg über drei Kilometer, eine Ewigkeit, wenn man verzweifelt die Bremshebel betätigt. Dreitausend Meter Gleise, auf denen die Überreste dieser Frau verstreut sind. Hautfetzen. Stofffetzen. Fleisch. Zersplitterte Knochen.

»Der Mann, Herr Horstmann, was war mit dem Mann?«

»Er war älter.«

»Älter als die Frau, meinen Sie?«

»Ja.«

»Wie alt ungefähr?«

»Vielleicht um die vierzig.«

»Woran konnten Sie das erkennen?«

Er starrt in das Rot auf der Windschutzscheibe, das zu Tropfen geronnen ist, blutige Tränen. Er versucht sich das Grün zu vergegenwärtigen, den Wald, die Wiesen, seinen Garten, Marlenas Grüne Soße.

»Wenn es so war, wie Sie sagen, dann ist dieser Mann ein Mörder, Herr Horstmann. Dann müssen wir ihn dringend finden.«

»Ja.«

»Dann helfen Sie uns. Konzentrieren Sie sich.«

Ein Mann um die vierzig. Etwas in seinem Körperbau, seine Art, sich zu bewegen, verriet das. Der Mann war nicht dick gewesen, nur ein leichter Bauchansatz war zu erkennen gewesen. Eine Behäbigkeit, die mit den Jahren kommt, mit schlechten Gewohnheiten und zu wenig Sport. Die Frau war vor diesem Mann geflohen. Sie war seine Geliebte, und er hatte sie misshandelt, so musste es gewesen sein. Sie war gerannt und gesprungen, aber die Absätze ihrer Sandalen hatten sich im Schotter des Gleisbetts verfangen. Halbhohe Absätze und leuchtend rote Lackriemchen, Sandalen, die nicht für einen Waldspaziergang taugten.

Ein Unfall mit Personenschaden. Sein Berufsrisiko. Etwa tausend Menschen springen jedes Jahr auf die Gleise, springen oder knien oder stehen oder liegen, kaum ein Lokführer ist vor ihnen sicher. Alle fünfzehn Jahre, etwa drei Tote im gesamten Berufsleben, das ist der Durchschnitt. Aber der Durchschnitt deckt sich nicht mit der Wirklichkeit, und keine Statistik der Welt kann erklären, warum es manche der Kollegen niemals trifft und andere, wie ihn, umso öfter.

»Der Mann war Anfang vierzig und dunkel gekleidet. Er

hätte die Frau zurückhalten können, stattdessen hat er sie in den Tod getrieben.«

»Getrieben, aha, woran haben Sie das erkannt? Und dunkel gekleidet, was genau heißt das? Schwarz oder blau? Langärmlig? Kurzärmlig? Trug er Jeans oder Anzug oder – Herr Horstmann, hallo? Sie müssen noch ein bisschen durchhalten, bitte jetzt nicht weinen!«

Er fasst sich ins Gesicht, fühlt verblüfft etwas Nasses, das aus ihm herausrinnt und trotzdem nicht warm ist, kalte Tränen. Sie dürfen das nicht so persönlich nehmen, es ist doch nicht Ihre Schuld. Irgendwann, bald, wird dieser Polizeikommissar wohl endlich Ruhe geben, und dann kommt ein Notfallseelsorger und wird diesen Satz von seiner Unschuld aufsagen, wieder und wieder, und er wird nicken und ihm nicht glauben und sich dennoch von ihm aus der Lok führen lassen. Sehen Sie nicht hin, Herr Horstmann, wird der Notfallseelsorger dann sagen, quälen Sie sich nicht unnötig, und er wird sich bemühen, und es wird nicht klappen.

»Keine Jeans.« Er will noch mehr sagen, doch seine Stimme gehorcht ihm nicht.

Nach seiner Ausbildung hatte er gedacht, das erste Mal würde das schrecklichste sein, aber das war ein Irrtum. Das Gegenteil ist der Fall, das weiß er inzwischen, es wird mit jedem Mal nur schlimmer. Beim zweiten Mal hatte er eine Hand auf dem Scheinwerfer gefunden, als er ausgestiegen war, um den Triebwagen auf Geheiß der Einsatzleitung auf mögliche Schäden zu untersuchen. Beim dritten Mal hatte sich der Riemen einer Sandale in der Kupplungsschraube verfangen, eine Absatzsandalette, wie von der Frau, deren Blut jetzt die Frontscheibe bedeckt. Die Sandale hatte völlig unversehrt ausgesehen, als hänge sie in einem Schuhladen auf der Zeil, und das hatte ihn mehr erschüttert als alles andere. Wochenlang, monatelang, ach was, jahrelang hatte ihn dieses Bild noch umgetrieben. Eine Sandale, wie sie zu einer Tanzparty im Sommer passte. Zog eine Frau sich wirklich so an, wenn sie sterben wollte?

Vielleicht wollte sie sich einfach ein letztes Mal schön machen, hatte Marlena in der ersten Zeit nach dem Unfall gemutmaßt, wenn er schreiend aus seinen Albträumen hochfuhr. Aber wenn eine Frau sich so herausputzt, will sie doch auch gesehen werden, und das ist ein Zeichen von Lebensmut, hatte er widersprochen, und nach einer Weile hatten sie aufgehört, das zu erörtern, weil sie sich nie auf eine befriedigende Erklärung einigen konnten. Vielleicht lag es daran, dass sich diese Sandale in seinen Albträumen festgekrakt hatte. Nicht die Frau, der sie einmal gehört hatte, nicht deren Gesicht, sondern diese Sandale, die nach Lust aussah, nach Lust am Leben.

Und nun, fünf Jahre später – oder waren es nur vier oder schon sechs? –, diese Wiederholung. Wieder eine Frau, schon das war statistisch gesehen sehr ungewöhnlich, denn der überwiegende Teil der Springer ist männlich. Und auch sie trug Sandalen mit Absatz, ja, sie hatten sogar dieselbe Farbe wie diese Albtraumsandale. Rot, immer Rot, warum eigentlich Rot?

Sie dürfen das nicht so persönlich nehmen, Herr Horstmann. Die Selbstmörder denken nicht an die Lokführer, sie sehen nur den Zug, nicht den Menschen, der ihn lenkt, auch das wird ihm der Notfallseelsorger gleich erklären. Und vielleicht, manchmal, stimmt das sogar, am Anfang, während diese lebensmüden Spinner noch auf den Zug warten, wenn sie noch die Möglichkeit haben, ihm zu entkommen. Doch in den letzten Sekunden vor dem Aufprall ändert sich das. Dann springen sie los oder richten sich auf, drehen sich um und blicken nach oben, zu den Frontfenstern des tonnenschweren Stahlkolosses, der da auf sie zurast, das weiß er inzwischen, und dann blicken sie ihm durch die Scheibe seines Cockpits geradewegs in die Augen.

Alle tun sie das. Immer. Weil sie ihn sehen wollen, diesen Fremden im Lokführerstand, den sie, ohne ihn zu kennen, zum Vollstrecker des Todesurteils gemacht haben, das sie über sich selbst verhängt haben. Zu ihrem Henker, ohne ihn um Erlaubnis oder wenigstens um Vergebung zu bitten, ohne ihm die Chance zu geben, sich ihrem Plan zu verweigern.

Sie wollen ihn sehen, wenn sie sterben, und sie wollen, dass er sie erkennt. Vielleicht hat Marlena also recht gehabt mit ihrer Theorie, die Frau, deren Sandale er an seiner Kupplung gefunden hatte, hätte sich für ihn schön gemacht, für den letzten Menschen, dem sie in ihrem Leben begegnen würde, nur für ihn hatte sie diese Sandalen getragen.

Aber die Frau von heute war keine Selbstmörderin gewesen. Sie war nicht schuld. Und doch hatte auch sie sich im letzten Moment vor dem Aufprall herumgedreht und ihn angesehen. Und es hatte ein Vorwurf in ihrem Blick gelegen, nein, noch schlimmer, eine Anklage, für die es keine Gnade gab, keine Verteidigung, weil sie schlicht und einfach der Wahrheit entsprach: Du bist schuld, dass ich sterbe, du hast mich getötet.

»Er steht unter Schock, es hat keinen Sinn, ihn hier und jetzt noch weiter zu befragen, merken Sie das denn nicht?«

Eine Frau sagt das, nicht zu ihm, sondern zu dem Kommissar, der sein Notizheft noch immer erwartungsfroh gezückt hält. Wer ist diese Frau, seit wann ist sie hier, wieso hat er nicht bemerkt, dass sie in den Triebwagen geklettert ist? Mühsam dreht er den Kopf, sie ist älter als ihre Stimme, grauhaarig schon, aber mit sehr glatter Haut, und sie riecht nach Desinfektionsmitteln und ein klein wenig nach Veilchen.

»Herr Horstmann, guten Tag. Verstehen Sie mich? Ich bin Ärztin, ich würde Sie jetzt gerne mitnehmen und untersuchen.«

»Das ist nicht nötig.«

»Oh, doch, das ist es.«

»Ich will nach Hause.«

»Ja, später, natürlich.«

Nach Hause, hat er das wirklich gesagt? Die Hoffnung stirbt nie, so ist das wohl. Die Hoffnung, dass auch tiefe Wunden vernarben. Die Pimpinelle ist doch ein Heilkraut, hatte Marlena gesagt, als sie sich zum ersten Mal an einer Grünen Soße versucht hatte. Damals, nachdem sich ihr Foto im Internet-Chatroom in eine Frau aus Fleisch und Blut verwandelt hatte, die nach ein paar Probenächten in einem Berliner Hotel aus ihrem anderen, östlichen Frankfurt zu ihm an den Main gezogen war. Blutstiller heißt die Pimpinelle bei uns, die will ich doch nicht in einer Soße haben, und außerdem mag ich Dill so viel lieber.

Er hatte gelacht und sie in den Arm genommen. Den Dill kannst du dir für deine Spreewaldgurken sparen, hatte er erwidert. Da ist der richtig. Aber Dill gehört auf keinen Fall in eine anständige Frankfurter Grüne Soße. Ausgewogen muss die sein, das ist ihr Geheimnis. Dill schmeckt zu sehr vor, genauso wie Basilikum und Estragon. Nicht einmal in Erwägung ziehen darf man diese drei, will man die Soße nicht gründlich verderben.

Die Pimpinelle stillt Blut. Er sitzt, ohne sich zu bewegen, starrt auf das glühende Fenster, schafft es nicht, sich zu lösen. Die richtige Wahl der sieben Kräuter ist das Geheimnis: Petersilie, Kerbel, Sauerampfer, Schnittlauch, Borretsch,

Kresse und Pimpinelle. Er sagt sie sich vor, klammert sich daran fest. Wie cremig und lind wird sich Marlenas Soße gleich an seinen Gaumen schmiegen. Pimpinelle, nicht Dill, auf keinen Fall Dill, es war ihr zwar schwergefallen, doch sie hatte das akzeptiert.

»Kommen Sie bitte, Herr Horstmann, geben Sie mir Ihre Hand. Ja, so ist es gut. Und jetzt stehen Sie auf. Es sieht gar nicht so schlimm aus, da draußen, bitte glauben Sie mir.«

Er hievt sich in die Senkrechte. Seine Knie sind so weich. Vielleicht hat die Polizei eine Plane dort draußen. Vielleicht kann er dieser Grauhaarigen vertrauen.

Er versucht den Moment, als er aus dem Tunnel kam, noch einmal heraufzubeschwören, das erste Erkennen, diesen Wimpernschlagaugenblick, in dem noch alles gut war, weil die Frau noch hätte zur Seite springen, sich als optische Täuschung erweisen können, einfach nicht da sein.

Pimpinelle. Es klang lustig, wenn Marlena das sagte, es sah schön aus, wie sich ihre Lippen bei den I und E kräuselten und ihre weißen Zähne entblößten. Sie war so neugierig gewesen, als sie damals zu ihm zog, neugierig auf ihn und sein Leben und seine Stadt, und sie war eine leidenschaftliche Köchin.

Rote Sandalen. Hatte sie tatsächlich rote Sandalen getragen? Die blonden Zöpfe der Frau waren hinter ihr hergeflogen und hatten geleuchtet. Ihr Kleid hatte sich aufgebläht, oder stimmte auch das nicht? Er kann es auf einmal nicht mehr beschwören, denkt an den Mann, versucht sich auf den zu konzentrieren, diesen Mann, der ihr Mörder ist, vor dem sie weglief.

Der Schotter unter seinen derben Sohlen. Das Knirschen. Die Sonne glüht immer noch, und im Wald jubeln Vögel.

»Kommen Sie, Herr Horstmann, hier entlang, gleich sind wir an der Straße.«

Ein Maschendrahtzaun kommt in Sicht, ein Eisentor, dahinter ein Autobahnparkplatz. Im Gänsemarsch lotsen sie ihn über Gras in ein Polizeiauto, der Kommissar setzt sich ans Steuer, die Notärztin und er nehmen auf dem Rücksitz Platz. Die Sonne versinkt. Der Kunststoffgeruch der Verschalungen in seiner Nase, die Sehnsucht nach seinem jüngeren Ich, einem anderen Beruf, einer anderen Statistik.

Marlena hatte nicht verstanden, warum er nach dem Unfall mit der Sandale engstirnig wurde, wie sie das nannte. Warum er keine Aufregung mehr vertrug und ihre Füße nicht mehr in Schuhen mit Absätzen sehen wollte und ihre Grüne-Soße-Varianten nicht mehr akzeptierte. Es gibt aber doch so viele Möglichkeiten, Liebster. Mit Mayonnaise oder mit Zitronensaft oder saurer Sahne, mit gestrichenem Eigelb, sogar mit Avocado. Aber er wollte nichts von alldem auch nur probieren. Er wollte das Grundrezept und ein paar herrliche Pellkartoffeln, nicht dieses Chichi.

»So, hier ist Oberrad, da sind wir auch schon.«

Seine Straße, tatsächlich. Die Felder der Gärtnereien im Abendlicht, sein Haus ist dunkel.

Er wimmelt die Notärztin ab, sieht die Erleichterung des Polizisten, weil ihm der Anblick eines Totalzusammenbruchs erspart bleibt. Er schließt die Haustür hinter sich, macht kein Licht. Tappt im Halbdunkel in die Küche, holt die Frischhaltebox aus dem Kühlschrank.

Sie steht auf der linken Seite des zweiten Fachs von oben, genau da, wo sie hingehört. Er gießt ihren Inhalt in die Sauciere, häuft die längst erkalteten Zypernkartoffeln aus dem Topf auf einen Teller, schiebt sie in die Mikrowelle, erhitzt sie, gibt anschließend die Soße darüber.

Sie ist perfekt, das riecht er sofort. Kein Dill. Nicht einmal eine von Marlenas klein gehackten Spreewaldgurken ist darin versteckt. Warum war das so schwer, warum ging das nicht gleich so? Er setzt sich an den Tisch und zerdrückt eine Kartoffel in der Soße, führt die Gabel zum Mund.

Sie werden wiederkommen, bald, vielleicht noch in dieser Nacht. Sie werden ihm offenbaren, dass es seine eigene Frau war, die er überrollt hat, und ihn fragen, ob er sie denn tatsächlich nicht erkannt hat. Ob sie wirklich verfolgt wurde oder ob es in seinem Haus nicht vielleicht einen Abschiedsbrief gibt. Einen Grund für den tragischen Freitod, irgendeine Erklärung. Sie werden die Dienstpläne sehen, die an der Wand des Schlafzimmers hängen, und ihn darauf hinweisen, dass seine Frau gewusst haben musste, wem sie sich da vor den Zug warf.

Nur wegen des Dills, weil ihm die Hand wieder mal ausgerutscht war. Er zerdrückt eine zweite Kartoffel, kaut und schluckt. Die Soße ist perfekt, aber sie schmeckt nicht. Ein letzter Gruß von Marlena, um ihn zu ärgern. Sie hat gewonnen. Sie hat ihn zum Mörder gemacht. Sie hat die Sandalen nur für ihn angezogen, das Luder.

Frankfurter Grie Soß

Es gibt zahlreiche Variationen dieser Frankfurter Spezialität, die angeblich Goethes Leibgericht und als »Salsa verde« schon den Römern bekannt war. Wichtig für die klassische Frankfurter Grüne Soße sind jedoch die richtigen sieben Kräuter, wie sie in den Gärtnereien des Stadtteils Oberrad angebaut werden. Auf Frankfurter Wochenmärkten kann man diese Kräuter auch fertig abgepackt im Paket kaufen.

Man nehme also für 3-4 Personen:
Petersilie, Kerbel, Sauerampfer, Borretsch, Kresse,
Schnittlauch und Pimpinelle (insgesamt etwa 300-400 g)
1 kleine Zwiebel
150 g Joghurt
150 g saure Sahne oder Schmand (je nach Geschmack)
2-4 hart gekochte Eier
evtl. etwas Öl und Weinessig
Pfeffer
Salz
1-2 TL Senf (nach Geschmack)

Kräuter waschen und gut abtropfen lassen, dann sehr fein hacken und in eine große Schüssel geben. Mit Joghurt und saurer Sahne (bzw. Schmand) verrühren, mit Salz und Pfeffer würzen und an einem kühlen Ort mindestens eine Stunde lang durchziehen lassen. Dann die hart gekochten Eier hacken und unterrühren. Eventuell nochmals mit Salz und Pfeffer, etwas Essig und Öl, Senf und etwas Zucker nachwürzen.

Dazu werden Pellkartoffeln gereicht, die in Frankfurt Gequellte heißen. Sehr gut passt auch Tafelspitz dazu.

Horst Eckert

Der Koch, der Geschäftsmann, seine Frau und ihr Liebhaber

Sie nahmen den Lieferanteneingang: Maria, ihr Gatte Giovanni Barbaro und Massimo, Barbaros Mann fürs Grobe. Zum einen, weil es im Hinterhof stets einen Parkplatz gab, zum anderen, weil Barbaro die Öffentlichkeit mied, seit man Stefano, seinen Neffen zweiten Grades, hinten beim Güterbahnhof erschossen aufgefunden hatte. Düsseldorf war auch nicht mehr, was es einmal war.

Auf den Abstecher in die Küche verzichtete Barbaro nicht. Maria folgte ihm. Dunst und Lärm schlugen ihr entgegen, Geschirrgeklapper, das Zischen der Steaks in den Pfannen, das Brummen der Abzugshaube, das Rauschen der großen Spülmaschine und die alles übertönenden Befehle von Jakob, dem jungen Küchenchef. Die übliche Mittagshektik, am Abend würde sogar noch mehr los sein.

Barbaro grüßte jeden seiner Angestellten mit Namen, Maria staunte über das Gedächtnis ihres Mannes. Die nigerianische Hilfskraft strahlte und deutete eine Verbeugung an. Jakob begrüßte Barbaro mit Handschlag und schenkte Maria ein Lächeln. Er war nicht älter als sie, hatte bei diversen Edelköchen gelernt und wollte nun selbst nach Sternen greifen. Umso dankbarer war er, dass ihm der Boss seine Ambitionen finanzierte – mit einem üblichen Ristorante war Barbaros Altstadtlokal nicht zu vergleichen.

»Was ist heute frisch?«, fragte der Patron.

Dumme Frage, dachte Maria. Fast alles war frisch. Was es nicht in der Stadt gab, brachte der »Rungis Express« täglich vom Pariser Großmarkt. Aber Barbaro bestand auf einer persönlichen Empfehlung.

»Die Dorade«, antwortete der Koch. »La Orata.«

Sie gingen an Edelstahlregalen, Arbeitstischen und dem riesigen Herd vorbei, wo auf zahlreichen Flammen Gemüse sautiert, Saucen reduziert und Fleisch gebraten wurde. Maria atmete den Duft, der von Pfannen und Töpfen aufstieg, und spürte, wie sie Appetit bekam.

Barbaro ergriff ihren Arm und fragte leise: »Und du hast wirklich keine Ahnung, wer den Jungen umgebracht haben könnte?«

»Aber, Bärchen, wie kommst du darauf?«

»Stefano hat dich in den letzten Wochen gefahren. Da redet man doch sicher das eine oder andere.«

»Ich rede mit dir, Bärchen, aber doch nicht mit meinem Fahrer!«

Massimo hielt ihnen die Tür zum privaten Trakt des »Ristorante Bellini« auf. Wo früher eine Kegelbahn gewesen war, glitzerten jetzt Gold und Kristall, dämpften dicke Teppiche den Schritt, schmeichelten dunkles Holz und üppig gemusterte Stoffe dem Auge. Im Winter sorgte der offene Kamin für eine heimelige Atmosphäre. Während der Gastraum für das zahlende Publikum der Mode entsprechend hell und schlicht gehalten war, hatte sich Barbaro hier nicht zügeln müssen.

Fast jeden Tag trafen er und Maria sich im »Bellini« mit

Mitarbeitern, Verwandten aus San Luca, Geschäftspartnern, Politikern und anderen wichtigen Gästen. Einmal täglich ließ Barbaro den Raum auf Abhörgeräte checken. Misstrauen, dein Name ist Barbaro – seit Stefanos Tod hatte es sich zur Paranoia gesteigert.

Der Justizminister erhob sich, als sie eintraten.

»Was soll ich tun?«, begann der große, schwere Mann und hob als Zeichen des Bedauerns die Hände. »Für die Polizei ist der Innenminister zuständig.«

»Ach, kommen Sie!« Barbaro patschte dem Politiker auf die Schulter. »Die Polizei muss tun, was die Staatsanwaltschaft anordnet, und die untersteht Ihnen. Ich weiß doch, wie das in Deutschland läuft.«

»So einfach ist das aber nicht!«

»Meine Stiftung spendet für Ihre Partei, für Sie und die Hobbys Ihrer Tochter. Ich will wissen, wer meinen Neffen ermordet hat. Ich will, dass Stefanos Mörder unter Schmerzen um Gnade winselt, bevor er seinen letzten Atemzug macht.«

»Sie verlangen sehr viel, Herr Barbaro.«

»Bis jetzt haben Sie das immer ganz prima hingekriegt.«

»Ich kann nichts versprechen.«

»Meine Schwierigkeiten sind Ihre Schwierigkeiten, vergessen Sie das nicht.«

Der Minister stöhnte und griff nach seinem Mantel.

»Es gibt Orata«, sagte Barbaro. »Und der Spumante ist von Ca' del Bosco.«

»Keine Zeit, leider.«

»Da verpassen Sie etwas!«

Als Gruß aus der Küche gab es ein Erbsensüppchen mit Minze, dazu ein Stück Kabeljau, roh und in Sojasauce mariniert. Die Kellner waren Araber, zwei Brüder aus dem

Irak, die kein Italienisch verstanden und kaum ein Wort Deutsch. Ideal, wie Barbaro fand.

Sein Handy klingelte – eine elektronische Variante von Rocco Granatas *Marina*. Barbaro blickte auf das Display, dann nahm er das Gespräch an. Er hörte mehr zu, als dass er sprach. Das hatte Maria selten erlebt.

Er hatte längst aufgelegt, wog aber noch immer das Smartphone in der Hand. »Man hat die Tatwaffe gefunden.«

Marias Herz setzte für einen Moment aus.

Barbaro schlang seinen Schal um den Hals und drückte ihr einen Kuss auf die Stirn. »Bin zum Hauptgang wieder da.«

»Lass mich nicht alleine, Bärchen.«

»Massimo wird dir solange Gesellschaft leisten.«

Der grobe Kerl nickte.

Barbaro blieb in der Tür stehen, zögerte, dann winkte er Maria zu sich. Sie folgte ihm auf den Hof.

Ihr Mann blickte sich um. Der Fahrer wartete außer Hörweite. Ansonsten waren sie allein, die Fenster über ihnen waren geschlossen.

»Was ist?«, fragte Maria.

»Es handelt sich um die kleine Beretta, die ich dir geschenkt habe. Hast du nicht erzählt, dass du sie vermisst?«

»Seit einer Woche. Jemand muss sie mir gestohlen haben.«

»Der Maulwurf.«

»Was für ein Maulwurf?«

»Irgendjemand aus dem engeren Kreis gibt Informationen an die Bullen weiter. Aber das bleibt streng unter uns, verstehst du? Wenn die Familie in San Luca davon erfährt, bin ich erledigt. Ich muss diesen Maulwurf so schnell wie möglich aufspüren. Und dann werde ich ihn eigenhändig erwürgen, ich schwör's!«

Ihr Mann runzelte die Stirn, seine Wangen bebten. Er stieg in den schwarzen Maserati Quattroporti. Maria zündete sich eine Zigarette an.

Als der Wagen verschwunden war, zückte sie ihr Handy und las die jüngste SMS.

Wann können wir uns endlich sehen?

Maria rief zurück.

»May, Kriminalpolizei«, meldete sich Felix.

»Es geht nicht mehr«, sagte sie leise. »Mein Mann ahnt etwas.«

»Hat *er* diesen Jungen umbringen lassen?«

»Manchmal glaube ich, dass du mich nur als Informantin benutzt.«

»Unsinn, Mia. Ich liebe dich, das weißt du doch. Wenn du endlich offiziell aussagen würdest, könnte ich Barbaro hinter Gitter kriegen, und du wärst frei, Mia, verstehst du denn nicht?«

»Nein, Felix. Ich wäre tot.«

Die Vorspeise kam auf den Tisch, Gänseleber in drei Variationen. Jakob wusste, wie sehr Maria das Gericht liebte. Sie verrührte die herzförmigen Kleckse aus Himbeermark, mit denen er ihren Teller verziert hatte. Dieser Schlingel. Wäre sie nicht die Frau vom Boss, hätte sie vermutlich alle Hände voll zu tun, ihre Verehrer abzuwehren. Doch sie liebte nur Felix, den anständigsten Menschen, der ihr je begegnet war.

Maria wischte sich die Lippen ab und faltete die Serviette.

»Wo willst du hin?«, fragte Massimo.

Sie ignorierte die Frage und ging zur Toilette. Ganz leise klang etwas Klassisches aus den Lautsprechern. Sie wusch sich die Hände und überprüfte ihr Make-up. Dabei dachte sie an Felix.

Er darf auf keinen Fall erfahren, dass ich Stefano erschossen habe, schwor sich Maria. Er würde mir die Tat nie verzeihen. Und ich darf ihn nie wieder treffen. Barbaro würde nicht nur mich töten, sondern auch ihn.

Die Tür ging auf, Massimo stand hinter ihr.

Seine Hand auf ihrer Brust, sein Grinsen im Spiegel.

»Was fällt dir ein?« Maria schüttelte ihn ab.

»Was würde der Boss wohl sagen, wenn er erfährt, dass seine junge Frau ihn betrügt?«

»Mit dir? Träum weiter!«

»Stefano hat mir alles erzählt. Dass du dich in der Kirche mit deinem Liebhaber triffst. Deshalb musste Stefano sterben, stimmt's? Weil er dein Geheimnis entdeckt hat!«

Massimo packte ihren Kopf und versuchte, sie zu küssen. Die andere Hand schob sich in ihre Bluse, ein Knopf sprang auf. Der Dreckskerl keuchte.

»Ich verrate dich nicht«, flüsterte er heiser. »Dafür gehörst du jetzt mir.«

Sie rauchte eine weitere Zigarette, wütend über Massimo und darüber, dass sie keine Idee hatte, wie sie den Kerl loswerden konnte.

Der Maserati kehrte in den Hof zurück. Barbaro stieg aus und blieb dicht vor ihr stehen. Jetzt bloß nichts anmerken lassen, sagte sich Maria.

»Mach deine Handtasche auf!«

Maria gehorchte. Ihr Mann zog etwas Metallisches aus seinem Jackett und ließ es in ihre Tasche gleiten. Die Beretta, von der sie gedacht hatte, sie weit genug in die Büsche geschleudert zu haben.

Es gibt also noch einen Maulwurf, dachte Maria. Barbaros Mann bei der Polizei, der offenbar so waghalsig war, sichergestellte Tatwaffen verschwinden zu lassen. Die Lage war komplizierter, als sie angenommen hatte.

»Wer könnte dir die Waffe geklaut haben?«, fragte Barbaro.

»Vielleicht Massimo.«

»Wie kommst du auf ihn?«

»Er ... er verhält sich seltsam in letzter Zeit. Vielleicht ist er ja der Maulwurf, und Stefano ist dahintergekommen.« Maria inhalierte einen letzten Zug, warf die Kippe auf den rissigen Asphalt und trat sie aus.

Wie ich Massimo hasse, dachte sie. Und Barbaro genauso. Sein aufgedunsenes, rotes Gesicht. Seine geschmacklose Art. Die niveaulosen Leute, mit denen er sich umgab.

In diesem Moment kam Maria eine Idee.

»Ich weiß, wie du dir Klarheit verschaffen kannst, mein Bärchen«, sagte sie.

Barbaro reckte das Kinn. »Sprich.«

»Angenommen, du erwähnst in Massimos Beisein das Haus an der Niederkasseler Straße. Dass du dort Illegale beschäftigst, Minderjährige und Frauen ohne Visum.«

»Ich beschäftige keine Illegalen.«

»Das weiß ich. Aber Massimo gegenüber tust du so, als ob. Ganz beiläufig und unter vier Augen, das ist wichtig. Wenn die Polizei daraufhin eine Razzia macht, ist klar, dass Massimo der Maulwurf ist.«

»Schlaues Mädchen.«

»Am besten, du sprichst mit Massimo darüber, während ich gleich zum Klo gehe, okay?«

»Klar, verstanden.« Barbaro lächelte. »Aber auf die Beretta passt du jetzt etwas besser auf, hörst du?«

Das vierte Gedeck war für Gattuso bestimmt, einen Oxford-Absolventen mit besten Zeugnissen, den die Familie vor einigen Tagen als Aufpasser nach Düsseldorf geschickt hatte. Barbaro beschwerte sich darüber, dass der Kerl noch nicht aufgekreuzt war, und Maria glaubte zu spüren, dass ihr Mann diesen Gattuso für eine Gefahr hielt.

Sie musste zur Toilette. Als sie zurückkehrte, zwinkerte Barbaro ihr zu.

Dann verschwand Massimo im Bad.

»Ich habe ihm erzählt, dass die Illegalen nur noch bis heute Nachmittag in der Niederkasseler Straße wären und dann auf andere Häuser verteilt werden würden«, sagte Barbaro grimmig.

»Aber, Bärchen, warum so eilig?«

»Weil ich bis zum Kaffee wissen will, woran ich bin.«

Die Dorade kam mit Thymianrisotto und einem Ragout aus Artischockenböden. Mit dem Risotto hatte Jakob sich selbst übertroffen.

Barbaro bestellte eine zweite Flasche. Er und Massimo lästerten über Gattuso. Frisch von der Uni, ein Grünschnabel ohne den leisesten Schimmer vom Geschäft.

Aber die Familie vertraut diesem Kerl, überlegte Maria, und nur das zählt.

Sie ging noch einmal in den Hinterhof, um eine Zigarette zu rauchen. Dabei griff sie zu ihrem Handy und gab Felix Bescheid.

Die irakischen Kellner brachten das Dessert, danach noch einen süßen Gruß aus der Küche und schließlich den Espresso.

Barbaro schrieb pausenlos Kurznachrichten, dirigierte Geschäfte, in denen es um Waffen ging, um Coltan aus dem Kongo und um Immobilienkäufe, mit denen Barbaro das illegal verdiente Geld wusch, wie Maria wusste. Massimo jagte währenddessen Moorhühner auf dem Display seines Handys. Sie selbst las einen Roman.

Die Tür ging auf, doch es war noch immer nicht Gattuso, sondern ein Kellner, der nach dem Rechten sah. Barbaro bestellte die dritte Flasche Spumante.

Von seinem Handy ertönte *Marina*. Er meldete sich und hörte zu, ohne ein Wort zu erwidern. Dann verstaute er das Telefon wieder in seiner Jackentasche.

»Es hat gerade eine Razzia gegeben.«

»Also hat Massimo geplaudert«, sagte Maria und ballte die Faust.

»Nur, dass ich mit ihm gar nicht darüber geredet habe. Nicht wahr, Massimo?«

»Was für eine Razzia?«, fragte der Dreckskerl.

Barbaro zog eine Pistole hervor und richtete sie auf Maria.

»Massimo hat Stefano …«, stotterte Maria.

»Unsinn!«

»Und er hat mich vergewaltigt, vorhin, als du nicht da warst.« Wenn Barbaro mich umbringt, dachte Maria, soll auch Massimo nicht ungeschoren davonkommen.

»Dein letzter Tag ist eben nicht dein schönster«, erwiderte Barbaro.

»Warum schießt du nicht endlich?«, fragte Massimo.

»Spinnst du? Sollen die Gäste nebenan den Krach hören? Bring mir den Schürhaken, mach schon!«

Massimo ging zum Kamin, nahm den schweren Haken aus der Halterung und reichte ihn Barbaro. Der wog das schmiedeeiserne Teil in der Hand. Seine Wangen schimmerten violett.

Jetzt ein Schlaganfall, dachte Maria, und ich wäre aus dem Schneider. Doch ihr Mann tat ihr diesen Gefallen nicht.

Im gleichen Moment ging die Tür auf.

Gattuso kam herein. »Was ist denn hier los?«

Maria hielt die Luft an. Ihr Mann und Massimo schienen für einen Moment überfordert.

Maria ergriff die Gelegenheit und rannte los.

Sie ließ die Tür hinter sich zukrachen und floh in die Küche. Die Frau aus Nigeria wischte den Boden. Jakob brutzelte etwas. Sonst war niemand da.

»Rasch, wo kann ich mich verstecken?«

Der Koch runzelte die Stirn und deutete auf eine Stahltür. Maria zog am Griff, schlüpfte in eine dunkle Kammer und zog die Tür hinter sich zu.

Draußen trappelten Schritte, Rufe wurden laut, die ihr galten, ein Wortwechsel mit Jakob, den Maria nicht verstand, dann kehrte Ruhe ein.

Sie fand einen Lichtschalter. Ein kleiner, fensterloser Raum. Ein Schrank mit Putzzeug, ein Regal voller Konserven. Mehrere Tiefkühltruhen. Maria hörte wieder Geräusche in der Küche und knipste rasch das Licht aus, damit es nicht durch eine Türritze drang und sie verriet.

Dann hörte sie Barbaros Stimme ganz nah. »Ist sie da drin?«

»Nein.« Maria bewunderte den Mut des Kochs.

Ein Rütteln am Türgriff.

Maria wich zurück.

»Wie geht das auf?«

Maria hob den Deckel der Tiefkühltruhe, die am weitesten hinten stand. Sie war fast voll. Egal, dachte Maria. Meine einzige Chance.

»Sag schon, rede, du Idiot!«, hörte sie Barbaro vor der Tür brüllen.

»Ziehen«, kam zögernd die Antwort des Kochs.

Maria rollte sich auf der Tiefkühlware zusammen und ließ den Deckel über sich herab. Das Schloss der Truhe schnappte fast lautlos ein.

Maria vernahm keinen Laut. Finsternis umgab sie. Harte Kartons drückten sich in ihre Seite. Sie begann zu frieren.

Nichts geschah.

Maria lauschte. Entweder lauerte Barbaro regungslos vor den Truhen, oder er hatte die Kammer bereits wieder verlassen. Als Maria es vor Kälte nicht mehr aushielt, tastete sie am Deckelrand entlang nach dem Hebel, um sich aus der Truhe zu befreien.

Da war nichts.

Sie stemmte sich gegen den Deckel, doch das Schloss gab nicht nach. Es gab keinen Hebel, keinen Knopf – die Truhe war offenbar ein altes Ding, das man nur von außen öffnen konnte. Sie trommelte und schrie, so laut sie konnte; Barbaro erschien ihr plötzlich als das kleinere Übel. Ihre Zähne klapperten, sie zitterte, ihre Fäuste wurden wund.

Wie kalt war es hier? Minus achtzehn, zwanzig Grad? Wie lange dauert es wohl, bis ich selbst ein Eisblock bin? Ich muss in Bewegung bleiben, überlegte sie.

Maria hämmerte weiter und trat mit ganzer Kraft gegen Deckel und Wände, bis die Absätze ihrer Schuhe brachen. Dann spürte sie, dass ihr der Sauerstoff ausging.

Ich darf nicht so heftig atmen, dachte sie. Verdammte Panik.

Und jetzt noch diese Müdigkeit … Marias Arme wurden schwer. Ihre Gedanken glitten über eine sanfte Schwelle in die Welt des Traums.

Es wurde hell.

Ein Engel blickte auf sie herab. Er trug die Züge von Felix.

Ein schöner Traum, dachte Maria und lächelte zu dem Engel empor.

Dorade mit Thymianrisotto (für zwei Personen)

Zwei Doraden (alternativ: Wolfsbarsch) filettieren. Restliche Gräten entfernen (das macht am meisten Mühe).

Eine Schalotte hacken und in etwas Olivenöl andünsten. Eine knappe Tasse Arborio-Reis waschen und zur Schalotte geben. Mit etwas heißer Hühnerbrühe ablöschen. Thymian (frisch oder getrocknet), Salz und Pfeffer dazugeben.

Auf kleiner Flamme köcheln, nach und nach zwei Tassen Brühe sowie einen Schuss Weißwein angießen, bei Bedarf zusätzlich etwas Wasser. Ab und zu umrühren.

Die Doradenfilets mit Öl bestreichen, salzen und im Backofen unter dem Grill auf hoher Stufe in acht bis zehn Minuten mit der Hautseite nach oben anbräunen.

Zuletzt fünfzig Gramm Grana Padano (oder Parmesan) reiben und zusammen mit einem guten Esslöffel weicher Butter unter den Reis rühren.

Weinempfehlung: Château Bonnet Entre-deux-mers.

Sandra Lüpkes

Keiner isst bei Witwe Winkler

Genau an dem Tag, als Josef es einfach nicht mehr aushielt und beschlossen hatte, das Sauerland wieder zu verlassen, weil ihm dort die Berge zu niedrig und der Dialekt zu fremd waren, griff das Schicksal beherzt ein, um ihn davon abzuhalten.

Josef war gedrungen, gebräunt und mit Muskeln ausgestattet, die an das Gebirge seiner österreichischen Heimat erinnerten. Er wirkte nicht wie ein Kerl, den das Heimweh aus der Bahn warf, aber tief in ihm steckte eben ein butterweicher Kern. Hier in Sundern musste er oft an die Geborgenheit im Schatten des Großglockners denken und jammerte: »So eine seltsame Gegend. Die Hügel sind nichts Halbes und nichts Ganzes.«

Seit sechs Monaten teilte er sich mit einem geschwätzigen Tiroler die schräge Kammer unterm Dach der »Grünen Hoffnung«, wo es im Winter schneidend kalt und jetzt, im Juli, brütend heiß war – ganzjährig hingegen schien der Lärm zu sein, der Tag und Nacht aus der Schankwirtschaft im Erdgeschoss dröhnte. Das nicht ganz preiswerte Zimmer lag schräg gegenüber von dem Papierwerk, in dem Josef als Gastarbeiter zehn Stunden am Tag an der Walze stand. Ein beachtlicher Teil seines Lohns verschwand jedoch in den tiefen Taschen des Schankwirtes, den alle Büse Bär nannten und der zugleich sein Vermieter war. Eindeutig zu viel Geld für zu wenig Heimeligkeit. Und darum kam Josef die kleine brünette Frau, die an einem schrecklich heißen Sommersonntag die »Grüne Hoffnung« betrat und sich suchend umschaute, auch wie eine göttliche Fügung vor.

»Die Witwe Winkler«, murmelte Büse Bär hinterm Tresen und schickte in seinem Sauerländer Platt ein Stoßgebet hinterher.

Josef konnte nicht verstehen, warum dieser schwarz gekleideten Frau ein so unterkühlter Empfang bereitet wurde. Sie war schlank, fast zierlich, ihr langes Haar löste sich verführerisch aus dem verknoteten Zopf, und die dunkelgrünen Augen, mit denen sie jeden Einzelnen im voll besetzten Schankraum kurz ins Visier nahm, hatten einen Glanz, als sei sie ein junges Mädchen auf der Suche nach der wahren Liebe. Frauen wie sie fanden in dieser Kneipe normalerweise ohne Probleme einen komfortablen Sitzplatz und bekamen dazu noch ein Glas Wein spendiert, wenn nicht sogar zwei. Doch jetzt machte keiner der Gäste Anstalten dazu. Also rückte Josef zur Seite und zeigte auf das frei gewordene Stück Bank neben sich.

Die Witwe schüttelte den Kopf. »Danke, ich bleibe nicht. Ich bin nur hier, weil ich einen neuen Untermieter suche. Auf meinem Hof in Altenhellefeld steht ein großes Zimmer frei, einen Badezuber gibt es im Hof, und ich koche jeden Abend frischen Eintopf, dreimal die Woche mit Fleisch.«

Als niemand reagierte, erhob sich Josef und drehte seine Kappe nervös in den Händen. »Was soll es denn kosten?«

Nun schaute ihn die schöne Frau im schwarzen Kleid lächelnd an. Das tat gut, Josef war schon lange nicht mehr von einem Frauenmund angelächelt worden. »Es kostet nichts. Ich erwarte jedoch als Gegenleistung ein Paar helfende Hände auf meinem Hof. Die Ställe und das Vieh, kleinere Reparaturen hier und dort. Aber fünf bis zehn Stunden pro Woche sollten genügen.«

Auf Josefs Gesicht machte sich ein seliger Gesichtsausdruck breit. Heute war sein Glückstag.

Seltsam nur, dass keiner der anderen Burschen hier Feuer fing und ein wildes Gerangel um dieses verlockende Angebot gänzlich ausblieb. Die meisten begannen sich wieder zu unterhalten, verdichteten den gelben Dunst mit weiteren Zigaretten oder schauten sich den Boden ihrer Bierkrüge genauer an. Dabei murrten sie doch alle sonst über ihre Unterkünfte: Ratten unterm Bett, Schimmel an der Decke, Gestank von der Hoftoilette.

»Ich tät mich dafür interessieren«, entschied Josef. »Wann darf ich einziehen?«

Eine zauberhafte Fröhlichkeit umspielte den Mund der Frau. »Nächstes Wochenende?«

Noch sechs Nächte, zählte Josef, sechs Nächte Gegröle aus der Kneipe und stickige Luft unter Dachschindeln, aber dann wartete womöglich das Paradies auf ihn.

Josef war einer, der sich schnell verliebte. Schon damals als kleiner Bub am Dorfbrunnen in Heiligenblut: Sobald er ein Mädchen im Dirndl sah, mit Zöpfen womöglich, war es passiert, und er glühte wie ein Kohleofen. Das war jetzt nicht anders, auch wenn er nun schon fast dreißig war. Er hatte die Witwe Winkler gesehen und sein Herz verloren. Seit ihrer Begegnung in der »Grünen Hoffnung« hatte seine Fantasie sechs Tage und Nächte lang die Erinnerung an die schöne Frau auf Hochglanz poliert.

Und als er nun auf dem Altenhellefelder Hof ankam, verschlug es ihm noch zusätzlich die Sprache: ein schmuckes Anwesen, das untere Stockwerk mit grobem Stein gemauert, oben ein Dachstuhl aus massivem Fachwerk und Schindeln. Zwei der Erdgeschossfenster waren kaputt, und jemand hatte rote Farbe auf die Hauswand geschmiert. Eine neue Scheibe einsetzen, mit Terpentin die Sauerei wegwischen, dann hier und da noch ein bisschen was gerade rücken, klar, das würde Josef übernehmen.

»Hallo? Jemand zu Hause?«, rief er quer über den großen Hof. Ein Hund bellte in einem Verschlag, ein paar Hühner gackerten. Dann sah er eine Frau auf dem Nachbargrundstück stehen. »Grüß Gott, ist die Witwe Winkler nicht da?«

»Was wollen Sie von der?«, war die Gegenfrage, und die Haltung der Frau ließ darauf schließen, dass neuen Nachbarn nicht unbefangen begegnet wurde.

»Ich wohne dort. Ab heute.« Josef gab sich einen Ruck, ging zum Zaun und streckte der Frau die Hand zur Begrüßung entgegen. Doch die hielt ihre Arme verschränkt, und bevor sie sich abwandte, murmelte sie noch etwas Unverständliches auf Platt. Josef zuckte die Achseln, drehte sich wieder um – und da stand sie: Witwe Winkler. Sie trug einen Wäschekorb vor ihrer Schürze, und Josef fand diesen Anblick noch tausendmal schöner und aufreizender als sämtliche Fantasiebilder der letzten Tage.

»Sind Sie hungrig?«, fragte seine neue Vermieterin und wies ihm mit einem zauberhaften Kopfnicken den Weg durch die Haustür. »Ich habe Potthucke gebacken, eine hiesige Spezialität. Aber erst zeige ich Ihnen das Zimmer!«

Josef betrat sein neues Zuhause, ein heller Raum mit Federbett, so weich wie daheim in Heiligenblut, alles sauber und duftig, wie nur eine Frauenhand es hinbekam.

Die Witwe zeigte ihm auch den Badezuber im Hof. »Sie wollen sich sicher frisch machen von dem langen Marsch. Aber um sechs erwarte ich Sie bei Tisch.«

Josef konnte es kaum erwarten, denn ein appetitlicher

Duft drang bereits aus dem Wohntrakt. Brav nutzte er gleich die Wanne im Hof, um sich den Schweiß von der Wanderung und auch die Überbleibsel der Dachstubenzeit mit glasklarem Wasser abzuschrubben. Als er dann wenig später erwartungsfroh zum Abendessen aufbrach, hätte keiner der Kollegen im Papierwerk ihn wiedererkannt, so frisch und gestriegelt kam er daher.

Der Essraum war karg und angenehm kühl, ein großer Holztisch stand in der Mitte. Es waren drei Teller gedeckt, also würde noch ein weiterer Gast zugegen sein – wie schade. Josef schaute sich scheu um. An den Wänden hingen Fotografien, zwei davon waren mit einem schwarzen Band versehen. Gern wäre Josef näher herangetreten, um zu sehen, wie der verstorbene Bauer Winkler ausgesehen hatte und wer wohl das Kind auf dem anderen Bild war. Doch wie hätte das gewirkt, gleich am ersten Abend so neugierig zu sein?

»Schmeckt es?«, fragte die Witwe, nachdem ihre schlanken Hände seinen Teller vollgeladen hatten. Und ob es schmeckte. Dieser seltsame Kuchen aus Kartoffeln und grober Wurst war das Beste, was Josef im Sauerland je gegessen hatte. Er musste sich schwer zusammennehmen, um nicht einen Nachschlag zu erbitten und damit dem sich anscheinend verspätenden Gast die Ration wegzuessen. Er spülte mit Bier ordentlich nach und traute sich schließlich zu fragen: »Wen erwarten Sie denn heute Abend noch?«

»Den Fritz. Meinen Schwager. Manchmal kommt er zum Essen. Manchmal nicht.« Dann lächelte sie wieder. »Aber heute sieht es eher so aus, als blieben wir unter uns. Wenn Sie also mögen, hätte ich noch eine Portion …«

Zum Nachtisch gab es dann noch Pudding mit einer roten Soße, die zwar unerwartet bitter schmeckte, aber nach einem solchen Mahl wollte Josef nicht mäkelig sein.

Schließlich war er von der »Grünen Hoffnung« geradewegs im Paradies gelandet.

Es lief gut für Josef, nein, besser als das: Es lief hervorragend.

Inzwischen nannte er die Witwe Mechthild.

Gleich den ersten Samstagnachmittag nutzte Josef, um die Fenster an der Straßenseite zu reparieren. Als er aber am Montag darauf abends vom Papierwerk heimkehrte – auf dem Fahrrad, die Witwe hatte ihm den Drahtesel ihres verstorbenen Gatten für die Fahrt nach Sundern zur Verfügung gestellt –, war die Scheibe erneut zerbrochen und die Farbschmiererei zudem um eine hässliche Totenfratze ergänzt worden.

Die Nachbarin stand wieder auf ihrem Posten und sah nicht so aus, als würde der Vandalismus in ihrem Dorf sie in irgendeiner Weise empören. Das machte Josef wütend. »Haben Sie gesehen, wer das getan hat?«

»Ich habe Besseres zu tun, als den lieben langen Tag hier Wache zu schieben«, fauchte sie ihn an. »Und wer immer das getan hat, wird schon einen Grund dafür haben.«

»Wie meinen Sie das?«, fragte Josef.

Doch statt einer Antwort kam nur wirres Zeug, auf das sich Josef keinen Reim machen konnte: »Jeden Morgen, wenn ich Sie mit Leonhards altem Fahrrad losfahren sehe, danke ich dem Herrgott im Himmel für seine Gnade.«

»Das ist nett, wenn Sie sich um mich sorgen, aber ich bin ein gestandener Mann und kann ganz gut …«

»Sie essen bei ihr«, unterbrach die Nachbarin.

»Mechthild … also Witwe Winkler kocht ausgezeichnet.«

»Gibt es auch den Pudding mit roter Soße?«

»Ja, jeden Tag.«

»Den hat sie auch ihrem Mann vorgesetzt. Und dem kleinen Erwin.« Jetzt überwand die Nachbarin sich doch und kam ein paar Meter näher heran. Ihr Flüstern war kaum zu verstehen: »Keiner hier in Altenhellefeld isst bei Witwe Winkler.«

»Ach ja? Und warum nicht?«

Doch diese Antwort blieb sie ihm schuldig. Stattdessen weiteten sich ihre Augen plötzlich angstvoll, und sie verschwand schnell im Hühnerstall. Im selben Moment legte sich eine Hand auf Josefs Schulter. Eine schlanke, warme, weibliche Hand. »Was hat sie dir erzählt?«, fragte Mechthild und zog ihn sanft mit sich. »Die Menschen hier in Altenhellefeld zerstören meine Fenster und beschmieren das Haus. Aber das Bösartigste von allem ist ihr Gerede hinter vorgehaltener Hand.«

Der Esstisch war gedeckt. Wieder für drei, obwohl Schwager Fritz sich noch kein einziges Mal hatte blicken lassen und Josef stets dessen Portion verputzen durfte. Heute gab es Bohneneintopf mit Speckeinlage, dazu frisches Brot und abermals Pudding. Zugegeben, auf den hätte Josef inzwischen auch verzichten können, die bittere rote Soße wurde nicht schmackhafter, wenn man sie Tag für Tag serviert bekam.

Das ansonsten so lieb gewonnene Geplauder bei Tisch wollte an diesem Abend nicht so recht in Gang kommen. Josef war seltsam verunsichert und blickte immer wieder zu den mit Trauerflor versehenen Porträts über der Anrichte. Mechthild folgte seinem Blick und seufzte tief. »Das sind der Leonhard und mein kleiner Erwin. Ich hab sie beide innerhalb von einem Jahr verloren.« Ihre schönen Augen schwammen, und Josef hatte einen Kloß im Hals, der ihm den Eintopf vermieste, auch wenn dieser köstlich war.

»Drei Jahre ist es her. Und noch immer blutet mir das Herz.« Sie nahm seine Hand und legte sie sich auf die Bluse, und Josef konnte durch den Stoff die Wölbung ihres Busens und ihr Herzklopfen spüren. An Essen war jetzt gar nicht mehr zu denken.

»Soll … soll ich dich trösten?«, stotterte er. Und als sie statt einer Antwort ihren Zopf löste und sich von seinen zitternden Fingern den oberen Knopf öffnen ließ, da war Josef sich sicher, hier im Sauerland war der schönste Platz, den man sich wünschen konnte. Gegen diese Brüste war der Großglockner wahrlich ein Nichts.

Josef konnte sein Glück kaum fassen: Nur sechs Wochen nach seinem Einzug im Altenhellefelder Hof war er verlobt! Mechthild schien so angetan von seinem handwerklichen Geschick – und wohl auch von anderen Fingerfertigkeiten, bildete Josef sich zumindest ein –, dass sie es ihm sehr einfach gemacht hatte, um ihre Hand anzuhalten.

Und nun war heute tatsächlich sein letzter Arbeitstag im Papierwerk. Ab morgen würde er sich ganz und gar dem Hof widmen. Seinen letzten Lohn wollte er darum auch in der »Grünen Hoffnung« an den Mann bringen. Nicht, dass er die Schankwirtschaft und seine Kollegen schmerzlich vermissen würde. Aber es war ihm ein Bedürfnis, von seinem unfassbaren Glück zu berichten. Also spendierte er eine Lokalrunde.

Das gab ein großes Hallo, doch als er den Grund für seine Feierlaune nannte, ebbte die gute Stimmung merklich ab. »Du heiratest also die Witwe Winkler«, hakte sogar Büse Bär nach und setzte auf Platt hinterher: *»Friggen un Heudroogen geschieht fake ümme süss.«*[1]

Diesen Satz konnte Josef genauso wenig verstehen wie

1 Sauerländer Platt für die Redensart: »Das Freien und das Heutrocknen geschehen oft umsonst.«

die mangelnde Bereitschaft, sich mit ihm zu freuen. Gründete diese Missgunst darin, dass er fremd war hier in Sundern? Wollte man nicht, dass ein österreichischer Fremdarbeiter in einen stattlichen Hof einheiratete? Waren die Sauerländer wirklich so ... so ... Ach, was soll's, Prost! Grundgütiger, wie durstig er in letzter Zeit war, das kam von diesem lästigen Husten. Er fühlte sich von innen wie ausgetrocknet. Und seit Neuestem auch von außen: Seine Haut schuppte sich, riss an einigen Stellen auf, bekam dunkle Flecke.

Das Bier trieb ihn dann irgendwann in den Hof, wo die Latrine stand. Laut war es und stinkend, ganz anders als in seinem neuen Zuhause, dachte Josef noch und beglückwünschte sich zu seiner Entscheidung, vor sechs Wochen die Weichen entsprechend gestellt zu haben. Beim Pinkeln musste er sich festhalten, und im Kopf drehte sich alles. Ein bisschen übel war ihm auch, aber sein Magen machte schon seit einigen Tagen Rabatz, vielleicht war das die Aufregung.

Ja, Kruzifix, wie finster es hier auf einmal war. Josef stolperte über ein paar Bretter, fing sich an der Hauswand, richtete sich wieder auf – und starrte in zwei schmale, eng beieinander stehende Augen.

»Sieh an, der Schluchtenscheißer höchstpersönlich«, knurrte der Fremde, der seine Arme links und rechts von Josef an der Hauswand abgestützt hatte und ihm keinen Platz zum Entrinnen ließ. »Besser wäre es, du fährst wieder Richtung Süden, kapiert?«

Vielleicht hätte Josef genügend Kraft gehabt, diesen Kerl zur Seite zu stoßen, die Arbeit an der Papierwalze hatte für ausreichend Muskeln an den richtigen Stellen gesorgt. Doch ihm war speiübel, und seine Beine waren gerade alles andere als zuverlässig. »Was wollen Sie?«

»Finger weg von Witwe Winkler, sonst ...« Die Faust des

Mannes führte den Satz zu Ende und traf genau zwischen Josefs Rippenbögen. Der sackte zusammen, kassierte noch einen Tritt in die Seite und hörte dann Schritte, die sich hastig entfernten.

Dreimal versuchte er vergebens, sich wieder aufzurichten. Erst als endlich ein Kneipengast austreten musste – es war der geschwätzige Tiroler, mit dem er früher die Dachkammer geteilt hatte –, schaffte Josef es mit dessen Hilfe in die Senkrechte.

Der Mageninhalt suchte sich prompt den schnellsten Weg nach draußen.

»Wirkt das Gift schon?«, fragte der Tiroler und machte ein besorgtes Gesicht.

»Was für ein Gift?«, hustete Josef.

»Na, das von der Witwe Winkler. Man sagt, sie habe Mann und Sohn vergiftet. Wahrscheinlich mit Arsen im Essen. Der kleine Bub habe sich wohl immer beschwert, dass er so bitteren Pudding essen müsse …«

»Das ist schierer Unfug, sie isst das Zeug schließlich selbst!« Doch Josef musste zugeben, nach den Andeutungen der Nachbarin bereits etwas vorsichtiger geworden zu sein, allein schon wegen des seltsamen Geschmacks. Doch weil Mechthild stets ebenfalls von dem Pudding nahm – zwar kleinere Portionen, aber sie war ja auch eine Frau, die auf ihre Linie achtete –, hatte er sich wieder beruhigt. »Warum sollte sie so etwas tun?«, fragte er den Tiroler also trotzig.

»Immer wenn ihr Mann aus dem Haus war, hat sie ein weißes Taschentuch ins Fenster gehängt. Das war dann das Zeichen für ihren Schwager.«

»Zeichen? Wofür?«

»Nun stell dich nicht dümmer, als du bist. Der jüngere Bruder ihres Mannes wohnt ein paar Straßen weiter, drei

Kinder und eine Frau, die er an der kurzen Leine hält, grau und flach wie ein Schatten. Kaum flatterte das Tuch am Hof, kam er angelaufen. Na ja, den Rest kannst du dir doch nun wirklich denken.«

»Die Witwe Winkler ist eine treue Seele!«

»Es heißt, Mann und Sohn waren ihr lästig geworden ...«

Josef stieß seinen ehemaligen Zimmergenossen von sich. »Was redest du für einen Unfug?«

»So erzählt man es sich in der ›Grünen Hoffnung‹.«

»Die Mechthild ist eine wunderbare Frau und keine Ehebrecherin und Mörderin. Das kannst du der netten Gesellschaft da drinnen ausrichten.« Dann drückte Josef ihm das Geld für die Zeche in die Hand und stolperte zum Fahrrad. Die sollten ihn hier nie wieder zu Gesicht bekommen, schwor er sich. Nie im Leben.

Er ahnte nicht, wie recht er behalten sollte.

Am nächsten Abend wurde alles anders. Das Glück schien sich verabschiedet zu haben: Der dritte Platz bei Tisch war auf einmal besetzt.

Schwager Fritz ließ sich zum ersten Mal seit mehr als sechs Wochen beim Essen blicken. Kein angenehmer Besuch, denn seine Essgewohnheiten erinnerten Josef an die Heudrescher auf den Alpenwiesen. Doch das war beileibe nicht sein größtes Problem, denn obwohl es gestern im Hof der »Grünen Hoffnung« stockdunkel und sein Kopf bereits benebelt gewesen war, hätte Josef schwören können, dass die schmalen, eng beieinander stehenden Augen des Gastes denen des nächtlichen Angreifers mehr als ähnlich waren.

Mechthild war wie ausgewechselt, nervös tänzelte sie um den Tisch, und ihre sich immer wiederholenden Phrasen klangen fast, als singe sie ein Lied: »Fritz, schmeckt es dir denn?«, »Willst du noch einen Nachschlag, lieber Schwager?«, »Schön, dass du mal wieder vorbeischaust!«

Das gefiel Josef überhaupt nicht, und er spürte einen Stich in der Brust, wenn er Mechthilds gerötete Wangen sah, ihre glänzenden Augen und überhaupt ihr ganzes Getue. Er dachte an das, was man sich in der »Grünen Hoffnung« erzählte. Die Sache mit dem Taschentuch am Fenster. Was, wenn an den Gerüchten etwas dran war? Alles in ihm zog sich zusammen, und sein Herz brannte.

»Und? Wann soll die Hochzeit sein?«, fragte Fritz scheinheilig.

»In zehn Tagen«, antwortete Josef.

Mechthild hielt den Kopf gesenkt und schaute keinem der beiden Männer in die Augen.

»Und du meinst, du kannst den Hof führen?«

War das hier ein Verhör? Nun gut, dem konnte Josef sich stellen. »Ich habe die Fenster repariert, mehrmals übrigens, weil immer wieder Steine geflogen sind. Dann sind die Schmierereien entfernt, die Apfelbäume gestutzt, der Zaun an der Viehweide geflickt, die Schweinetränke ausgebessert.«

»Dies ist der Hof meiner Eltern. Mein Bruder hat ihn bis zu seinem frühen Tod gewissenhaft geführt. Und wenn ich nicht das Gut meines Weibes übernommen hätte, würde ich mich am liebsten selbst um alles hier kümmern.«

Auch um Mechthild?, fragte sich Josef, sagte aber nichts.

»Der Hof liegt mir sehr am Herzen«, betonte der unangenehme Tischgast noch einmal.

Die Situation war mehr als angespannt. Mechthild versuchte es erträglicher zu machen, indem sie den Nachtisch auftrug. Wieder dieser Pudding. Fritz schob ihn weit von sich: »Hör mir auf mit so 'nem Zuckerkram. Gib's deinem Verlobten, der ist doch sicher ein ganz Süßer!«

Da blieb Josef nichts anderes übrig, als auch die zweite Portion zu essen, selbst als seine Speiseröhre brannte und der Magen sich anfühlte, als würde Fritz ihn in seiner geballten Faust zerquetschen. Er wollte Mechthild beweisen, dass er zu ihr stand, dass ihr Schwager ihn nicht beeindrucken konnte und er auch noch einen dritten oder vierten scheußlichen Pudding verdrücken würde, aus lauter Liebe zu ihr.

Saperlott, war ihm schlecht …

»Josef, was ist mit dir?«, hörte er noch Mechthilds Stimme, dann suchte er schleunigst das Weite, rannte aus dem Speiseraum, durch den Flur, schleppte sich über den Hof und übergab sich direkt an der Rückseite des benachbarten Hühnerstalls. Niemals war es ihm so schlecht gegangen, vielleicht war es das Ende, ja, vielleicht hatten die Leute in Altenhellefeld recht und die Saufkumpanen in der »Grünen Hoffnung« auch … vielleicht war er vergiftet … worden … von … Mechthild …

Aber warum? Warum nur?

Er … war … doch … nur ein … verliebter …

Dass die Nachbarin herbeigeeilt kam und wie am Spieß schrie, sie habe es gewusst, sie habe es von Anfang an gewusst, bekam Josef alles nicht mehr mit.

»Du hast wirr geträumt«, war der erste Satz, der wieder in seinem Bewusstsein ankam. Mühsam stemmte Josef die Augenlider nach oben, wurde geblendet, erst vom Tageslicht in seinem Zimmer, dann von Mechthilds Anblick. Sie legte ihm gerade einen kühlen Lappen auf die Stirn.

Er selbst konnte nicht viel sagen, dazu war er zu schwach, also hörte er nur zu, was seine Verlobte berichtete: drei Tage Bewusstlosigkeit, Krämpfe, Fieber, dem Tode näher als dem Leben. Doch jetzt gehe es wieder aufwärts, versuchte sie ihn aufzumuntern. Mechthild schaute so lieb, sie fütterte ihn schlückchenweise mit lauwarmer Brühe, ließ frische Luft in sein Zimmer und schüttelte die verschwitzten Kissen aus. Das alles, tröstete sich Josef, würde sie doch nicht tun, wenn sie eigentlich vorhatte, ihn zu vergiften. Er hatte da einen ganz anderen Verdacht.

»Sag mal …,« schaffte er mit Mühe und Not herauszubringen. »Dieser Pudding …«

»Was ist damit? Glaubst du, deine Krankheit kommt daher?« Mechthild gelang es nicht, ihre Entrüstung zu verbergen. »Ich bereite ihn jeden zweiten Tag frisch, damit kann nichts gewesen sein.«

»Und … die Soße?«

Man sah, dass ihr Lächeln mühsam war. »Koche ich immer im Sommer ein. Der Fritz hat haufenweise Beeren im Garten und bringt sie mir körbeweise, seit Jahren schon, damit ich Soße daraus koche. Seine Frau kann das nicht, sie ist krank und zudem ungeschickt am Herd.« Mechthild nahm den Lappen von der Stirn, tauchte ihn in frisches Wasser, wrang ihn aus, legte ihn wieder auf sein Gesicht. Sie war ein Engel. »Ich hab halt den ganzen Keller voll mit den Flaschen. Deswegen gibt es jeden Tag etwas davon, man kann es doch nicht verkommen lassen. Schmeckt dir die Soße etwa nicht?«

»Zugegeben, sie ist ein bisschen … bitter.«

»Das hat Erwin auch oft gesagt. Aber ich nehme doch extra viel Zucker, daran kann es nicht liegen.« Jetzt legte sie den Kopf schief und streichelte seine Wange, gar nicht mehr wie eine Krankenschwester, sondern wie eine liebende Frau. »Aber wenn du wieder gesund bist, Josef, dann werde ich dir etwas anderes vorsetzen. Versprochen. Schließlich soll es nicht an einer Puddingsoße scheitern, dass wir beide glücklich miteinander werden …«

Der Pfarrer musste zu ihm ans Krankenbett treten, doch das war nicht so schlimm, denn das Jawort brachte Josef trotzdem kraftvoll über die Lippen. Und auch in der Hochzeitsnacht war er durchaus in der Lage, seiner Gattin jeden Wunsch zu erfüllen.

Und gleich am ersten Tag, an dem seine Beine ihn wieder trugen, machte Josef sich auf den Weg zum Hof seines Schwagers, der nur ein paar Straßen weiter lag. Wohl war ihm zwar nicht bei dem Gedanken, diesem brutalen Kerl zu begegnen, doch er hatte einen Verdacht, und dem musste er auf den Grund gehen, auch wenn es lebensgefährlich werden könnte. Für sich und seine Ehefrau wollte er das Risiko eingehen.

Inzwischen hatte Mechthild etwas mehr über ihre Familie erzählt, über die beiden Brüder Leonhard und Fritz und den strengen Vater, der den Erstgeborenen stets bevorzugt hatte, was den Jüngeren zeitlebens frustrierte. Und das Taschentuch?, hatte Josef irgendwann nachgefragt. Da hatte Mechthild ihn erst fragend angeschaut und schließlich laut aufgelacht: Das Taschentuch sei ein Zeichen für Fritz gewesen, sich Schinken oder Mehl oder Eier abzuholen, wenn bei ihnen etwas übrig geblieben war. Ihr Schwager mit den drei Kindern und der unfähigen Frau – da habe sie Mitleid gehabt und heimlich, gegen den Willen ihres Mannes, ein paar Vorräte abgezweigt. Sie selbst hatten ja genug. Deswegen decke sie auch immer für den Fritz mit ein, auch wenn er nur selten zum Essen vorbeikäme. Aber wenn es ihm, dem Josef, nicht recht wäre, einen anderen Mann bei Tisch sitzen zu haben, dann sei das auch in Ordnung. Schließlich beginne nun ein neues Leben für sie, und da dürfe es auch mal genug sein mit den Almosen.

Der Hof, auf dem Fritz mit seiner Familie lebte, mochte früher einmal etwas hergemacht haben, jetzt wirkte er heruntergekommen und schmutzig. Rechts neben dem Wohnhaus erstreckte sich ein großer Obstgarten, an dessen Bäumen gerade die Birnen reiften. Vor ein paar Monaten aber musste es hier noch nach Beeren geduftet haben, Himbeeren, Erdbeeren, Johannisbeeren. Josef kletterte über den Zaun und huschte zwischen den Sträuchern hindurch zum Gartenhäuschen, die windschiefe Tür öffnete sich mit einem Jammerlaut, und sofort flüchteten einige Mäuse in die Ecken, die kleinen Spuren waren auf dem staubigen Boden deutlich zu erkennen. Josef sah sich um. Ein Sammelsurium aus Heckenscheren und Gießkannen, Arbeitshandschuhen und einigen Körben, deren Geflecht blau verfärbt war, weil in ihnen Beeren gesammelt worden waren. Hier war er richtig.

Vorsichtig schob er ein paar Utensilien zur Seite und tastete sich bis zur Wand durch. Seine Finger fühlten einen Beutel aus festem Papier, ja, genau danach hatte er gesucht. Er zog das Ding nach vorn, dabei fielen drei Tontöpfe vom Regal und zerschmetterten auf dem Boden. Zu dumm, was machte er nur für einen Lärm?

Der Beutel war nur zu einem Drittel mit weißem Pulver gefüllt und die Aufschrift bestätigte Josefs Verdacht. Er wusste nicht sehr gut Bescheid in solchen Dingen, aber er konnte sich noch erinnern, dass ein Nachbar in Heiligenblut auch Arsenik im Schuppen gelagert hatte, um Nagetiere zu vernichten. Und dass es deswegen Ärger gegeben hatte, weil das Gift verboten und eigentlich nur mit Sondergenehmigung zu bekommen war. Zudem durfte man es nicht zusammen mit Lebensmitteln lagern, wie zum Beispiel mit frischen, eben im Garten gepflückten Beeren …

»Ich glaub es nicht, der Schluchtenscheißer spioniert auf meinem eigenen Grund und Boden«, hörte Josef die Stimme hinter sich poltern. »Ist dir der Hof meines Vaters etwa noch nicht groß genug, du elender Schmarotzer?«

Josef blieb nichts anderes übrig, als sich umzudrehen. Es machte keinen Sinn, eine irrwitzige Ausrede aus dem Hut zu zaubern, hier zählte nur noch die Wahrheit, und mit der hielt Josef keine Sekunde länger hinter dem Berg: »Du hast deinen Bruder und deinen Neffen umgebracht, indem du Gift in die Beeren gemischt hast.«

Fritz zog die Brauen über seinen schmalen Augen zusammen und spuckte vor Josef auf den Boden. Doch er erwiderte nichts, stritt nichts ab und bestätigte noch weniger. Er sah einfach nur aus, als warte er den richtigen Moment ab, sich auf den ungebetenen Gast zu stürzen.

»Jeder in Altenhellefeld hält Mechthild für eine Giftmörderin, sie schmeißen ihr die Scheiben ein und beschmieren das Haus. Aber in Wirklichkeit hatte sie keine Ahnung, dass sie ihrer Familie Tag für Tag Arsen auf den Pudding gegossen hat. Denn das Zeug war schon drin, bevor sie die Beeren auf den Herd gestellt hat.«

Fritz schnaubte. »Das kannst du nicht beweisen. Und immerhin ist meine Schwägerin noch am Leben, obwohl sie selbst davon gegessen hat.«

»Ja, aber immer nur ganz kleine Portionen. Da kann sich ein Körper dran gewöhnen.« Es gelang Josef, dem angsteinflößenden Blick des anderen standzuhalten. »Das wurmt dich wahrscheinlich auch, dass du sie nicht ebenfalls aus dem Weg räumen konntest. Immerhin, solange sie als Witwe auf dem Hof lebte, hattest du noch gute Chancen, irgendwann alles zu erben, denn darum geht es dir doch schließlich.« Er machte eine kurze Pause. »Aber dann kam ich, setzte mich an Mechthilds Tisch, legte mich in ihr Bett … und als ihr zweiter Ehemann bin ich nun auch der Erbe, sollte ihr etwas passieren.«

»Ich sag's ja, du bist ein elender Schmarotzer, reißt dir den Hof meines Vaters unter den Nagel ...« Fritz griff nach einer Spitzhacke, so schnell, dass Josef es gar nicht richtig mitbekam. Mist, er hätte daran denken sollen, sich ebenfalls irgendwie zu bewaffnen. Mit einer Tüte Arsen würde er im Zweikampf nicht weit kommen, erst recht nicht, wenn er gegen einen Mann anzutreten hatte, der bereits ein zweifacher Mörder war und über kein Gewissen zu verfügen schien. Also suchte Josef sich den erstbesten, halbwegs stabilen Gegenstand – einen alten Besen – und hielt ihn wie einen Degen vor sich. Den ersten Hieb seines Gegners konnte er abwehren. Den zweiten nicht.

»Jetzt hab ich dich, du verfluchter Witwentröster ...« Mit voller Wucht schlug Fritz ihm gegen die Unterarme. Reflexartig löste Josef den Griff, ließ die klägliche Verteidigungswaffe fallen, wurde umgestoßen, kippte nach hinten, stieß sich den Hinterkopf an der harten Kante einer Schubkarre, rutschte das letzte Stückchen tiefer und blieb liegen.

»Du kannst mich nicht einfach umbringen, die Mechthild wird mich vermissen ...«

Für dieses Argument hatte Fritz nur ein heiseres Lachen übrig. »Auf einem Bauernhof gibt es genügend Ecken, um jemanden verschwinden zu lassen. Und den anderen werde ich sagen, du hättest dich aus dem Staub gemacht, nachdem du erfahren hast, dass du eine Giftmörderin geheiratet hast. Das funktioniert, glaube mir, du bist nicht der Erste, bei dem ich es so gemacht habe.«

Josef versuchte vergeblich, sich wieder aufzurichten. Unter dem Regal konnte er zwei Mäuse sehen, die sich verängstigt aneinanderdrängten. Sein Blick verschwamm mehr und mehr, und mühsam behielt er die zitternden Tierchen im Blick. Alles war besser, als nach oben zu schauen und zu sehen, wie Fritz die Spitzhacke hob, tief Luft holte, das Ziel fixierte, einen Schrei ausstieß und …

Genau an dem Tag, als Fietje es einfach nicht mehr aushielt und er beschlossen hatte, das Sauerland wieder zu verlassen, weil ihm dort die Berge zu hoch und der Dialekt zu fremd waren, griff das Schicksal beherzt ein, um ihn davon abzuhalten.

Fietje war groß gewachsen, mit blondem Haar, so platt wie die Ebene seiner ostfriesischen Heimat. Er wirkte nicht wie ein Kerl, den das Heimweh aus der Bahn warf, aber tief in ihm steckte eben ein butterweicher Kern. Hier in Sundern musste er oft an die Weite jenseits der Deiche denken und jammerte: »So eine seltsame Gegend. Die Berge versperren einem immer die Sicht.«

Und darum kam Fietje die kleine brünette Frau, die an einem schrecklich kalten Wintertag die »Grüne Hoffnung« betrat und sich suchend umschaute, auch wie eine göttliche Fügung vor …

Potthucke

600 g rohe Kartoffeln
300 g gekochte Kartoffeln
200 ml Sahne
3 Eier
80 g Speckwürfel, durchwachsen
Butter
Salz, Pfeffer, Muskat

Die rohen Kartoffeln fein reiben, die gekochten zu Brei stampfen, beides mit Sahne, Ei und Speckwürfeln vermengen und mit Salz, Pfeffer und Muskat abschmecken. Das Ganze in einer eingefetteten Kastenform bei 200 Grad 45 Minuten backen, abkühlen lassen und stürzen. Potthucke in Scheiben schneiden, in Butter beidseitig knusprig anbraten und mit Salat servieren.

Arnold Küsters

Trio Grillage

»Heute allein?« Die junge Bedienung blieb an meinem Tisch stehen und lächelte.

Ihre Frage gehörte ebenso zum Ritual wie meine Antwort.

»Die Damen sind unterwegs.« Ich sah, wie an jedem ersten Freitagnachmittag im Monat, auf meine Uhr. Auch die fünfminütige Verspätung der »Mädels« war seit Jahren Tradition.

»Wie immer?« Die Blondine mit dem kecken Pferdeschwanz deutete mit ihrem Bleistift auf das Kuchenbuffet.

»Wie immer.« Um in unserem kleinen Kammerspiel nicht aus der Rolle zu fallen, strich ich regiegerecht etwas ungehalten über die Tischdecke. Schließlich kamen wir seit mehr als zehn Jahren ins Bauernhofcafé »Alt Bruch« im niederrheinischen Nettetal und sahen uns längst als Stammgäste.

Die Bedienung nickte zufrieden, notierte etwas Kryptisches auf ihrem Block und ließ mich zurück.

Eigentlich waren wir vier. Aber das wusste außer uns niemand, auch die Polizei nicht. Aus der Zeit damals gibt es nur ein einziges Foto von uns allen. Schwarz-weiß. Das Datum: 15. April 1971. Richtig, das war die Eröffnung der Diskothek von Günter Netzer. *Lovers' Lane*, Waldhausener Straße. Heute würden die jungen Leute sagen:

der coolste Laden in der Altstadt von Mönchengladbach. Schwarze Fassade, auch innen alles schwarz, sogar die Decke. Vorne Günter, Berti Vogts und Wolfgang Overath; wir vier sind im Hintergrund zu erkennen. Die Haare hochgesteckt, enge Blusen mit großem Kragen, Strickpullunder, Kunststofffasern, pflegeleicht. Ganz chic, eigentlich.

»Hübsche Bluse.« Die Kellnerin verzog anerkennend die Mundwinkel. »Ihr Kännchen.«

»Danke.« Ich lehnte mich ein wenig zurück, damit sie servieren konnte.

Die junge Frau gehörte zur großen Familie der Café-Betreiberinnen. Sie jobbte als Bedienung, um ihr Bafög aufzubessern. So viel wusste ich. Sie musste so alt sein wie wir in jenen Tagen. Ein hübsches Ding, das unbekümmert und selbstbewusst durchs Leben ging. Wie einfach es die Frauen heute haben. Ich goss mir ein, nahm Süßstoff und Milch und warf einen Blick auf die historischen Kaffeekannen, die zur Dekoration ausgestellt waren.

Für damalige Verhältnisse waren wir wilde Mädels: Doris, Käthe, Marlene, und ich, Bärbel. Schon im Kommunionsunterricht sind wir aufgefallen, weil wir immer aus der Reihe tanzten. Später einmal wollten wir auf keinen Fall Hüfthalter tragen wie unsere Mütter. Was wir ebenfalls nicht wollten: als Sekretärinnen mit Stenoblock im Finanzamt oder im Büro einer Maschinenfabrik auf den Märchenprinzen warten. Wir wollten die Rolling Stones sehen. Wir wollten auf die Carnaby Street. Wir wollten sein wie Marianne Faithfull.

Was Männer betrifft, hatten wir unsere eigene Meinung. Männer! Im besten Fall waren das die großen Brüder in Röhrenjeans, die leidlich wohlwollend auf ihre Schwestern herabsahen. Im schlimmsten Fall waren es die, die Frau und Kind verprügelten, wenn sie samstagabends aus der Kneipe oder sonntags nach dem Hochamt angetrunken vom Frühschoppen kamen.

Ich glaube, es war Doris, die davon angefangen hat. Was die können, können wir auch. Rein in die Bank und raus mit dem Zaster. Wie die Uzi-Bande. Die war regelrecht berühmt, damals. Wir haben Doris für verrückt erklärt. Zunächst.

Jedenfalls, im April 1971, als das Foto aufgenommen wurde, waren wir schon vier Monate im Ruhestand. Alles in allem hatten wir in unserer aktiven Zeit rund zwei Millionen Mark kassiert. Auf heute umgerechnet fast eine Million Euro. 644 000 Mark waren es allein im Dezember 1970, bei der Sache in der Volksbank Aldekerk! In karierten Kissenbezügen! Es hätten gut 130 000 Mark mehr sein können, aber Käthe hatte in der Aufregung einen Geldschrank übersehen.

18. Dezember. Käthe hatte das Datum ausgesucht, weil an dem Tag Keith Richards Geburtstag hat. Käthe! Wir waren bei der Aktion fünf Minuten hinter unserem Zeitplan, weil Käthe in der Aufregung den Abzweig zur Bank nicht hatte finden können. Der Überfall selbst hat nur drei Minuten gedauert. Freitag, 15.45 Uhr, rein und, zack, durch den Hinterausgang wieder raus. Die Polizei ist uns nicht auf die Spur gekommen. Obwohl die Herren Kommissare in ihren Popelinemänteln und Nyltesthemden – bei dem Gedanken kribbelt es immer noch – ganz nahe dran waren. Ganz nahe.

Ich trank vorsichtig einen Schluck und sah erneut auf die Uhr. Es waren insgesamt sieben Banken gewesen. In der ersten, eine kleine Commerzbank in Aachen, hatte Käthe dem Kassierer einen Zettel über den Tresen geschoben, auf dem stand: »Nur Scheine.« Was wir nicht wussten: Käthe hatte den Zettel von einem Block gerissen, auf den sie zuvor ein Kuchenrezept ihres Großvaters notiert hatte! Der war Bäcker. Ihre kräftige Handschrift hatte sich bis auf die Seite durchgedrückt, mit der sie den Mann von der Bank davon überzeugen konnte, uns den Inhalt der Kasse ohne Quittung auszuhändigen. Die Kripo hat den unsichtbaren Text mit ein wenig Graphit lesbar gemacht. In der Aachener Volkszeitung stand dann was von der »Grillage-Bande«. Käthe entschuldigt sich heute noch für diesen Patzer.

Wir waren für jede Bank perfekt angezogen: mit dicken Wollschals und Sonnenbrillen, mit den Anzügen unserer Väter, die wir in den Kleiderschränken auf den Speichern unserer Eltern gefunden haben. »Mottenpulver-Ganoven« hätte eher gepasst. Ich habe den Geruch heute noch in der Nase.

Das Wetter in jenem Dezember 1970 war auf unserer Seite. »Eiskalt wie wir«, hat Käthe Jahre später bei unserem ersten Gedächtnis-Kaffeeklatsch so treffend formuliert.

Nach den Überfällen haben wir uns jedes Mal im Opel Kapitän umgezogen, den Doris sich hin und wieder von ihrem Patenonkel ausleihen durfte. Auch wenn wir jedes Mal Blut und Wasser geschwitzt haben, Straßensperren waren in Frauenkleidern und mit kessem Blick kein Problem. Und da Doris nie mit in den Banken war, existierte die »Grillage-Bande« für die Polizei sowieso nur als Trio.

Wir waren gegen Gewalt. Gefallen ist immer nur ein Schuss, immer in die Decke. Um die Angestellten zu warnen. Die Pistole hatte ebenfalls Doris besorgt. Sie war damals für kurze Zeit mit einem Mann aus Venlo zusammen. Der Holländer war bei uns in Breyell in einer kleinen Möbelfabrik beschäftigt und ging stets in Holzpantinen zur Arbeit. Ein lebenslustiger Kerl. Dieser Henk van Maanen hatte die alte Militärpistole, warum auch immer, in Lüttich auf dem Flohmarkt gekauft. Und als zwischen Doris und ihm Schluss war, hat er die Pistole im Nachttisch in ihrem Zimmer vergessen. Sie hat sich von Henk getrennt, weil er sie mit einer Frau aus Venlo betrogen haben soll. Das wurde damals im Dorf erzählt.

Van Maanen ist dann Jahre später noch einmal aufgetaucht. Man hat ihn Mitte der Siebziger, vollgepumpt mit Heroin, tot aus einer Gracht in Amsterdam gezogen. Seine Schwester hat sich nach der Beerdigung bei mir gemeldet. Wir haben uns in Roermond getroffen und über die alten Zeiten gesprochen. Bei der Verabschiedung drückte sie mir ein Päckchen in die Hand. Sie habe sich nicht getraut, darin zu lesen, aber, weil die Briefe nicht verloren gehen sollten, sie Doris nicht mochte und Henk immer nett von mir gesprochen hätte, wollte sie mir die Erinnerung an den Bruder anvertrauen. Auch Henks Tagebuch. In ihrer Trauer eine liebenswert hilflose Geste. Ich fühlte mich völlig überrumpelt und habe das Päckchen nicht aufgeschnürt. Man soll die Toten ruhen lassen. Wir haben alle so gedacht. Wir wollten nicht erinnert werden.

Doris ist kurz nach der Trennung von Henk gestorben. Sie war noch so jung! Schreckliche Geschichte.

»Wie immer die Erste!«

Ich fuhr herum. Auch wenn ich wusste, dass Käthe und Marlene in dieser Sekunde auftauchen würden, geriet ich wie immer in Panik.

»Muss das sein?« Ich rang nach Atem und spürte, wie mir der Schweiß ausbrach.

Die beiden warfen einen unternehmungslustigen Blick auf das Kuchenbuffet, bevor sie sich setzten.

»Neue Bluse?« Käthe zupfte ihr Halstuch zurecht und sah mich auffordernd an.

»Schnäppchen.« Ich verkniff es mir, den Namen der Boutique zu nennen, in der ich das Teil erstanden hatte.

Käthe wäre spätestens morgen dorthin gegangen, um nach dem Preis zu fragen – und sich das Gleiche zu kaufen.

Marlene beugte sich verschwörerisch vor. »Fünf Minuten bis zum Überfall. Wie immer.«

»Jetzt muss nur noch die Grillagetorte überzeugen.« Käthe musterte die übrigen Gäste im Café. Die meisten waren in unserem Alter, wenige Männer.

Marlene kicherte aufgedreht. »Das wird sie. Das wird sie.«

Bei der Eröffnung des *Alt Bruch* hatte Käthe den Inhaberinnen nämlich das Rezept ihres Großvaters vermacht. Um ihn in dankbarer Erinnerung zu behalten, wie sie sagte. Die Eistorte wurde der absolute Renner und eines der Markenzeichen des Cafés.

»Ich freue mich jedes Mal wie Bolle auf die Torte«, fuhr sie fort. »Ich könnte mich glatt reinsetzen. Ist das nicht verrückt? Nach all den Jahren.« Marlene sah an sich herab und strich liebevoll über ihren Bauch, der sich deutlich über ihrem verwaschenen Jeansrock abzeichnete. »Gibt es schöneres Hüftgold? Pure Sahne, feinstes Baiser, zarte und auch grobe Schokoladensplitter und knackige Nüsse. Die Männer wissen gar nicht, was sie mit mir verpassen.«

Ich musste mich beherrschen. Als wenn Marlene noch Chancen hätte! Von Sex ganz zu schweigen. Als junge Frau war sie beneidenswert schlank wie eine Tanne gewesen, heute glich sie eher einer stämmigen niederrheinischen Kopfweide. Sie trug garantiert Hüfthalter! Und mit ihren absichtlich nachlässig aufgetürmten Haaren sah sie aus wie eine schlechte Kopie von Brigitte Bardot. Na ja, wohl zu viele Männer, zu viele Likörchen.

Käthe verdrehte vielsagend die Augen und wandte sich an mich. »Sag du mir lieber, wie es deiner Mutter geht.«

»Ich hatte kürzlich ein langes Gespräch mit der Heimleiterin. Sie sorgt sich, weil Mama Anzeichen einer fortschreitenden Demenz zeigt. Seit Mutter weiß, dass ich das Haus ausräume, scheint mir, dass sie tatsächlich immer abwesender ist.«

»Glücklich ist, wer vergisst«, trällerte Marlene mit albern verstellter Stimme.

Am besten, ich ignorierte sie einfach.

In das Schweigen hinein platzierte die Bedienung ein großes Tablett.

»So, die Damen.« Routiniert servierte sie den Kaffee und drei große Stücke Grillagetorte. Sie nickte uns ob der zu bewältigenden Aufgabe aufmunternd zu, bevor sie geschäftig zum nächsten Tisch ging.

»Unglaublich.« Marlene blickte auf das riesige Tortenstück, das vor ihr stand, und klatschte übertrieben fröhlich in die Hände. »Kinder, es wäre eine Sünde, auch nur einen Bissen zurückgehen zu lassen. Himmlisch. Himm-lisch!«

Seit Jahren immer dieser Satz. Der gleiche Wortlaut, Monat für Monat. Als sähe sie zum ersten Mal eine Eistorte.

»Auf Opa Jakob!« Käthe hatte ihre Gabel bereits tief in das Grillagestück versenkt. »Das Haus ist verkauft?«

»Nächste Woche ist der Termin beim Notar.« Ich fuhr mit der Gabel am Rand der eisigen Kaloriengranate entlang, dort, wo sie schon halbwegs weich war.

»Tut mir leid wegen deiner Mutter«, sagte Käthe, schob sich ein Stück von der Tortenspitze in den Mund und schloss die Augen. »Hmm.«

»Wisst ihr noch, in Aldekerk, wie der Typ hinter dem Schalter geguckt hat, als über ihm die Kugel einschlug? Der hatte bestimmt die Hose nass.«

Marlene eröffnete unsere Zusammenkunft jedes Mal mit diesem Satz und mit demselben verschwörerischen Unterton.

»Pass auf, sonst hängst du gleich mit deiner Strickjacke in der Sahne.« Ich deutete mit der Gabel auf ihre grobmaschige Jacke, selbstgestrickt, Lochmuster, weite Ärmel. Marlenes Geschmack wurde wirklich immer abenteuerlicher.

»Ich denke, wir sollten die alten Geschichten endlich begraben. Das ist doch alles schon dreiundvierzig Jahre her.«

»Meine Güte, dreiundvierzig Jahre.« Marlene setzte sich aufrecht hin. Als könne sie allein damit ein paar Jahre wettmachen. »Die fünfundvierzig sollten wir aber noch voll machen. Große Fete«, meinte sie zwischen zwei Bissen. »Wir eröffnen dann in Aldekerk ein gemeinsames Konto, genau am 18. Dezember. Für unsere Alten-WG. Das hätte Stil.«

»Dazu ist es zu spät. Ich habe andere Pläne.« Ich goss mir Kaffee nach und fixierte Käthe, die selbstvergessen kaute und dabei aus dem Fenster sah. »Gehst du noch zum Seniorensport?«

Käthe schien tief in Gedanken versunken.

»Ob du noch zum Seniorenturnen gehst, zu E-dith turnen!«, wiederholte ich. Marlene sah mich kopfschüttelnd an. »Jetzt hört sie auch schon schlecht.«

»Was?« Käthe bemerkte, dass die Unterhaltung an ihr vorbeigegangen war. »Edith? Ja, klar. Sieht man das nicht?« Sie rückte ihre Sonnenbrille zurecht, die sie sich lässig ins Haar geschoben hatte.

In der Tat. Käthe war immer noch schlank. Sie trug heute einen Spencer aus rot glänzendem Leder, dazu Leggins mit aufgedrucktem Schlangenhautmuster und ein giftgrünes T-Shirt. Wo nahm sie bloß den Mut her?

»Ich walke einmal die Woche. Ist gut gegen Osteoporose.« Marlene wartete auf meinen Beifall.

Ich tat ihr den Gefallen und nickte anerkennend.

»Schließlich dürfen wir mit unserer Tradition nicht brechen, nur weil wir älter werden, nicht wahr?« Marlene stieß Käthe auffordernd in die Seite.

»Na ja, einmal muss doch Schluss sein«, meinte diese.

»Musst du grad sagen. Hast du heute schlechte Laune? Ich habe mich jedenfalls auf euch gefreut.« Marlene sah sich beleidigt nach der Kellnerin um. Sie hatte keinen Kaffee mehr.

Käthe atmete einmal tief ein und aus. »Darum geht es doch gar nicht.«

»Wir haben einander versprochen, dass wir zusammenbleiben. Egal, was passiert«, maulte Marlene.

»Das Leben verändert sich nun mal im Lauf der Zeit«, entgegnete Käthe.

»Das stimmt«, warf ich ein und schob meinen Kuchenteller ein Stück von mir weg. »Nichts ist mehr wie früher. Schon lange nicht. Schon seit Doris tot ist.«

Marlene schien nicht zu begreifen, worauf ich hinauswollte. »Unsere Doris. Ich sehe sie noch, mit ihrem dunklen Bob. Sie hat ausgesehen wie ein Spatz, und doch hatte sie es faustdick hinter den Ohren.«

»Doris ist seit vierzig Jahren tot«, zischte Käthe.

»Was ist denn mit dir los? Hast du deine Tage? Ach, nee, ist ja vorbei.« Marlene stieß Käthe erneut in die Seite. »Lach doch mal. War 'n Witz. Du bist doch sonst nicht so.«

»Mir ist heute einfach nicht nach Grillage.« Käthe legte ihre Gabel zur Seite und nahm mich ins Visier. »Du bist heute so komisch.«

»Bärbel ist nicht komisch. Wir hätten Doris nicht erwähnen sollen. Schlimm, schlimm, damals.« Statt es dabei zu belassen, sprach Marlene weiter. »Stirbt. Einfach so.«

»Du weißt ganz genau, dass sie nicht einfach ›so‹ gestorben ist.« Käthe verdrehte genervt die Augen. »Doris ist nicht rechtzeitig ins Krankenhaus gekommen, weil ihr versoffener Vater nicht mehr Auto fahren konnte.« Sie legte ihre Hand auf Marlenes Unterarm. »Erzähl doch noch mal, was hat der Schupo damals an der Straßensperre zu dir gesagt? Du könntest ihm gefährlich werden mit deinem Aussehen?« Käthe lachte. Eine Spur zu laut.

»Alle zufrieden?« Die Bedienung stand plötzlich an unserem Tisch. »Kann ich Ihnen noch etwas bringen?«

Ich nickte. »Drei Mal Kännchen. Und Ihren Aufgesetzten.«

Käthe hob eine Augenbraue und wirkte erleichtert. »Gute Idee. Ich glaube, den können wir gebrauchen. Wir scheinen heute alle etwas angespannt.« Sie blickte aufmunternd in die Runde. »Und? Wie war eure Woche?«

Marlene kratzte genießerisch die letzten Reste von ihrem Teller. »Ich war bei der Fußpflege und beim Frisör. Außerdem war ich mit Hans in Köln. Wir mussten einfach mal raus.«

Marlene war als Einzige von uns verheiratet. Hans hatte einen großen Hof mit in die Ehe gebracht, und die Geschäfte liefen gut.

»Ich müsste längst mal wieder zum Frisör«, seufzte Käthe, »aber mein Garten lässt mir kaum Zeit zum Durchatmen.«

Käthe hatte sich von der Beute ein riesiges Grundstück mit Bungalow gekauft. Viel zu groß für eine Person. Aber sie hatte nicht auf uns hören wollen.

»Dann nimm dir doch einen Gärtner. Einen jungen mit Muskeln und viel Zeit.«

Ich konnte sehen, wie Käthe rot wurde.

»Kannst du immer nur an das eine denken?«

»Wenn mit Hans schon nix mehr läuft, will ich wenigstens daran denken.« Marlene zog eine Flunsch, aber sie konnte ihren traurigen Blick nicht ganz verbergen.

»Was machst du eigentlich mit dem ganzen Hausrat?« Käthe drehte sich zu mir, während sie an ihrem Stück Grillage herumpickte.

»Schmeckt's dir nicht?«, fragte ich sie. »Keine Sorge, nur beste Zutaten. Da ist nur drin, was auch drin sein soll.«

»Was meinst du damit?«

Ich überhörte ihre Frage, sollte sie ruhig darüber nachdenken. »Das meiste gebe ich an den Volksverein. Was soll ich mit dem Kram? Ist nicht viel wert, und mir bedeuten die Sachen nichts. Außerdem habe ich alles, was ich brauche.«

»Nur keinen Mann.«

Marlene schien ihr Thema für diesen Nachmittag gefunden zu haben.

Ich ignorierte ihren provozierenden Unterton.

»Du willst wirklich nichts aufheben?«, fragte Käthe erstaunt. Im Gegensatz zu mir umgab sie sich gerne mit Erinnerungsstücken aus ihrem und dem Leben anderer Menschen.

»Du weißt, dass mir das alles nicht viel bedeutet. Ich empfinde die Vergangenheit nur als Last.«

Kein Wunder. Meine Eltern haben sich nie besonders viel um mich gekümmert. Ich war ein »Ausrutscher« gewesen, den beide mit einer langen und nicht sehr glücklichen Ehe hatten bezahlen müssen. Woran sollte ich mich also erinnern wollen? Ich habe einmal versucht, mit meiner Mutter darüber zu reden. Da war Vater schon tot. Aber sie hat so getan, als wisse sie nicht, wovon ich spreche. Ich habe es nie wieder versucht.

Manchmal wünsche ich mir fast, dass es bald mit ihr zu Ende ginge. Vieles von dem Geld aus den Bankrauben war für die Pflege meines Vaters draufgegangen. Den Rest würde ich für meine Mutter aufwenden müssen. So viel war klar: Kinder entkommen ihren Eltern nie.

»Woran denkst du? Du siehst so traurig aus.« Marlene sah mich besorgt an.

»Ach, nichts.« Ich schob meinen leeren Teller zur Seite.

Wenn ich zurückdenke, dann waren die Siebziger die schönsten Jahre meines Lebens. Wir drei haben damals keine Party ausgelassen, haben wochenlang die Hippie-Szene auf Ibiza unsicher gemacht, um nach der Rückkehr umso länger mit dem Kater des Dorfalltags zu kämpfen.

Männer hat es damals schon gegeben. Aber sie waren meist bekifft oder besoffen, hatten keine Lust auf eine feste Beziehung. Später dann haben die Männer einen Bogen um mich gemacht. Vielleicht, weil sie meine Unrast gespürt haben. Und weil mir am Ende keiner gut genug war.

Das Café war jetzt erfüllt vom gleichförmigen Summen aus verschiedenen Stimmen und Stimmungen. Auf vielen der Tische standen Teller mit Grillagetorte. Dazu Streuselkuchen mit Kirschen, ab und an auch Stachelbeerbaiser. Und immer Stücke, aus denen man in anderen Konditoreien leicht zwei machen würde. Die Gäste kamen dementsprechend gerne. Viele auch aus dem nahen Holland.

»Etwas nicht in Ordnung? Sie sehen so aus, als müssten Sie sich beschweren«, meinte die Kellnerin, als sie Gläser mit dem dunklen süßen Likör vor uns absetzte.

»Alles in Ordnung. Die Grillagetorte ist fantastisch wie immer.« Käthe winkte stellvertretend für uns ab.

»Ich hole Ihnen gerne die Chefin.«

»Nicht nötig. Wirklich. Wir sind rundum zufrieden.«

»Frische Luft vielleicht? Soll ich ein Fenster öffnen?«

»Danke, es ist alles gut.« Marlene strahlte sie an.

»Na, ob ich das glauben soll?«, neckte die Blonde und blieb noch einen Augenblick stehen, bevor sie von einer Frau mit Pudel an einen anderen Tisch gerufen wurde.

Wir nippten an unseren Gläsern und schwiegen. Käthe

beobachtete das Treiben im Café und spielte an ihrer Brille herum. Marlene zupfte Flusen von ihrer Strickjacke, die sie in der Hand zusammendrehte. Und ich war froh, dass der Nachmittag bald vorbei sein würde.

Schließlich räusperte Marlene sich. »Immer wenn ich Grillage esse, muss ich an Doris denken. Stirbt so einfach an Magenbluten.«

Das war mein Stichwort. Wenn nicht jetzt, dann nie. Ich öffnete meine Handtasche und zog ein Bündel Briefe hervor und warf es auf den Tisch. Das rote Band, das sie zusammenhielt, sah aus wie eingetrocknetes Blut.

Käthe mochte das Gleiche gedacht haben. Sie wurde bleich. »Was ist das?«

»Ich habe sie beim Ausräumen auf dem Dachboden gefunden. Ich hatte sie schon ganz vergessen.« Mein Herz raste.

»Liebesbriefe?« Marlene hob neugierig eine Ecke des staubigen Bündels an. Sie schien immer noch nicht zu begreifen.

»Sie steckten in dem Päckchen, das Henks Schwester mir gegeben hat. Zusammen mit seinem Tagebuch.«

Käthe rutschte mit ihrem Stuhl ein Stück zurück, so als ginge von dem Päckchen eine glühende Hitze aus. »Was soll das denn?«

Ich wandte mich an Marlene. »Lenchen, du hast recht. Es sind Liebesbriefe. Briefe, die ich an Henk geschrieben habe.«

»Du?«, kam es gleichzeitig aus Käthes und Marlenes Mund.

»Ja, ich.« Ich legte meine Hände schützend über das Bündel. »Ich habe Henk geliebt. Aber Doris hat ihn mir weggeschnappt. Unsere liebe kleine Doris. Dieses Biest.«

»Warum erzählst du uns das? Lass doch die alten Kamellen. Komm, wir trinken noch ein Likörchen. Und dann lass uns zahlen. Es ist spät geworden.« Marlene war wie immer um Ausgleich bemüht. Sie würde auf ewig die naive dumme Marlene bleiben. Marlene mit dem dicken Bauern Hans.

»Nein. Warte. Ich bin gespannt, was sie uns sonst noch erzählen will«, fuhr ihr Käthe unwirsch über den Mund.

»Genau das. Du warst doch auch scharf auf Henk. Soll ich vorlesen, was er über dich notiert hat?«

Nun verlor auch Marlene ihre Gesichtsfarbe. »Was hat das mit dem Tod von Doris zu tun?«

»Sag's ihr, Käthe. Na, los.« Ich griff in meine Handtasche und warf Henks Tagebuch zu den Briefen.

Käthe sprang auf, dabei stieß sie gegen den Tisch, dass das Geschirr klirrte. »Ich weiß nicht … ich … ich ….«

»Siehst du, Lenchen, das kommt davon, wenn man plötzlich mit seiner Vergangenheit konfrontiert wird.« Der Ton in meiner Stimme wurde schärfer. »Sprich's endlich aus, Käthe. Sie wird es ohnehin erfahren.«

Marlenes weit aufgerissene Augen irrten entsetzt zwischen uns hin und her.

Käthe zeigte mit dem Finger auf mich. »Ich habe Bärbel damals mit Henk in Venlo gesehen. Knutschend. Ich habe Bärbel zur Rede gestellt. Daraufhin hat sie mir Geld gegeben, viel Geld, damit ich Doris nichts erzähle.«

»Dann stimmte das Gerücht also, dass Henk Doris mit einer anderen betrogen hat.« Marlene sah mich ungläubig an. Allmählich begann sie eins und eins zusammenzuzählen.

»Ja, das war ich. Und ich wollte, dass Henk mir gehört. Mir allein. Doris ist ihm aber schon wenige Tage, nachdem sie Schluss gemacht hatte, wieder hinterhergerannt. Hat ihm schmalztriefende Briefe geschrieben, jeden Tag. Sie musste einfach verschwinden.«

»Du hast sie? Nein, das glaube ich jetzt nicht.« Marlene presste die Hand vor den Mund.

»Erinnert ihr euch an Doris' Namenstag? Ich hatte ihr zwei Stück Grillagetorte mitgebracht. Eiskalt und mit vielen feinen Splittern. Aus Eis und Schokolade. Und aus Glas. Ja, es waren Glassplitter drin. Die hat sie beim Essen nicht gespürt. Aber danach hat sie sich zwei Tage lang gequält, bis es zu spät war ... Ein plötzliches Magengeschwür. Durch Vater und Onkel erblich vorbelastet. Hat der Hausarzt bestätigt, der ihren Tod feststellte. Auf die Grillagetorte ist niemand gekommen.«

»Du hast Doris umgebracht!« Käthes hysterisches Kreischen durchschnitt die Stille, die mittlerweile über dem Raum lag. »Du hast Doris umgebracht!«

»Sie war mir im Weg.« Dieser Satz fiel mir nicht schwer. Im Gegenteil. Es war ebenso erleichternd wie das Ausräumen meines Elternhauses.

»Du hättest auch mich umgebracht?« Käthe musste sich an der Tischkante festhalten. Dabei hatte sie ihre Briefe an Henk nie abgeschickt.

»Nein, Käthchen. Henk hatte mich schon verlassen, als du etwas mit ihm hattest. Ich habe ihn geliebt. Aber ich habe ihn nicht halten können. Du warst keine Gefahr für mich. Ganz im Gegenteil, liebe Käthe, du warst damals in meinem Elend wie eine Schwester für mich.«

»Und jetzt?« Marlene hatte ihre Hand vom Mund genommen und war aufgestanden.

»Jetzt habe ich eine Verabredung mit den beiden Herren dort.« Ich deutete auf die beiden Kriminalbeamten, die bislang unbeachtet an einem Nebentisch gesessen hatten.

Sie nickten ernst, traten näher und nahmen mich in ihre Mitte.

Grillagetorte

¾ Pfund Butter
1 Ei ¼ Std. rühren
4 Eidotter
190 Gramm Puderzucker
¾ Pfund Mehl dann hinzu
3 Teile / 3 Böden
4 Eischnee, 3 Teile / jedes Mal auf einen Boden etwas
300 Gramm Zucker
¼ Pfund Mandeln mischen, auch in 3 Teilen
1 Zitronengelb
½ Pfund Schokolade raspeln
½ Liter Sahne zum Verzieren zwischen die Böden streichen
1 Päckchen Vanille
¼ Pfund Zucker

Das Rezept wurde vermutlich von meinem Großvater mütterlicherseits, Jakob Borsch, in die Kladde notiert, die ich im Nachlass meiner Eltern gefunden habe. Er war Bäcker. Meine 89 Jahre alte Tante Mia Leven, die Schwester meines Vaters, verheiratet mit einem Bäcker, war so freundlich, die handschriftliche Aufzeichnung für mich zu »entziffern«.

Ich glaube, dass man, nach meiner Einschätzung, Folgendes beachten muss, um dieses Originalrezept tatsächlich nutzen zu können:

Aus Butter, Ei, Zucker und Mehl werden drei Böden hergestellt. Der Eischnee wird auf die Böden verteilt. Aus Zucker, Mandeln, Zitronengelb (geriebene Zitronenschale), Schokolade und Sahne (samt Vanille und Zucker) wird eine Masse hergestellt, die zwischen die Böden gestrichen wird. Ein Teil Sahne wird benutzt, um die Torte zu »ummanteln«. Anschließend wird die Grillagetorte ins Eisfach gestellt und eingefroren.

Besonders lecker schmeckt die Torte, wenn sie schon etwas angetaut ist.

In meiner Mönchengladbacher Küche, im Mai 2013

OSTEN

Norbert Horst

Die Gebetsküche

Seit ich mich erinnern kann, waren Piroggen bei uns zu Hause auf Usedom etwas ganz Besonderes.

Sie dufteten immer so herrlich. Schon während der Teig und die Füllung zubereitet wurden, und erst recht, wenn man sie aus dem brodelnden Wasser hob. Und weil man Piroggen mit ganz verschiedenen Sachen füllen kann, war der Duft immer ganz verschieden. Meistens wurden sie mit einer Mischung aus Kartoffeln, Quark und Kräutern gefüllt. Die Kartoffeln zogen wir im Garten hinterm Haus, und ein riesiges Kräuterbeet gab es da auch, aber mit dem Quark war es oft schwierig. Den holten wir bei einem Bekannten in der Mellenthiner Heide, der manchmal ein paar Becher aus der LPG abzweigen konnte. Ab und zu füllten wir die Piroggen mit Fleisch, wenn es welches zu kaufen gab, oder mit allerlei Gemüse. Und im Herbst wurden auch mal solche mit Obst zubereitet, das duftete dann wieder ganz anders, weil die süß waren.

Aber das wirklich Besondere an den Piroggen war die Stimmung im Haus, wenn sie zubereitet wurden. Meistens zog sich das über zwei Tage, denn Tante Antje stellte immer ganze Berge her, nicht nur, um mehrere Tage davon essen zu können, sondern weil sie auch viele verteilte.

Zuerst wurde der Teig gemacht, das dauerte schon seine

Zeit. Tante Antje rührte ihn immer in einer riesigen Schüssel und ließ ihn dann eine ganze Weile stehen. In der Zwischenzeit bereiteten die Frauen die Füllung vor. Das heißt, schnippeln und rühren und reiben durften auch Tante Grete und Frau Knecht, aber würzen und schmecken, ob es gut war, das durfte nur Tante Antje. Wenn der Teig sich dann endlich gut anfühlte, rollte sie dicke Teigwürste daraus und schnitt sie in Scheiben. Die Teigtaler knetete sie zu etwas Rundem, das aber bei aller Sorgfalt noch ein wenig knubbelig aussah. Erst wenn Tante Antje alles mit einer alten, grünen Weinflasche ganz glatt und dünn gerollt hatte, kleckste eine der Frauen einen Löffel Füllung in die Mitte. Jetzt entstanden die Piroggen. Die Frauen klappten eine Teighälfte über die andere und drückten mit Daumen und Zeigefinger die Ränder zusammen, dass es aussah, als hätten die Piroggen Zähne. Der ganz besondere Geschmack, das sagte Tante Antje immer, der kam allerdings von der besonderen Mischung des brodelnden Wassers. Sie kennt sich nämlich mit Kräutern und anderen Pflanzen ziemlich gut aus, und die Piroggen wurden nicht einfach nur in Salzwasser gekocht, sondern es kamen verschiedene Salze und noch allerhand anderes grünes Zeugs mit ins Wasser.

Ja, Kräuter und Pflanzen, damit kennt Tante Antje sich aus. Manche nannten sie früher Kräuterhexe, aber natürlich nur im Spaß. Manchmal war sie den ganzen Tag im Wald oder auf den Wiesen und hat alles Mögliche gesucht, auch Wurzeln. Seit Jahren geht sie zum Sammeln meist Richtung Swinemünde, in den alten Grenzstreifen. Dort würde man noch ganz seltene Gewächse finden, die es woanders nicht mehr gibt, sagt sie.

Aus den Pflanzen presst sie den Saft heraus, mischt und kocht die verschiedenen Flüssigkeiten, und das ist dann Medizin für alles Mögliche. In Balm, da wo wir wohnen, wussten das früher viele Leute, und die kamen dann und holten sich was, wenn sie Husten hatten oder Bauchschmerzen. Einmal kam ein Mann, der hatte einen Marder auf dem Boden und hat sich auch eine Tinktur geholt. Ein paar Tage später hat er sich bedankt, weil es wohl geholfen hat. Ich hab das nicht ganz verstanden, warum er einem Marder Medizin gegeben hat, aber das war auch egal. Diesen Mann, den mochte Tante Antje, glaub ich, gern leiden, weil der von da an immer mal vorbeischaute, wenn irgendwas zu arbeiten war. Und als Tante Grete mal nicht da war und ich etwas früher aus der Schule nach Hause kam, kamen die beiden gerade aus Tante Antjes Schlafzimmer, da hat er ihr wohl irgendwas am Schrank repariert, hat sie gesagt.

Jedenfalls wurden die vorbereiteten Piroggen dann irgendwann gekocht, und da hat Tante Antje für den besonderen Geschmack auch jedes Mal viele Kräuter ins Kochwasser getan. Piroggenkochen ist eine Kunst, sagte sie immer, und wenn man ihr dabei zusah, konnte man ihr das glauben.

Und das alles zusammen, diese vielen verschiedenen Düfte, die Geräusche, wenn in den Schüsseln gerührt wurde, die Stimmen der drei Frauen, der Dampf vom Kräuterwasser, wenn es im Topf brodelte, und besonders diese Geschäftigkeit, die wie etwas Lebendiges, wie ein kleines Tier durch die Räume schwirrte, das machte diese besondere Stimmung aus. Am besten bekam man die an dem Ort mit, an dem ich früher immer gesessen habe. Das hört sich ein bisschen komisch an, aber mein Lieblingsort war unter dem Küchentisch. Am Anfang fand Tante Antje das nicht so gut und wollte nicht, dass ich mit meiner Puppe Klara immer da unten saß, aber dann hat sie sich dran gewöhnt. Und ich glaube, die Frauen haben auch irgendwann vergessen, dass ich immer da unten saß, weil eine Tischdecke auf dem Tisch war, die so ganz lang runterhing an den Seiten, dass man mich gar nicht sehen konnte. Die Decke hatte zwar ein Loch oben an der Tischkante, aber dadurch konnte man viel besser von innen als von außen gucken.

Ich war natürlich später nicht immer dabei, wenn Piroggen gemacht wurden. Ganz früher schon, weil ich nicht in den Kinderhort ging, aber hinterher eben nicht immer, weil ich ja manchmal auch zur Schule musste. Ich bin da aber nicht jeden Tag hingegangen, denn es war keine normale Schule, sondern so eine besondere. Irgendwann, als ich noch klein war, bin ich ins Achterwasser gefallen. Ich glaube, ich muss so zwei Jahre alt gewesen sein, Tante Antje erzählt immer, dass ich grad laufen konnte. Das Achterwasser ist ein großer See bei uns in Balm, der ganz in der Nähe von unserem Haus anfängt. Tief ist der eigentlich nicht, denn die Ostsee beginnt erst auf der anderen Seite der Insel, aber wenn man zwei Jahre alt ist und noch gar nicht schwimmen kann, reicht schon das Achterwasser aus, um zu ertrinken. Ertrunken bin ich nicht, jedenfalls nicht ganz, weil mich einer der Jungs aus der Nachbarschaft gefunden und rausgezogen hat. Aber ich habe eine Zeit lang keine Luft gekriegt damals, und darum ging ich halt in diese andere Schule. Von Zeit zu Zeit musste ich zu einem Arzt, bei dem ich untersucht wurde und so Sachen mit Bauklötzen machen musste, und der nannte das bei mir immer »deutlich entwicklungsverzögert«, aber ich wusste natürlich kein bisschen, was das bedeutete. Ich wusste nur, dass ich manche Sachen nicht so gut konnte wie andere Kinder. Rechnen zum Beispiel, das verstand ich überhaupt nicht, und wenn die Leute was erklärten, warum manche Dinge so sind, wie sie sind, das verstand ich auch oft nicht. Was ich aber gut konnte, war, mir zu merken, was die Leute gesagt haben. Ja, das kann ich richtig gut. Nur musste man das in so normalen Schulen eigentlich selten, höchstens, wenn man Gedichte aufsagt. Dafür muss man in diesen richtigen Schulen viel rechnen und Wörter richtig schreiben, und deshalb ging ich in die andere Schule. Aber manchmal hatte ich keine Lust, weil man da immer so komische Sachen machen musste, darum ließ Tante Antje mich manchmal einfach zu Hause, und ich konnte den ganzen Tag machen, was ich wollte.

Bei Tante Antje lebe ich übrigens, weil meine Mutter kurz nachdem ich damals ins Wasser gefallen war, mit dem Mann von Tante Antje in den Westen geflohen ist. Onkel Kurt fuhr ein Fischerboot oben in Peenemünde, damit ist er jeden Tag rausgefahren und hat Fische gefangen. Aber an einem Tag hat er es dann irgendwie geschafft, in den Westen zu kommen, und Mama hat er mitgenommen. Das ist schon unglaublich lange her, und eine Zeit lang haben wir gar nichts mehr von denen gehört, erst wieder, als Mama bei einem Autounfall ums Leben gekommen war drüben. Meinen Papa habe ich nie gekannt, der war schon weg, bevor ich geboren worden bin. Tja, darum lebe ich bei Tante Antje und Tante Grete im Haus, denn die beiden sind die Schwestern von Mama, und Tante Antje ist auch mein Vormund.

Die Frau, die immer zu uns kommt, ist Frau Knecht. Die wohnt ein paar Häuser weiter zum Achterwasser hin. Frau Knecht ist sehr christlich. Ich meine, Tante Antje und Tante Grete sind auch christlich, obwohl das in der DDR nicht so gern gesehen war. Manchmal beteten die beiden, aber nicht so wie Frau Knecht. Die hat schon immer ganz oft am Tag gebetet, und in ihrem Haus hingen auch überall Kreuze und standen so Figuren von Jesus und seiner Mutter herum. Woher ich das weiß? Als ich noch kleiner war und der Mann von Frau Knecht noch lebte, da war ich häufiger in deren Haus. Der Mann von Frau Knecht war nämlich sehr krank, der war sogar so krank, dass der nicht mehr aufstehen konnte und die ganze Zeit im Bett lag. Frau Knecht meinte, es würde ihm eine Freude machen, wenn ich ihm etwas vorsinge. Denn Singen, das war die zweite Sache, die ich gut konnte. Dabei kam mir natürlich zugute, dass ich mir Wörter gut merken konnte. Frau Knecht musste mir die Lieder nur ein Mal vorsingen, und schon konnte ich sie ihrem Mann vorsingen. Ich weiß gar nicht, ob dem mein Singen Freude gemacht hat, denn er hat immer nur an die Decke gestiert und sich auch sonst nicht bewegt. Ich glaube, der konnte auch gar nicht mehr allein essen und sich waschen und aufs Klo, das hat alles Frau Knecht gemacht, und das ist ihr natürlich furchtbar schwergefallen, weil sie auch nicht mehr so jung war, und so eine große Frau war sie auch nicht. Wissen tue ich das, weil die Frauen bei uns in der Küche immer zusammen gebetet haben. Sie saßen dann um den Küchentisch, ich darunter, und dann ging es oft so, dass Frau Knecht anfing und Tante Antje irgendwann darauf geantwortet hat und dann immer abwechselnd. Meistens haben sie für den Mann von Frau Knecht gebetet, weil es echt schwer für sie war, all die Jahre, und sie haben Gott immer um Hilfe und Kraft gebeten.

Aber einmal, an einem Tag, als ich wieder unterm Tisch saß, da war es ein bisschen anders, da ging das ungefähr so:

»Herr, wenn es dir in deiner großen Güte gefällt, mir diese Pflicht aufzuerlegen, dann will ich deinen Willen erfüllen, und mit aller Liebe, die du in mich pflanzt, will ich diesem Menschen deine Güte zeigen, die durch mich hindurchfließt, und wenn ich an manchen Tagen nicht die Kraft habe, Herr, dann sieh mir meine Schwäche nach, all diese Gedanken, für die ich mich schäme und vor denen ich manchmal erschrecke.«

»Ja, Herr, unser Gott, gib meiner Schwester im Glauben die Kraft, das durchzustehen, und sieh ihr die Gedanken nach, die sie so quälen, lass sie vor dir keine Geheimnisse haben, denn du siehst ohnehin auf den Grund ihres Herzens und ihrer Seele, gib ihr die Kraft, all das auszusprechen und sich davon zu befreien, denn vor dir, Herr, wissen wir uns in Gnade betrachtet.«

»Ach, diese Gedanken kommen immer häufiger, immer wenn mich die Kräfte verlassen, die körperlichen und die seelischen, und ich denke dann oft, was für eine Erlösung es wäre, wenn, ja, wenn es aufhören würde, aufhören für immer, wenn es vorbei wäre, und du weißt, Herr, dass ich in manchen schwachen Momenten in Gedanken noch einen Schritt weiter gehe …«

Dann war es eine Zeit lang still, bis Tante Antje weitermachte.

»Aber vielleicht, Herr, sind das gar nicht unsere Gedanken, vielleicht kommen sie ja von dir, und wir erkennen es nicht, weil wir blind und unwissend sind, denn es kommt doch alles von dir, Herr, und vielleicht willst du uns nur Mut machen, vielleicht sollen wir erkennen, dass du uns zu deinen Werkzeugen machen willst, vielleicht sollen wir die Erlöser sein …«

Dann waren die beiden Frauen wieder eine ganze Zeit still, und ich konnte durch das Loch sehen, dass sie sich lange angesehen haben. Und dann hat Tante Antje »Danke, Herr, für dieses Zeichen« gesagt.

Am nächsten Tag wurden wieder Piroggen gekocht, und weil wir August hatten und auch bei dem Mann von der LPG kein Quark zu kriegen war, gab es welche mit Obst. Die süßen mit Obst sind meine Lieblingspiroggen, denn Quark mag ich nicht so gern. Tante Antje hat dann wieder ganz viele verteilt, an die Nachbarn, an ihre alte Cousine, die in Heringsdorf wohnte, und natürlich hat auch Frau Knecht welche mitgenommen, aber das war jetzt etwas anders als sonst. Denn ich habe gesehen, dass Tante Antje drei von diesen Piroggen ein wenig zur Seite gelegt hat. Man konnte die gut erkennen, denn sie hatte mit einem Messer ein Kreuz in den Teig geritzt. Ich hab mich damals gefragt, warum, denn ich erzählte ja schon, dass es mir manchmal schwerfällt zu verstehen, warum manche Leute gewisse Dinge tun. Aber das mit dem Kreuz habe ich hinterher begriffen, glaub ich. Denn ich musste an dem Tag wieder bei dem kranken Mann von Frau Knecht singen und dieses Mal sogar besonders lange. Sechs Lieder musste ich singen, und alles so traurige, die ich sonst nicht gesungen habe. Dann hat Frau Knecht ihm von den Piroggen zu essen gegeben, auf die Tante Antje das Kreuz geritzt hatte, wir haben ganz lange bei Herrn Knecht gebetet, und dann sind wir nach Hause gegangen. Und ich glaube, die haben das Kreuz da draufgemacht, weil sie die Piroggen irgendwie segnen wollten, damit es ganz besondere waren, weil sie dem Mann doch helfen sollten.

Tja, aber es hat wohl alles nichts genützt, denn ein paar Tage später ist Herr Knecht gestorben. Das war natürlich am Anfang ziemlich traurig, aber ich hatte das Gefühl, dass es Frau Knecht hinterher sehr viel besser ging. Jedenfalls haben die Frauen beim Piroggenkochen jetzt viel öfter gelacht als früher.

Ja, und dann kam das mit der Grenze, also, dass es die DDR nicht mehr gab. Erst hat man das gar nicht gemerkt hier bei uns, höchstens dass mal andere Autos über die Insel fuhren und man Sachen kaufen konnte, die es früher selten gab. Quark zum Beispiel, den gab es jetzt immer.

Aber eines Tages stand ein Mann vor der Tür, den ich nicht kannte. Das war Onkel Kurt, der Mann von Tante

Antje, der ja jetzt aus dem Westen auch wieder herkommen konnte. Besonders freundlich sind die beiden nicht miteinander umgegangen, und der Onkel hat irgendwelche Papiere aus der Tasche gezogen. Ich habe von dem, was geredet wurde, nicht viel verstanden, aber es hörte sich so an, als ob wir aus diesem Haus rausmüssten, weil das schon immer der Familie von Onkel Kurt gehört hatte. Und das Papier, das er dabeihatte, das war wohl sehr wichtig in dem Zusammenhang. Als er wegging sagte er, er würde die nächsten Tage noch mal wiederkommen.

Tja, da war Tante Antje ein paar Tage gar nicht gut gelaunt, sie war sogar richtig wütend und verzweifelt und hat auch viel mit Frau Knecht gebetet und Gott um Rat gefragt. Irgendwann hat Frau Knecht gesagt, Gott habe ihr gesagt, Tante Antje solle doch mal in Ruhe mit Onkel Kurt sprechen und ihn vielleicht zum Essen einladen, denn er hätte doch früher auch so gerne Piroggen gegessen. Ich habe das nur zufällig gehört, weil ich ja jetzt schon älter war und nicht mehr immer unterm Küchentisch sitzen konnte, aber es war wieder so eine ganz besondere Stimmung. Die beiden Frauen haben sich wieder länger angesehen, und dann hat sich Tante Antje wieder für das Zeichen beim lieben Gott bedankt.

Am nächsten Tag haben die Frauen Piroggen gekocht, und weil ich jetzt auch schon öfter mitgekocht habe, wenn Tante Grete oder Frau Knecht nicht da waren, habe ich gesehen, dass Tante Antje auf einige wieder ein dünnes Kreuz geritzt hat. Und jetzt weiß ich auch, warum, denn das waren die, die sie mit einer ihrer Kräutertinkturen bepinselt hatte. Das war so eine klare Flüssigkeit, die sie in einer Flasche im Garten vergraben hatte. Manches von ihrem Kräuterzeug hat sie nämlich ganz eigenartig aufbewahrt, über einer Leine auf dem Boden oder im Keller im Dunkeln oder zwischen zwei Steinen. Dieses eben in einer Flasche in der Erde im Garten. Es muss jedenfalls was ganz Besonderes gewesen sein, weil es ja nur für die besonderen Piroggen war, das habe ich wirklich mal verstanden.

Am nächsten Tag kam Onkel Kurt dann zum Essen, und sie haben sich dabei über das Haus und das große Grundstück unterhalten, aber ich glaube, so ganz einer Meinung waren sie dabei nicht. Onkel Kurt hat zum Schluss irgendwas vom Gericht und Räumung gesagt und dass es nur noch ein paar Monate dauern würde, und dann ist er gefahren. Geschmeckt hat es ihm aber, da hatte Frau Knecht wohl recht, denn er hat ziemlich viele Piroggen verdrückt, auch die mit dem Kreuz. Vielleicht wollte Tante Antje ihm damit was besonders Gutes tun, damit er sich das mit dem Haus noch mal überlegt. Hat aber irgendwie nicht geklappt, denn er hat ja bis zum Schluss gesagt, dass wir rausmüssten aus dem Haus, und er hat das auch nicht freundlich gesagt.

Wir wohnen immer noch in dem Haus, denn Onkel Kurt hat man damals nur zwei Tage, nachdem er uns besucht hatte, in seiner Wohnung in Köln tot im Bett gefunden, und weil er keine anderen Verwandten hatte, war das mit dem Haus auch nicht mehr so ein Problem. Aber das alles ist jetzt schon Jahre her, und heute ist ein ganz besonderer Tag, denn es gibt einiges zu feiern. Erst mal bin ich letzte Woche einundzwanzig geworden, und das allein ist ja schon ein Grund. Und dann brauche ich in Zukunft keinen Vormund mehr, denn ich bin mittlerweile bei einem anderen Arzt in Behandlung, der hat gesagt, dass das mit meinem Kopf wieder ziemlich in Ordnung ist. Und ich glaube, das stimmt auch, denn ich habe sogar ein bisschen Rechnen und Lesen gelernt und arbeite bald in einem Hotel in Bansin auf der anderen Seite der Insel. Warum manche Dinge passieren, das versteh ich manchmal zwar immer noch nicht, aber ansonsten komme ich ziemlich gut klar. Das ist super, denn dann kann ich jetzt auch mal allein woanders wohnen, das wollte ich schon immer. Nicht dass ich meine beiden Tanten und Usedom nicht mögen würde, und erst mal bleibe ich auch hier, aber ich möchte doch so gern mal irgendwann in einer großen Stadt wohnen, in Leipzig vielleicht oder Hamburg.

Und weil heute so ein besonderer Tag ist, hab ich die Piroggen ganz allein gekocht, das wollte ich gern, weil es doch meine Feier ist und ich die anderen so ein bisschen bewirten wollte. Na ja, so ganz allein war es doch nicht, den Teig hat gestern schon Tante Antje gemacht, aber gefüllt und gekocht habe ich sie jetzt, während alle anderen in der Kirche sind. Das heißt, nur die Frauen sind in der Kirche, Onkel Georg ist beim Frühschoppen. Georg ist der Mann mit dem Marder auf dem Dachboden, der damals öfter bei Tante Antje war und der jetzt ganz oft kommt und manchmal auch hier schläft. Das ist so, seit die Sache mit dem Golfplatz anfing, der letztens eingeweiht worden ist. Irgendwann kam Onkel Georg mal wieder zu Tante Antje, und sie haben sich in der Küche sehr lange unterhalten. Ich habe das nur so mit einem halben Ohr hören können, aber damals sprachen sie irgendwie über Grundstücke und dass ein Golfplatz gebaut werden sollte, und Onkel Georg sagte irgendwas von seiner Frau. Ich hab dann noch gesehen, wie der Georg ein wenig von der Kräutertinktur mitgenommen hat, die im Garten vergraben war. Vielleicht wollte er auch mal ganz besondere Piroggen kochen.

In den Wochen und Monaten danach sind dann sehr viele Dinge passiert, die ich wieder nicht so richtig verstanden habe. Ist auch völlig egal, aber für uns war es richtig gut, denn nachdem vom Onkel Georg die Frau gestorben war, haben er und Tante Antje sich zusammengetan, und weil die Grundstücke aneinandergrenzten und genau dort der Golfplatz gebaut werden sollte, haben sie ganz oft mit den Leuten gesprochen, die den Golfplatz bauen wollten. Einmal sogar in unserem Haus, und dabei haben sie auch Piroggen gegessen, aber obwohl das ja ein besonderes Essen war, waren keine dabei, die besonders gewürzt wurden. Hinterher haben wir eine Menge Geld für das Land bekommen, und mit diesem Geld haben wir unser Haus richtig schön gemacht.

So, jetzt müssten sie gleich kommen, es ist auch fast schon alles fertig. Die Piroggen habe ich ziemlich gut hingekriegt, das wird Tante Antje freuen, dass ich mir das so gut abgeguckt habe bei ihr. Leider gibt es nur welche mit Quark, die ich nicht mag, weil ich zu viel Füllung gemacht habe und dann kein Teig mehr für die mit Obst übrig war. Ist aber auch egal, ich habe es ja für die anderen gekocht. Ich habe hinterher auch alle Piroggen mit der klaren Kräutertinktur aus dem Garten bestrichen, die Tante Antje immer für die ganz besonderen nimmt. Denn diese hier sind doch ohne Zweifel ganz besondere, so zur Feier des Tages, außerdem sind es die ersten, die ich ganz allein gemacht habe. Ich bin sicher, die werden ihnen richtig gut schmecken.

Piroggen

1 Pfund Mehl
1 Pfund Quark
einige Kartoffeln
1 Eigelb
2 Eiweiß
1 Brötchen
etwas Backpulver, Salz, Pfeffer und Schnittlauch

Der Teig
1 Tasse Wasser mit 2 Eiweiß, dem Mehl und einer Messerspitze Backpulver verkneten.

Die Füllung
Quark, Kartoffeln, Eigelb, Brötchen, Schnittlauch und Gewürze vermengen und gut durchkneten.

Aus dem Teig eine Rolle von ungefähr fünf Zentimetern Durchmesser formen und in fingerdicke Scheiben schneiden. Die Scheiben zu flachen Kreisen drücken und diese mit einem Nudelholz glatt rollen.

Einen Löffel Füllung auf eine Hälfte des Kreises geben, den Rand ringsherum mit dem Eiweiß bestreichen und den Kreis zu einem Halbmond zusammenklappen. Zum Schluss den Rand mit den Fingern festdrücken.

Im siedenden Wasser so lange garen, bis die Piroggen an die Wasseroberfläche steigen.

Ingrid Noll

Das Landei

Großstädter wissen meistens gar nicht, wie ekelhaft Geflügelkacke stinkt. Ich bin auf einem Hühnerhof aufgewachsen und kann ein Lied davon singen. Als diplomierte Geflügelwirtin hatte meine Mutter bereits vor den Protesten der Tierschützer mit der Käfighaltung Schluss gemacht, weswegen der Geruch bei uns nicht ganz so penetrant ausfiel. Aber auch unser frei laufendes Federvieh ging mir mit seinem ewigen Gackern, Scharren und den hinterlassenen Fäkalien ganz schön auf die Nerven. Einen krähenden Hahn hatten wir zum Glück schon längst nicht mehr, denn er hatte sich aggressiv gegen kleine Kinder verhalten, und wir machten kurzen Prozess. Schlimmer als der Gestank war für mich allerdings, dass jeden Sonntag eine betagte Legehenne auf unserem Esstisch landete.

An den Wochenenden gab es etwas Abwechslung in unserem tristen Alltag, denn dann fielen Großstädter wie die Heuschrecken bei uns ein, spazierten um den Dorfteich herum und wollten anschließend Naturalien kaufen. Meine Mutter spottete gern über die Ignoranz ihrer Kunden, die stets Eier mit brauner Schale verlangten. Aus ökologischen Prinzipien hielten sie nur diese für gesund und natürlich. Eigentlich schätzen wir Profis eher die legefreudigen Leghorns, die sowieso das gleiche Futter wie ihre Kollegen picken; die weiße Kalkfarbe ihrer Eier ist rein genetisch bedingt. Trotzdem ließen sich die Stadtmenschen nicht von ihrem Irrglauben abbringen, und bei uns tummelten sich nun hauptsächlich Welsumer und Barnevelder Rassen.

Wenn die Städter kamen, trugen meine Mutter und ich tief ausgeschnittene Dirndlkleider, die zwar in unserer Region nicht üblich sind, aber offensichtlich gut ankamen. Nachdem sie die Eierkartons in ihren Kofferraum verladen hatten, lümmelten sich die Herrschaften gern noch ein Weilchen auf der Gartenbank, tranken ein Bier, kauten mit langen Zähnen an mitgebrachten Stullen und warfen den geschäftigen Hühnern Brotbrocken zu. Sie fanden dieses Spektakel unerhört entspannend und effektiver als ein Wellness-Wochenende, Psychotherapie oder Yoga. Ich machte gute Miene zum bösen Spiel, denn so wie die Großstädter uns um unsere *heile Welt* beneideten, so hätte ich umgekehrt gern mit ihnen getauscht. Die jungen Männer aus dem Dorf, die mich umwarben, gefielen mir wenig.

Aber eines Tages kam einer aus Berlin, zog mich neben sich auf die Bank und meinte, ein so reizendes Mädel wie mich habe er bisher noch nie getroffen. »Absolut unverbildet. Frisch und schön wie ein junger Morgen«, sagte er. Was Wunder, dass ich schon bald seine dritte Frau wurde.

Er hatte Geld, er besaß ein großes Auto, er kaufte mir überteuerte Dirndlkleider, die ich ungern anzog, und zeigte mich voller Stolz im Bekanntenkreis herum. Ansonsten verlangte er einen gepflegten Haushalt, jeden Morgen ein braunes Frühstücksei und sonntags das legendäre Huhn im Topf. Ich kam zwar seinen Forderungen zähneknirschend nach, wünschte mir meinerseits aber ein Kind.

Wenn ich meine Mutter besuchte, brachte ich meistens

ein frisch geschlachtetes Huhn mit nach Hause. Kurz vor dem Schlafengehen rammte ich ihm einen silbernen Esslöffel der Länge nach durch den Leib und setzte es in einem großen Topf mit Salzwasser, Lorbeerblättern und Suppengemüse auf. Nach einmaligem Aufkochen verschloss ich den Deckel und drehte die Herdplatte aus. Durch diesen altbewährten Trick war das Fleisch am nächsten Tag weich und mühelos zu zerteilen. Haut, Flügel, Hals und Knorpel fraß der Hund, die Knochen wurden entsorgt. Mit Weißwein, Sahne, Eigelb und Geflügelfond entstand eine helle Sauce. Mein Mann liebte es, wenn Spargelstücke oder Champignons zugegeben wurden, aber noch köstlicher fand er ein vorsintflutliches Rezept meiner Mutter. Bei ihr wurde das Frikassee nämlich mit Markklößchen verfeinert.

Bald schon ekelte ich mich vor diesem Gericht und mochte es kaum noch anrühren, während mein Mann sich die ganze Woche darauf freute. Besonders die Klößchen habe ich verflucht, denn dafür musste ich Röhrenknochen kaufen und ihren glibberigen Inhalt herauskratzen. Es war eine umständliche Prozedur, bis ich die fettigen Einlagen endlich fertig hatte.

Irgendwann begann ich auch meinen phlegmatischen Mann zu verabscheuen. Ich dachte gelegentlich an unseren alten Hahn, mit dem meine Mutter nicht viel Federlesen gemacht hatte. Auch mein Gatte war nicht mehr der Jüngste, und der erhoffte Nachwuchs ließ aus naheliegenden Gründen auf sich warten. Beim Gassigehen mit dem Hund hatte ich einen jüngeren Typen kennen gelernt, der mir wesentlich besser gefiel als mein Alter. Aber noch hatte ich nicht den Mut, irgendwelche Konsequenzen daraus zu ziehen.

Da ich Zeit für meinen neuen Freund abzweigen wollte, pflegte ich das Kochen etwas zu verkürzen. Um das sonntägliche Frikassee schneller auf den Tisch zu bringen, fror ich das Huhn aus der mütterlichen Haltung erst einmal ein und kaufte im Supermarkt ein fertiges Grillhähnchen. Unser Hund fraß die krosse braune Haut noch lieber als die bleiche der gekochten Hühner, und die hellen Fleischteile unter der knusprigen Oberfläche unterschieden sich nicht wesentlich von den selbst zubereiteten. Sauce hollandaise aus der Tüte, Champignons aus der Dose und Markklößchen von der Metzgertheke vervollständigten das Schnellgericht. Mein Mann merkte es nicht, lobte mich über den grünen Klee und behauptete, so gut sei mir das Sonntagsmahl noch nie gelungen. Ich hatte nach wenigen Anstandshappen bereits genug, er aber nahm dreimal – und zwar im Schweiße seines Angesichtes. Ermattet warf er sich schließlich aufs Sofa, tat einen bedrohlichen Schnaufer und verlangte nach seinen Herztabletten. Mir kam wieder in den Sinn, wie hart man bei uns im Dorf über jene urteilt, die *beim Arbeiten frieren und beim Essen schwitzen.*

Immer wieder schüttelte ich den Kopf über die kulinarische Ahnungslosigkeit meines Mannes. Meine zuvor so mühsam zubereiteten Gerichte waren vergebliche Liebesmüh gewesen, denn anscheinend war er mit Junkfood ebenso glücklich. Allerdings war er nicht in allen Dingen so unbedarft, wie ich glaubte. Eines Tages äußerte er den berechtigten Verdacht, dass es einen Nebenbuhler gab. Bevor er sich scheiden ließ, wollte ich lieber zur reichen Witwe werden.

Am nächsten Sonntag bohrte ich mit einem Schaschlikstäbchen feine Löcher in die Markklöße und füllte sie mit winzigen Digitalis-Tabletten. Es schmeckte meinem Mann wieder einmal fantastisch, doch seine Zunge stieß verwundert auf eine ungewohnte Konsistenz im Inneren der Klößchen.

»Gefüllt?«, fragte er voller Bewunderung. »Mit was?«

»Mit klitzekleinen Oliven und Kapern«, antwortete ich.

»Raffiniert!«, sagte er. Das war sein letztes Wort.

Inzwischen bin ich reich und schwanger. Seit neuestem überfällt mich häufig ein maßloser Heißhunger nach Hühnerfrikassee, doch mein zweiter Mann steht auf Döner.

Hühnerfrikassee

Für 4 Personen:

1 Poularde
1 Bund Suppengemüse
4 Lorbeerblätter
3 Zweige Estragon
1 Zwiebel
500 g frische Champignons
(eventuell auch Spargelabschnitte oder TK-Erbsen)
1 EL Butter
1 Eigelb
1 Becher Crème fraîche
1 Glas Weißwein
Salz
Pfeffer
nach Belieben Markklößchen

Das Huhn am Vorabend mit dem Suppengemüse, den Lorbeerblättern und der geviertelten Zwiebel auf kleiner Flamme langsam weich kochen.

Das erkaltete Huhn in mundgerechte Stücke zerteilen, Reste von Brühe und Fleisch anderweitig verwerten (Suppe oder Geflügelsalat). Gewaschene Champignons schneiden, in der Butter andünsten, Hühnerteile und Estragon zugeben, mit etwas Brühe ablöschen. Falls erwünscht, die Markklößchen zugeben. Wenn die Flüssigkeit verdunstet, nach und nach den Weißwein zugeben. Nach Bedarf reduzieren, Crème fraîche einrühren, mit Salz und Pfeffer abschmecken. Die Sauce soll eine cremige Konsistenz haben. Herd abschalten, ein Eigelb unterrühren. Lorbeerblätter und Estragonzweige herausnehmen. Mit Reis oder Kartoffelbrei servieren.

Zoë Beck

Leber Berliner Art

Seit Ulrich seine Frau umgebracht hatte, ging es mit ihm bergab. Er trank zu viel, aß ungesund und rauchte zwei Päckchen Zigaretten am Tag. Vier Jahre ging das schon so. Die körperlichen Folgen, Bluthochdruck, Übergewicht und gelegentliches Herzrasen, ließen sich längst nicht mehr mit einem bloßen Schulterzucken abtun.

Ein Befreiungsschlag hatte es sein sollen, der Beginn eines besseren Lebens. Stattdessen litt er unter Albträumen und Depressionen. Nicht, dass er seine Frau vermissen würde. Keine Sekunde. Aber damit, dass er sie umgebracht hatte, wurde er nicht fertig. Es war sein Gewissen, das ihn plagte und von dessen Existenz er zuvor nichts geahnt hatte.

Tanja, seine Nichte, wusste genau, was mit ihm los war. Ungefragt stellte sie ihm etwas Hochprozentiges hin, sobald er die Eckkneipe »Alt-Schöneberg« betrat. Sie nahm kein Geld für das, was er versoff. Ulrich hatte seine Frau schließlich ihr zuliebe getötet. Tanja hatte geholfen, die Spuren zu verwischen, hatte ihm ein Alibi gegeben und dafür gesorgt, dass die Polizei wochenlang in die falsche Richtung ermittelt hatte. Tanja war klug. Aber damit, dass er ein schlechtes Gewissen bekommen würde, hatte auch sie nicht gerechnet.

Eigentlich gab es gar keinen Grund dafür, hatte er versucht sich einzureden. Niemand, er am allerwenigsten, weinte seiner Frau eine Träne nach. Trotzdem. Einen Menschen zu töten, das steckte man nicht mal eben so weg. Dazu brauchte es härtere Typen als ihn. Deshalb hatte er gestern Nacht eine Entscheidung getroffen. Er konnte einfach nicht mehr. Er wollte endlich mal wieder eine Nacht durchschlafen, und er wollte, dass dieses Hämmern im Kopf, das sich nur durch Alkohol dämpfen ließ, endlich und für immer aufhörte. Er würde zur Polizei gehen und alles gestehen.

»Ich muss mein Gewissen erleichtern«, sagte Ulrich zu Tanja, als sie die Tür zur Kneipe aufschloss und ihn reinließ. Es war zehn Uhr morgens, und er war wie immer der erste Gast. Der erste und der letzte, was er völlig in Ordnung fand, denn wenn er es recht bedachte, hatte Tanja diese Goldgrube ihm zu verdanken.

Es war vor vier Jahren, da wollte Maren, Ulrichs Frau, die Kneipe verkaufen. Das würde mehr Geld einbringen, meinte sie, als wenn sie die Geschäfte ihrer Nichte Tanja übergeben würde. Tanja war nämlich gar nicht Ulrichs Nichte, sondern die seiner Frau. Aber das war gar nicht so wichtig. Entscheidend für alles, was dann passierte, war, dass Tanja ein überzeugendes Geschäftsmodell hatte.

»Wir ändern hier gar nichts. Nicht wirklich«, sagte sie. Das war an dem Abend, als sie sich zu dritt in der Kneipe zusammengesetzt hatten, um über die Zukunft zu sprechen. »Wir legen nur einen Flyer in die Speisekarte und behaupten, der Laden sei ganz neu.«

»Neu! Sieh dich doch mal um! Hier ist nichts neu!«, entgegnete Maren und zeigte auf die wackligen Stühle und zerkratzten Tische. »Der Boden muss gemacht werden. Die Tapeten sind … obwohl, die sieht man schon gar nicht mehr wegen der blödsinnigen Poster, die da seit Jahrzehnten draufgepappt werden. Und die Klos sind noch aus den Fünfzigern! Das geht doch so nicht mehr. Bald bleiben uns auch noch die letzten Gäste weg, und wir sind am Ende.«

Tanja kratzte sich ungeduldig an ihrem tätowierten Unterarm. »Die Einrichtung ist unsere USP.«

»Was?«

»Unique Selling Proposition. Alleinstellungsmerkmal«, übersetzte Ulrich freundlich und erntete böse Blicke von seiner Frau.

»Wir müssen einfach nur für ein paar Wochen zumachen. Und dann eröffnen wir wieder, so mit Presse und Werbung und Zeugs, und behaupten, der Laden sei neu, nur eben retro. Angelehnt an das Westberlin der Nachkriegsjahre. Oder so. Das überlegen wir uns noch im Detail«, sagte Tanja. »Und natürlich haben wir Mampe auf der Getränkekarte. Und die Speisekarte dann mit Kalbsleber Berliner Art, Beelitzer Spargel, so das Übliche.«

»Bist du verrückt?« rief Maren. »Klar bist du verrückt. Was frag ich noch.«

»Das haben wir doch heute schon alles auf der Karte«, wandte Ulrich ein, aber er war neugierig geworden.

»Ja. Es interessiert bloß niemanden«, sagte Tanja. »Das muss anders werden. Wenn die Leute das Original nicht wollen, dann tun wir eben so, als wären wir eine Kopie davon. Und setzen auf den Nostalgietrend. Alles wie früher. Alles nach Originalrezepten. Alles wie selbstgemacht.«

»Es *ist* selbstgemacht ...«

»Aber keiner kommt!«

»Ja, und wenn du dann vier Wochen oder wie lange zumachst, dann kommen sie plötzlich? Die Leute wissen doch, dass es derselbe Laden ist«, protestierte Maren.

»Woher denn?«

»Weil er schon immer da ist.«

»Wir nennen ihn einfach um. Aus ›Bei Maren‹, was unter uns gesagt sowieso ein Scheißname ist, wird ›Alt-Schöneberg‹. Ich hab auch schon eine Idee für das Logo.« Tanja lehnte sich zurück. Sie war noch lange nicht fertig. »Und außerdem, wer wohnt denn noch hier im Kiez? Von euren Stammgästen ist keiner mehr da. Deshalb läuft es auch nicht. Die Mieten sind gestiegen, die Wohnungen wurden luxusrenoviert; hier wohnen doch nur noch Zugereiste, die sich das leisten können. Und die finden es besonders toll, wenn sie ein Stück altes Berlin kennenlernen.«

»Dann wären sie doch längst hergekommen«, sagte Maren.

»Man muss es denen nur richtig verkaufen. Als was tolles Neues. Das tolle Neue ist das Alte. Ganz einfach. Wir faken den Fake.«

»Hä?« Maren kam nicht mehr mit.

»Wir tun so, als würden wir nur so tun«, übersetzte Ulrich, der Tanjas Konzept längst begriffen hatte. »Das ist eine sehr gute Idee. Das könnte funktionieren.«

»Ihr seid beide völlig verrückt«, sagte Maren. »Ich verkaufe den Scheißladen an diesen einen Typen, der macht ein Suppenrestaurant draus, und fertig. Der renoviert hier alles und baut komplett um. Alles auf seine Kosten. Und zahlt einen Haufen Geld. Was Besseres kann uns nicht passieren.«

»Suppen sind doch schon wieder durch«, sagte Tanja.

»Das ist mir scheißegal. Sein Problem.«

»Aber du hast immer gesagt, ich kann den Laden übernehmen! Uli, sag doch auch mal was.« Tanja schien mit ihren Argumenten am Ende.

»Das hast du wirklich gesagt, Maren«, bestätigte Ulrich.

»Die Zeiten ändern sich eben«, sagte Maren. »Und du

kannst mir ja nichts geben, Tanja, oder hast du auf einmal Geld auf deinem Konto?«

»Ich könnte nach und nach …«

»Ich will *jetzt* Geld sehen.«

»Warum? Wenn sie doch nach und nach …«, sagte Ulrich.

»Ich will das Geld *jetzt,* und Punkt«, beendete Maren die Diskussion und verschwand in der Küche.

»Warum braucht sie denn so dringend Geld?«

Ulrich sah Tanja hilflos an. »Ich weiß es nicht.«

»Weltreise? Möbel? Auto?«

»Wirklich, keine Ahnung.«

»Wenn *du* es nicht weißt …« Tanja warf Ulrich einen vielsagenden Blick zu und verließ die Kneipe.

In Ulrich begann ein Verdacht zu keimen. Hatte seine Frau womöglich Geheimnisse vor ihm? Geheimnisse, bei denen es um Großes ging? Großes Geld, zum Beispiel? Das gefiel ihm gar nicht.

Wobei er sich schon hatte denken können, dass Tanja die Kneipe nicht würde übernehmen können. Tanja war ein Naturtalent in der Gastronomie, sie hatte in den letzten zehn Jahren schon in sechs oder sieben Szenekneipen in Mitte, Prenzlauer Berg und Kreuzberg gearbeitet, alles harte Schichten mit vollem Haus, und falls jemand glaubte, sie hätte den Arbeitsplatz deshalb so oft gewechselt, weil sie irgendwo nicht klargekommen wäre – falsch. Man hatte sie immer abgeworben. Jetzt war Tanja dreißig und wollte ihren eigenen Laden aufmachen. Klar wollte sie das. Aber Maren konnte ihre Nichte nun mal nicht leiden. Sie meckerte bei jedem neuen Tattoo, und auch in Sachen Kleidung und Frisur hatten die beiden Frauen sehr unterschiedliche Ansichten. Aber der eigentliche Grund war, dass Maren Angst hatte, nicht mehr im Mittelpunkt zu stehen. Damit lag sie gar nicht so falsch. Schließlich hatte sie ihre besten Jahre schon seit, na ja, seit sehr vielen Jahren hinter sich und war mit dem Alter nicht schöner geworden. Nur hagerer und verhärmter. Innen wie außen.

Jedenfalls machte sich Ulrich, der inzwischen nach Hause gegangen war, den ganzen Abend Gedanken, was Maren wohl mit dem Geld vorhatte, das ihr der Verkauf der Kneipe einbringen würde. Als Maren endlich von der Arbeit kam, sprach er sie darauf an.

»*Meine* Kneipe, *mein* Geld«, sagte sie nur.

»Was soll das denn?«, fragte er.

»Du hast dein Scheißtaxi, lass mich in Ruhe.« Das war's. Mehr sagte sie nicht zu dem Thema. Sie setzte sich vor den Fernseher und drehte den Ton auf volle Lautstärke.

Also schrieb Ulrich seiner Nichte eine SMS: »Irgendetwas stimmt nicht.«

Und Tanja schrieb zurück: »Kannst du mich morgen früh zu Hause abholen? So um zehn?«

Er fuhr am nächsten Morgen zum Bayerischen Platz und wartete, bis Tanja aus dem Haus kam. Dann fuhren sie ein wenig durch die Straßen, ohne Ziel, einfach nur Schöneberg rauf und runter. Auf dieser Fahrt fassten sie einen Entschluss. Maren musste verschwinden. Eine andere Lösung gab es nicht. Wenn man sie einfach machen ließe, würde Tanja nie zu einer eigenen Kneipe kommen. Egal, wie gut sie war – wie hätte sie das von ihrem Gehalt als Bedienung finanzieren sollen? Auch Ulrich würde ziemlich dämlich aus der Wäsche schauen, denn Maren gehörte in dieser Ehe so ziemlich alles, und es war offensichtlich, dass sie nicht vorhatte, den zu erwartenden Geldsegen mit ihrem Mann zu teilen. Praktisch war außerdem, dass es eigentlich niemanden gab, der Maren vermissen würde. Also, nicht ernsthaft. Ein paar Leute würden vielleicht nach ihr fragen. Aber die würden keinen Ärger machen. Blieb also nur noch die Frage, wie sie Maren aus dem Weg schafften sollten.

Der Plan, auf den sich Ulrich und Tanja einigten, klang kompliziert, war am Ende aber leichter durchzuführen als gedacht: Tanja würde eine kleine Party bei sich zu Hause geben, zu der auch Ulrich eingeladen war. Zu später Stunde, wenn alle Partygäste betrunken und bekifft waren, würde Ulrich sich unauffällig aus dem Staub machen, um zur Tat zu schreiten.

Kurz nach Mitternacht verließ Ulrich Tanjas Party, fuhr nach Hause und passte seine Frau in der Küche ab, wo sie wie jede Nacht vor dem Schlafengehen eine Tasse gallenbitteren kalten Kaffee trank. Er zog ihr hinterrücks den Messerblock über den Schädel und ging zurück zu Tanja, die den Rest übernahm. Sie entfernte sich von ihrer Party und klaute ein paar Straßen weiter ein Taxi. Es gehörte einem von Ulrichs Kollegen, der aber nichts merken würde, weil er mit einem gebrochenen Bein im Krankenhaus lag. Tanja fuhr zu Ulrichs Wohnung und packte ihre tote Tante in den Kofferraum. Anschließend kurvte sie zum Hans-Rosenthal-Platz, stellte das Taxi irgendwo zwischen Zollamt und Deutschlandradio an den Straßenrand und machte sich mit der U-Bahn auf den Weg zurück in ihre Wohnung. Dort feierte sie weiter, als wäre sie die ganze Zeit da gewesen. Kein Mensch würde sich am nächsten Tag daran erinnern, dass zuerst Ulrich und dann sie Tanjas Wohnung für eine Weile verlassen hatten. Das war wichtig, denn die Polizei würde jeden einzelnen Partygast eingehend befragen. Das Alibi der beiden würden sie garantiert nicht knacken.

In der darauffolgenden Nacht schnappten sie sich das Taxi mit der toten Maren im Kofferraum und fuhren in den Grunewald.

»Die Wildschweine«, sagte Ulrich. »Das sind Aasfresser.«

»Gute Idee«, sagte Tanja.

Tatsächlich tauchten die Tiere recht schnell auf. Ulrich und Tanja setzten sich ins Taxi und rauchten. Nach einer guten Stunde sahen sie nach. Das Wenige, was von Maren übrig war, ließ sich leicht vergraben. Das gestohlene Taxi stellten sie in einer Seitenstraße an der S-Bahn-Station Wannsee ab. Da würde es lange genug unbemerkt stehen. Und dafür, wo sie in dieser Nacht gewesen waren, würde sich die Polizei nicht interessieren. Ulrich hatte seine Frau längst als vermisst gemeldet.

Zwei Wochen später kam Ulrichs Kollege aus dem Krankenhaus und zeigte den Diebstahl seines Taxis an. Es wurde bald gefunden, aber mit Marens Verschwinden nicht in Verbindung gebracht. Die Polizei ging davon aus, dass Jugendliche den Wagen aus Spaß gestohlen hatten. Dass Tanja eine Büchse Bier im Wagen verschüttet hatte und es im Kofferraum verdächtig nach Urin stank – Ulrichs Beitrag zu den falschen Spuren –, unterstützte diese These.

Die Suche nach Maren wurde bald eingestellt. Sie war allerdings auch nicht besonders intensiv gewesen. Für die Polizei hatte alles darauf hingewiesen, dass Maren eine frustrierte Ehefrau war, die sich auf die Suche nach neuen Abenteuern gemacht hatte. Da Ulrich dem potenziellen Käufer der Kneipe von Marens E-Mail-Konto aus eine Absage aus »persönlichen Gründen« erteilt hatte, ging man davon aus, dass Maren einfach alles hatte hinter sich lassen wollen.

Natürlich wurde Ulrich genau überprüft, denn wie immer blieben Fragen offen. Aber jeder Verdacht, er könne etwas mit dem Verschwinden seiner Frau zu tun haben, führte ins Leere. Er hatte ein perfektes Alibi. Auch Tanja schied bald aus dem Kreis der Verdächtigen aus, da sie keinerlei Motiv zu haben schien. Überzeugend spielte sie die Rolle der genervten Nichte, die aus reiner Gutherzigkeit die Kneipe, das Lebenswerk der Tante, weiterführte, um ihren Onkel zu unterstützen,

Ganz nach Plan blieb die Kneipe zunächst geschlossen. Zwei Monate später wurde sie unter dem Namen »Alt-Schöneberg« wiedereröffnet. Ebenfalls nach Plan. Keine drei Wochen später brummte der Laden vor Touristen und zugereisten Kiezbewohnern, sodass Tanja weitere Servicekräfte und sogar zwei zusätzliche Mitarbeiter für die Küche einstellen musste, darunter Cousin Toby, der immer schon Schwierigkeiten mit seinen Jobs hatte. Nach einer abgebrochenen Metzgerlehre hatte er weder als Paketbote noch als Hausmeister in Marzahn noch als Türsteher im Berghain überzeugen können. In Tanjas Küche hingegen funktionierte er wie eine frisch geölte Fahrradkette.

Ulrich gab die Taxifahrerei auf und machte sich ebenfalls in der Kneipe nützlich. Bald war genug Geld da, um die Küche zu renovieren. Nach dem Umbau glänzte sie vor lauter Edelstahl und weißen Kacheln so hell, dass man fast eine Sonnenbrille brauchte, wenn man sie betrat.

Die Onlinekritiken waren durchweg positiv und die Berliner Stadtmagazine Tip und Zitty lobten die Authentizität und Detailtreue der »neuen« Location. Stolz las Tanja ihrem Onkel die Kritiken vor, und Ulrich freute sich mit ihr. Sie hatten eine prima Zeit zusammen. Bis das schlechte Gewissen kam.

Zuerst war ihm Maren nur alle paar Wochen nachts im Traum erschienen. Dann immer öfter, zuletzt jede Nacht, und manchmal sogar tagsüber, wenn er am Tresen kurz einnickte oder seinen Alkoholpegel noch nicht erreicht hatte. Niemand konnte so etwas auf Dauer aushalten. Ulrich fand, dass vier Jahre eine verdammt lange Zeit waren. Er hatte es nur deshalb so lange mitgemacht, weil Tanja ihm immer wieder versicherte, dass es irgendwann vorbeiginge.

Es ging aber nicht vorbei. Es wurde schlimmer.

Und da saß er nun und sagte zu Tanja: »Ich muss mein Gewissen erleichtern.«

Sie stellte ihm eine Flasche Mampe halb und halb samt Glas auf den Tresen. »Was willst du machen? In die Kirche gehen und beichten?«

Diese Idee war ihm vor ein paar Wochen tatsächlich gekommen, obwohl er nie gläubig gewesen und längst aus der Kirche ausgetreten war. Er hatte seinen ganzen Mut zusammengenommen und war zur St.-Matthias-Kirche am Winterfeldtplatz gegangen, doch weiter als bis zur Kirchentür war er nicht gekommen. Ihm fiel nämlich gerade ein, wann die Sache mit dem schlechten Gewissen angefangen hatte. Es war der Tag gewesen, an dem Tanja ein neues Gericht auf die Speisekarte gesetzt hatte: »Wildschweinbraten à la Maren, frisch aus dem Grunewald«. Damals hatte er darüber gelacht. Ein makabrer Scherz, klar. Aber wie es schien, hatte ihn all die Jahre eine Frage gequält, für die er erst jetzt die Worte fand: Hatte Tanja etwa die Wildschweine verarbeitet, die Maren gefressen hatten?

War das möglich?

Er wusste, dass er keine Antwort auf diese Frage bekommen würde, aber ihm wurde immer klarer, dass Tanja alles zuzutrauen war. Die Kaltblütigkeit, mit der sie den Tod ihrer Tante geplant und auch umgesetzt hatte, hatte ihn damals beeindruckt. Nun jagte sie ihm Angst ein.

Er musste einfach zur Polizei gehen. Ulrich versuchte es Tanja zu erklären. Sie hörte ihm zu, nickte und lächelte, als er ihr versprach, sie aus der ganzen Sache rauszuhalten.

»Von mir erfährt keiner was. Mir geht's nur um mich. Ich gehe hin, packe aus, lasse mich einsperren, und dann bin ich hoffentlich diese Albträume los und muss Maren nie wieder begegnen.«

»Ich habe dir ein Alibi gegeben«, sagte Tanja.

»Das macht doch nichts. Wir sagen einfach, ich hätte dich gezwungen.«

»Ich habe dir geholfen.«

»Nein, nein, ich sage, dass ich das alles alleine gemacht habe. Das ist doch kein Problem. Das lässt sich erklären. Wirklich. Ich habe schon drüber nachgedacht. Ich habe auf alle Fragen eine Antwort.«

»Warum?, werden sie dich fragen.«

»Weil sie mich verlassen wollte, natürlich.«

»Wusste denn jeder, wie es bei euch aussah? Ich glaube nicht, dass das funktioniert.«

»Dann sag ich eben, dass wir uns furchtbar gestritten haben, wegen Geld und so, und dass ich die Schnauze danach endgültig voll hatte. Ich bekomm das schon hin.«

»Und wenn du dich verplapperst?«

»Das tu ich nicht. Ich versprech es dir.«

»Aber wenn doch?«

»Tanja, das wird gut gehen. Ich muss das machen. Versteh mich doch. Ich kann so nicht weitermachen.«

»Das stimmt.«

Er nickte. »Danke.«

»Muss unerträglich sein für dich.«

»Ja.«

Sie sah ihn lange an, dann drehte sie sich weg und machte sich an der Kaffeemaschine zu schaffen. »Ich helfe dir. Verlass dich auf mich.«

»Das ist lieb. Aber du musst mir nicht helfen. Ich will nur, dass du mich verstehst.«

»Tu ich. Es muss ein Ende haben. Versteh ich.«

Ulrich freute sich, trank ein paar Gläschen Mampe und lächelte selig, als er den Zustand erreicht hatte, in dem Maren nicht mehr den Weg zu ihm fand.

Erst am nächsten Abend sollte sich zeigen, dass er Tanja gründlich missverstanden hatte. Die Gäste waren gegangen, Ulrich hatte die zweite Flasche Mampe für den Tag und sein letztes Glas Bier ausgetrunken. Tanja wischte die Tische ab. Toby putzte die Küche. Es war wie immer und irgendwie doch nicht wie immer. Die Stimmung war anders. Tanja und Toby waren stiller als sonst. Heiterer, aber stiller.

»Ich geh dann mal«, sagte Ulrich und hievte sich vom Barhocker.

»Bleib doch noch einen Moment«, sagte Tanja. »Bis ich fertig bin. Ich begleite dich.«

Das tat sie manchmal, aber trotzdem kam es ihm heute komisch vor. Sie klang so sanft.

»Willst du noch über was sprechen?«, fragte er sie.

»Nein, eigentlich nicht.«

»Na gut.« Er blieb sitzen und dachte darüber nach, ob sie vielleicht noch eine Flasche Mampe für ihn öffnen würde, während er wartete. Aber dann war sie auch schon fertig und meinte, sie könnten jetzt gehen. Als er sich zur Tür aufmachte, nahm sie ihn liebevoll am Arm und führte ihn in die Küche.

»Hinten raus. Vorne hab ich schon abgeschlossen«, sagte Tanja.

Nein, er dachte sich nichts dabei, auch wenn er immer noch das Gefühl hatte, dass irgendetwas heute Abend anders war.

In der Küche wartete Toby mit einem freundlichen Lächeln, und Ulrich wurde unerklärlicherweise schlecht.

»Setz dich noch einen Moment«, sagte Toby.

Noch während sich Ulrich verwundert nach einem Stuhl umsah, den es in der Küche natürlich nicht gab, packte Toby ihn unter den Armen, Tanja hob seine Beine hoch, und im nächsten Moment lag Ulrich auf der Edelstahlanrichte. Die beiden schnallten ihn mit etwas fest, das er nicht erkennen konnte, und Tanja sagte: »Alles wird gut, Uli. Ich glaube nicht, dass du Maren noch mal begegnen wirst. Dieser ganze Quatsch mit Leben nach dem Tod und so … nein. Keine Sorge. Gleich bist du sie für immer los.« Aus dem Augenwinkel sah er Toby, der zwei Tranchiermesser in den Händen hielt und sich offenbar nicht für eines entscheiden konnte.

»Wollt ihr mich etwa … Ihr wollt mich aufschneiden, oder?«

»Ruhig, Uli«, sagte Tanja.

»Meine Leber! Ihr wollt …«

»Was?«

»Du hast die Wildschweine auf die Speisekarte gesetzt, die Maren gefressen haben, und jetzt willst du …«

»Ach du Scheiße, er halluziniert«, sagte Toby.

»Ich hab *was* auf die Speisekarte gesetzt?«, fragte Tanja.

»Du weißt genau, wovon ich rede. Und jetzt bin ich dran!«, jammerte Ulrich.

»Du glaubst, wir wollen …« Sie lachte. »Du bist wirklich nicht ganz dicht. Ich vertreibe doch nicht meine Gäste, indem ich miese Qualität auf den Tisch bringe. Mal drüber nachgedacht, in welchem Zustand deine Leber mittlerweile sein müsste? Toby, mach mal.«

Toby entschied sich für eines der Messer und stellte sich neben Ulrich. »Geht ganz schnell«, sagte er. »Merkst du gar nicht.«

Ulrich sah, wie das Messer seinem Hals immer näher kam. Er versuchte zu treten und um sich zu schlagen, aber das, womit sie ihn festgebunden hatten, gab keinen Millimeter nach. Er wusste nicht, ob er schrie, und wenn, was er schrie. In seinem Kopf dröhnte es, und sein Herz raste wie wild, bis es nicht mehr anders konnte, als aufzugeben. Er spürte nicht mehr, wie die kühle Klinge die Haut an seinem Hals berührte, und das Letzte, was er sah, obwohl er die Augen fest geschlossen hatte, war Maren.

Kalbsleber Berliner Art mit Stampfkartoffeln

Für 2 Personen
300–350 g Kalbsleber
etwas Salz, Pfeffer und Mehl
Butterschmalz oder Öl
2 Scheiben Apfel
½ Zitrone
3 große Zwiebeln

500 g Kartoffeln (mehlig kochend)
200 ml Milch
20 g Butter
etwas Salz, Muskat

Kartoffeln schälen, kleinschneiden und ca. 20 Minuten lang kochen. Die Leber häuten und wässern. Die Apfelscheiben mit Zitronensaft beträufeln. Zwiebeln in Ringe schneiden und leicht mit Mehl bestäuben, dann in der heißen Pfanne braten, bis sie knusprig braun sind. Die Apfelscheiben kurz andünsten.

Die Leber leicht mit Mehl bestäuben und mit Salz und Pfeffer würzen. Vorzugsweise in Butterfett von beiden Seiten heiß anbraten, anschließend garen lassen, bis sie innen noch leicht rosa ist.

Die gekochten Kartoffeln abgießen und kleinstampfen. In einem Topf Milch und Butter erhitzen, die gestampften Kartoffeln hinzugeben und gut verrühren, dabei leicht köcheln lassen, bis die gewünschte Konsistenz erreicht ist. Anschließend mit Salz und Muskat abrunden.

Die Leber zum Servieren mit den Zwiebeln und den Apfelscheiben garnieren.

Nach dem Essen empfiehlt sich ein Gläschen Mampe halb und halb Magenbitter.

Sind's die Augen, geh' zu Mampe,
gieß' Dir einen auf die Lampe,
kannste allet doppelt sehn,
brauchste nich zu Ruhnke gehn.

(Anmerkung: Ruhnke war ein Optiker in Berlin, der mit dem Spruch »Sind's die Augen, geh' zu Ruhnke« warb. Quelle: Wikipedia.)

Gisbert Haefs

Quedlinburger Requiem

In der Hitze des Gerangels hatte Homann die Kälte gar nicht registriert. Dann musste er mit dem Fremden noch ein paar vorsichtige Worte wechseln, die nichts preisgaben. Er begleitete ihn zu dessen Wagen, und sie verabredeten sich für den Abend in der Kneipe. Auf dem Heimweg kroch ihm die Kälte in die Kleider und ins Gemüt und betäubte das dumpfe Entsetzen. Als er wieder an dem kleinen Park vorbeikam, sah er die Eistorte, die Frost und Windstille ihm servierten.

Jemand hatte vergessen, die kleine Fontäne abzustellen. Gewöhnlich stieg der Wasserstrahl etwa eine Armlänge in die Höhe, um dann über drei Bronzescheiben hinab in den Teich zu rieseln. Nun waren die Scheiben mit einer umgedrehten Eiszapfenkrone garniert. Das sprudelnde Wasser rann die Zapfen hinunter und bildete eine Pfütze auf der Eisfläche. Im fahlen Frühlicht sah das Gebilde aus wie eine perfekt arrangierte Eissplittertorte. Oder wie ein dreistrophiges, metrisch einwandfreies Zapfengedicht. Die Stelle im Eis, vorhin aufgebrochen, war mit einer neuen Eisschicht überzogen.

Homann erwog, das seltene Werk des Künstlers Zufall zu fotografieren. ›Kunst lenkt vom Leben ab‹, dachte er, ›und Schönheit soll man konservieren.‹ Er tastete, konnte aber durch die dicke Winterjacke nicht feststellen, ob er das Handy bei sich hatte. Außerdem – die Handykamera, na ja, lieber heimgehen, einen steifen Kaffee trinken und dann mit der richtigen Kamera wieder los.

Als er erwachte, lag er angezogen auf der Couch. Ein Teller mit Krümeln und ein Becher, in dem noch eine winzige Pfütze kalten Kaffees stand, erinnerten ihn an sein Frühstück, die Kamera daneben an seine Absichten. Und an die letzte Nacht.

Jetzt war es Nachmittag, kurz vor vier. Er fluchte leise. Um sechs musste er das Lokal öffnen und vorher noch ein paar Dinge besorgen. Die großen Einkäufe würde der Koch machen, aber Baguettes und Kerzen und … Geld. Wahrscheinlich viel Geld. Mehr, als die Automaten hergaben, und die Schalter schlossen in diesen Minuten. ›Außerdem will ich überhaupt nicht zahlen‹, dachte er; ›wozu sonst die Weigerung letzte Nacht und … alles andere?‹

Unter der Dusche versuchte er, nicht an »alles andere« zu denken. Lieber an den Karateclub, wo er den Nachmittag hatte verbringen wollen und für den es jetzt zu spät war; viel lieber an Marina, die irgendwas in Hannover zu erledigen hatte und nachts anrufen würde, um ihm zu sagen, wann sie zurückkäme. Aber die heiße Dusche erinnerte ihn an das eisige Wasser.

Seit dem Frühstück vor ein paar Stunden – Kaffee, Brot, Käse, zwei Spiegeleier – hatte er nichts mehr gegessen. Kilian und er hatten sich oft zum Frühstück irgendwo getroffen, um Einkäufe, die Speisekarte und allgemein das Geschäft zu besprechen. Kilian frühstückte immer Obst und trank Kräutertee; angeblich gut für Choleriker und gegen Ausraster. ›Ziemlich angeblich.‹ Homann dachte an Kilians Fäuste. ›Und sonst? Kaum Gemeinsamkeiten, außer Knete und der Kneipe. Sonst, vielleicht – aber egal. Denk an was anderes.‹

Die Kamera? Er ging zum Fenster und schaute aufs Thermometer, das außen an der Scheibe klebte. Zwei Grad über null, und es ging ein leichter Wind. In den Gärten lag noch Schnee, soweit er es vom Fenster aus sehen konnte, aber die Eistorte …

Trotzdem nahm er die Kamera mit. Erst als er den kleinen Park erreichte und feststellte, dass die Torte vom Wind und vom Tau tatsächlich bis auf karge Reste verzehrt worden war, fiel ihm ein, dass er vergessen hatte, nach seinem Handy zu suchen. Immerhin, die eine Stelle im Teich war noch von einer kompakten, undurchsichtigen Eisschicht bedeckt.

Das Lokal war heute nur wenigen Essern und etwa halb so vielen Trinkern Zuflucht. Gegen Abend hatte ein scheußlicher Schneeregen eingesetzt, der in heftigen Schneefall überging. Bei dem Wetter neigten auch härtestgesottene Kneipengänger nicht dazu, auf den Hund zu kommen und diesen hinauszujagen. Außerdem gab es irgendein Fußballspiel im Fernsehen. Homann hütete den Tresen, zapfte Bier, entkorkte Weinflaschen, brachte Speisen von der Durchreiche zu den Darbenden, plauderte mit ein paar vertrauten Exemplaren der Gattung Thekenefeu und polierte Gläser. Wenn er nicht plauderte, dachte er an den Schnee, der mögliche Spuren auffüllte. Andere Spuren hatte er ja nicht hinterlassen, sagte er sich.

Der Koch ging heute um zehn; normalerweise hatte er um diese Zeit noch länger zu räumen und zu reinigen.

»Nix los«, sagte er. »Ich hab dir was stehen gelassen. Musst du aber noch wegräumen.«

»Okay, mach ich. Danke. Erfrier nicht, unterwegs.«

»Ich will's versuchen. Hat sich Kilian blicken lassen?«

Homann schüttelte den Kopf. »Nee. Ist wahrscheinlich erfroren. Oder hatte keine Lust.«

Der Mann, mit dem er verabredet war, kam gegen elf. Als er die Tür öffnete, brachte er einen eisigen Windstoß und einen Schwall Schneeflocken mit herein. Er zog seinen antiken Duffelcoat aus, schüttelte sich, hängte das verschneite Wohnzelt an einen Kleiderhaken und sah sich in der Gaststube um. Am Tresen saß niemand, und die sieben verbliebenen Gäste hatten schon gezahlt.

»Ärmlicher Abend?«

»Zwölf kleine Negerlein.«

»Da waren's nur noch sieben.«

»Acht. Mit Ihnen.«

Der Mann grinste. »Nett, irgendwie, äh, zivilisiert, beim Sie zu bleiben, trotz der – nennen wir das mal so – Intimität letzte Nacht. Aber ich bin kein Gast, sondern zum Verhandeln hier. Hatte ich Ihnen ja angekündigt. Es sei denn, Sie hätten noch was zu essen.«

Homann blickte zu den anderen Gästen. »Wenn die weg sind, geh ich in die Küche und mach mir was warm. Halten Sie's bis dahin aus?«

»Ich kann mich solang an 'nem Pils festhalten. Wenn Sie so freundlich wären.«

Homann zapfte. »Sieben Minuten«, sagte er.

»Sieben Gäste, sieben Minuten. Und sieben große Zehner. Komisch, dass immer dieselben Zahlen auftauchen.«

Homann antwortete nicht und betrachtete den Mann, den er in der Nacht nicht so deutlich hatte sehen können. Sie mussten etwa gleich alt sein; er schätzte den anderen auf Mitte dreißig. Die noch kaum verfärbte Schwellung an der Lippe machte ihn nicht älter.

»Nette Straßennamen gibt's hier.«

Homann zapfte nach. »Was meinen Sie?«

»Gleich um die Ecke – Hölle. Und Pölle.«

»Ach so.«

»Gibt's denn auch ein Denkmal oder wenigstens eine Tafel für Quedlinburgs größten Sohn?«

»Wen meinen Sie?«

»Den Mann, der so gut über die Beseitigung von Leichen geschrieben hat.«

»Hm?« Homann hob die Brauen.

»War einmal eine fette Squaw wohl durch den Huy gereist«, sagte der Mann. »Am Waldrand, am Fuß der Hügel, steht mein Wohnanhänger. Am Huy.«

»Spricht sich Hü aus, nicht Huj«, sagte Homann.

»Wie auch immer. Da wurde sie mit Paprika im dunklen Wald verspeist. Ich wollte immer mal wissen, wie es da aussieht.«

Homann nickte. »Sie hatte nicht der Räuber Huld, denn wer sich hier verirrt, der fett ist, trägt allein die Schuld, wenn er geschlachtet wird. Guter alter Fritz Graßhoff. Sie haben aber hoffentlich simplere Essgewohnheiten, oder?«

»Die Beseitigung von Leichen überlass ich … anderen. Also, was ist mit Denkmal oder Plakette für Graßhoff?«

»Doch, da gibt's was. Gar nicht weit, 'ne Tafel an 'nem Haus, in dem er mal gewohnt hat. Gab auch mal 'ne Dauerausstellung, keine Ahnung, ob die noch dauert. Aber die Kohlenhandlung von seinem Vater gibt's nicht mehr, soviel ich weiß. Und Quedlinburg war ja DDR; die Gedichte sind, glaub ich, nur im Westen erschienen, also haben die hier damit nicht viel am Hut.« Homann vollendete die Schaumkrone und stellte das prächtige Pils auf den Tresen.

»Wir sind wie die tönernen Tauben«, sagte der Mann, »die pfeifend die Kugel zerteilt. Die Menschen, die wollen's nicht glauben, bis dass sie das Schicksal ereilt. Die Bierblumen auch nicht.« Er spitzte den Mund und trank; dann leckte er sich den Schaum von der Oberlippe.

»Wie geschäumt, so geträumt«, sagte Homann. »O Schicksal, wie schreitest du schnell.«

Die letzten Gäste – zweimal zwei, einmal drei – brachen gleichzeitig auf, als hätten sie sich abgesprochen.

»Die haben hier ja noch mehr«, sagte Homann, als er zu den Tischen ging, um die Gläser wegzuräumen.

»Was? Gläser?«

»Nee, große Söhne. GutsMuths und Klopstock und so.«

»Ah bah, Klopstock. Den besten Hexameter deutscher Zunge hat Graßhoff hinterlassen.«

Homann stellte die Gläser ins Spülbecken, ging zur Tür und schloss ab. »Was für 'n Hexameter?«

»Sonntags üben die Henker am Hals ihrer Frauen den Knoten.« Und ehe Homann loswerden konnte, was ihm auf der Zunge lag, setzte der andere hinzu: »Jetzt, da wir unter uns sind – gibt's hier 'nen verbotenen Aschbecher? Und wie steht's mit Essen?«

»Da das hier jetzt 'ne geschlossene Gesellschaft ist ...« Homann holte einen Aschbecher aus dem Gläserschrank, stellte ihn hin und zündete sich eine Zigarette an.

»Ei«, sagte der Mann mit einem Blick auf das Päckchen. »Siehst du die Leichen am Straßenrand? Sie rauchten alle Rothe Hand.«

»Davon huste ich besser als von Ihrem blonden Zeug.« Homann nahm einen weiteren Zug; dann ging er, um die zuletzt benutzten Tische abzuwischen.

»Wenn wir fertig gequalmt haben«, sagte der Mann, »werde ich Sie in die Küche begleiten.«

Homann schnaubte. »Meinen Sie, ich kipp Ihnen Arsen in die Soße?«

»Vielleicht Pferdehaar. Aber Soße klingt schon mal gut. Sind Sie eigentlich von hier?«

»Quedlinburg? Nee.«

»Der Kerl, letzte Nacht, hat was von Duisburg gesagt, oder?«

»Warum wollen Sie das denn wissen?«

»Bloß so. Unter uns Rauchern und Graßhoff-Kennern. Gemeinsamkeiten verbinden, sagt man; da wüsste man dann gern mehr.«

Homann legte den Wischlappen neben das Spülbecken, schaltete die Fassadenbeleuchtung und die Lampen im Gastraum aus; nur das Licht überm Tresen brannte noch. »Ich war mit 'ner ollen Karre unterwegs nach Berlin. Landstraßen, Deutschland kennenlernen, wissen Sie. Die Karre ist kurz vor Quedlinburg zusammengeklappt, und der Wirt hier suchte grad einen zum Zapfen.« Er drückte die Zigarette aus. »Küche?«

Der andere nickte und rutschte vom Hocker. Er hielt umsichtig Distanz, als er Homann in die Küche folgte.

In zwei Töpfen auf kleiner Flamme schmurgelte etwas vor sich hin; in einem dritten schlummerten längst erkaltete Salzkartoffeln.

»Das Hauptessen heut Abend«, sagte Homann. »Quedlinburger Bierpfanne. Apfelrotkohl. Kartoffeln. Mal sehen. Hm. Zwei Scheiben Braten und genug Sauce, aber mit den Kartoffeln wird's für zwei knapp. Verlängern.«

»Verlängern Sie; ich seh zu. Was ist an den Bierpfanne quedlinburgisch? Quedlinbürgerlich?«

»Das Quedlinburger Bier. Knuttenfurz.«

»Knuttenfurz? Lieber Himmel.«

Homann stellte eine Pfanne auf den Herd, daneben eine zweite, goss Öl in beide, stellte die Platte unter der größeren an und schnitt die kalten Kartoffeln in Scheibchen.

Als sie zu brutzeln begannen, erhitzte er auch die andere Pfanne, schlug vier Eier hinein, wartete, bis das Eiweiß sich eben zu verfestigen begann, kippte die Bratkartoffeln darüber und rührte mit einem Holzlöffel. »Spanisch«, sagte er. »*Huevos rotos*. Zerbrochene Eier.« Er schaltete den Herd aus, streute Pfeffer und Salz auf das Gemenge aus Eiern und Kartoffeln, verteilte es auf zwei große Teller, ebenso den restlichen Rotkohl, das Rindfleisch und die Sauce und nickte zum Gastraum hin.

»Machen Sie mal die Tür auf? Tresen oder Tisch?«

»Tresen«, sagte der andere. »Näher am Bier. Und alles ganz exotisch. Spanische Eier und Quedlinburger Knuttenfurz. Sie sollten gelegentlich verreisen und in anderen Ländern anderes speisen, was?«

»Wir kultivieren Darm und After und leben wesentlich gestraffter.« Homann stellte die Teller ab und ließ, als er sich an den Tresen setzte, zwei Hocker zwischen sich und dem anderen frei. Er langte weit vornüber, um sein halb leeres Wasserglas zu erwischen, das neben dem Spülbecken stand.

»Wasser? Nix sonst?«

»Ich nehm an, ich sollte nüchtern bleiben.«

Der Mann aß ein paar Bissen. »Hm. Schmeckt gut. Kein Pferdehaar in der Hummermayonnaise, glaub ich.«

»Wollen Sie nachher irgendeinen hübschen Frauennamen in den Schnee vor dem Standesamt pinkeln?«, sagte Homann, als der andere ihm das leere Bierglas hinschob. Er stand auf, zapfte an, setzte sich wieder und aß.

»Kommen wir mal zur Sache.«

»Von mir aus. Aber zielen Sie nicht so mit dem Messer auf mich.«

»Siebzigtausend. Wie schon letzte Nacht gesagt.«

»Hab ich nix mit zu tun. Wie schon letzte Nacht gesagt.«

»O doch. Als Partner und Kumpel und … Hinterbliebener.«

Homann knurrte leise. »Muss ja ’ne wilde Pokerrunde gewesen sein.«

»Kann man so sagen.«

»Leben Sie davon?«

Der Mann grinste. »Von der Differenz.«

»Hausen in ’nem Wohnwagen am Huy? Reisen Sie in dieser Sache durchs Land?«

»Sie wissen doch, das heißt, vielleicht wissen Sie’s nicht …«

»Ich weiß. Kilian hat …«

»Blöder Name.«

»Kommt aus Bayern. Er hat mir hin und wieder was von harten Runden mit reisenden Profis erzählt. Sind Sie so einer?«

»Siebzig.«

»Was hab ich damit zu tun?«

»Ich hab gesehen, was Sie …«

Homann wartete, aber der andere sprach nicht weiter, sondern aß.

»Ihr Wort gegen meins.« Homann stand auf, zapfte nach und setzte sich wieder.

»Wie sieht’s mit Erben und Vermissen aus? Kriegen Sie was, als Partner?«

»Nee. Erben wird seine Ex. Sie wird ihn aber nicht vermissen.«

»Was hatte er denn gegen Sie in der Hand?«

»Nix. Wie kommen Sie darauf?«

Der andere leerte den Teller, schob ihn von sich und zündete eine Zigarette an. »Klingelt Sie nachts raus, damit Sie ihm Geld rüberschieben, und Sie kommen brav – nur für den lieben Kumpel?«

»Natürlich.«

»Mann! Der hat doch was von Duisburg und auspacken und alte Geschichte gesagt.«

Homann kniff die Brauen zusammen. »Hat er nicht.«

»Hat er doch. Ich nehme an, wenn man der Polizei Ihren Namen und Duisburg und noch so zwei, drei Dinge sagt, kriegen die das raus. Wie ich.«

»Was wollen Sie denn da rausgekriegt haben?«

»Etwas, was nicht verjährt.« Aus der Brusttasche des Hemds, in der auch seine Zigaretten hausten, zog er ein Stück Papier, entfaltete es und schob es Homann hin. »Heute aus dem Netz gefischt. Kennen Sie bestimmt.«

Es war der Ausdruck einer älteren Meldung – *Todesfall in Fitnessclub*. Man habe, hieß es, wenige Tage nach dem bisher ungeklärten Verschwinden einer jungen Frau aus dem Fitnessclub nun dessen Geschäftsführer tot aufgefunden. Homann brauchte den Text nicht zu lesen; er kannte ihn auswendig. Den Text und alles, was damit zusammenhing.

Er ging wieder hinter den Tresen und blieb dort, um das Bier zu Ende zu zapfen. Ohne den anderen anzusehen, sagte er: »Kilian hat mich angerufen. Ich hab geschlafen und nix gehört. Er hat mir was auf die Box gesprochen. Dann eine SMS. Dann nochmal und nochmal geklingelt, bis ich's irgendwann gehört hab. Die Sache mit Duisburg stand in der SMS. Können Sie nicht gehört haben.«

Der Mann nickte. »Aber gelesen. Sie haben's nicht gelöscht. Haben Sie schon Ihr Handy vermisst?«

»Scheiße.«

»Ist rausgerutscht, als Sie sich da am Teich so gründlich gebückt haben. Brusttasche, oder?«

Homann schwieg, bis das Bier fertig war. Er schwieg, als er vor den Tresen trat und es dem anderen hinstellte.

Schweigend kletterte er wieder auf den Hocker und griff zu den Zigaretten. Seine Finger zitterten ein wenig.

»Die Ex«, sagte der Mann. »Hier irgendwo? Ansehnlich?«

»Weiter weg. Und – sagen wir: In der Marinadenfabrik ist eine mit Haaren wie Weißblech. Ich könnte mich schon für sie engagieren, röche sie nicht so nach Fisch.«

»Junge, Junge!« Der andere lachte. »Hohe Literatur. Und so was nennen die Akademikeraffen Gebrauchslyrik. Wahrscheinlich, weil das, was sie unter Lyrik verstehen, niemand braucht. Tja. Ich glaube, unter anderen Umständen würden wir uns prima vertragen. Tagelang saufen, qualmen und Graßhoff zitieren.« Er beugte sich vor. »Wissen Sie was? Dafür werd ich Ihnen die Hälfte erlassen. Fünfunddreißig, und wir sind quitt.«

»Wieso erlassen? Ich hab nix damit zu tun.«

»Er hat bei mir Schulden gemacht. Spielschulden sind Ehrenschulden. Er hat Sie mit der alten Duisburg-Geschichte zwingen wollen, ihm was dazuzutun. Dann ist er auf Sie losgegangen, als Sie Nein gesagt haben, und Sie haben ihn … war der immer schon so? Hektisch? Jähzornig? Mann, hat der zugeschlagen!« Er rieb sich das Kinn und tastete nach der Lippe.

»Wenn er es wie Herr Prunz mit Fürzen hätte erledigen können …«

»Sie aber auch. Ihr Handkantenschlag; Mann! Pech, was? Ich nehm an, Sie wollten ihn bloß kurz ausknipsen. Dass er sich dann dreht und Sie nicht die Seite, sondern den Kehlkopf erwischen … Scheußlich, das Geröchel am Ende.«

Homann schloss einen Moment die Augen. Er versuchte, sich an das Geräusch zu erinnern. Und an seine Empfindungen. Aber da war nichts. Ausgeblendet? Verdrängt? Wer hatte gesagt, beim zweiten Mal würde alles leichter?

Er öffnete die Augen wieder. Vielleicht bin ich ja bloß gefühllos, dachte er.

Der andere spielte mit seinem Feuerzeug und kniff ein Auge zu. »Okay. Egal, also, für Graßhoff, und weil wir in Quedlinburg sind, die Hälfte. Sonst – kriegste Knast, sind se stur, Pott verpasst, nix Amour.«

»Hab ich nicht. Und hier ist nicht Dully Port.«

»Müssen Sie eben Ihren Anteil an dem Schuppen hier versilbern.«

»Mitten in der Nacht?«

»Ich sag Ihnen was. Wir gehen gleich zu Ihnen, da schreiben Sie mir einen schönen Scheck. Als Geschäftsmann haben Sie doch bestimmt Kredit. Mit dem Scheck geh ich morgen zur Bank, und sobald ich die Knete hab, kriegen Sie Ihr Handy.«

»Darauf soll ich mich verlassen?«

»Spielerehre. Und – ah, notfalls schwöre ich auf die Bibel. Nee, auf Graßhoffs *Halunkenpostille*. Und damit Sie sehen, dass ich es wirklich ehrlich meine, lasse ich nochmal fünf nach, für die leckere Restepfanne und Ihre Zeit.« Er hob die Brauen und sagte leise, aber mit Nachdruck: »Dreißig. Was Sie dem Kerl damals abgenommen haben. Steckt vermutlich alles hier im Laden, ja?«

Homann starrte ihn an und schnappte nach Luft.

Der andere grinste. »Ich hab Sie nicht gesucht; das war jetzt der reine Zufall. Wer würde denn in Quedlinburg jemand suchen? Und eh Sie fragen: Ja, der Typ, der Kilian, hat auch gezockt. War mein Geld. Zinsen vergessen wir mal, und für unseren gemeinsamen Graßhoff schreib ich die siebzig ab. Aber die dreißig will ich haben.« Er räusperte sich. »Geht mich nix an, aber die Verschwundene damals ... Ihre Freundin? Und der Typ, der Geschäftsführer da, hat die verschwinden lassen?«

Gegen halb eins verließen sie das Lokal. Es schneite immer noch, aber es war windstill. Und menschenleer. Niemand sah oder hörte sie, als sie durch den Ort gingen.

»Die Quedlinburger müssen aber aufpassen, dass sie die hübschen Fassaden nicht beschädigen, wenn sie bei Sonnenuntergang die Bürgersteige hochklappen«, sagte der Mann.

»Die sind gepolstert.«

Der andere lachte leise. »Hab ich nicht schon gesagt, dass wir uns unter anderen Umständen prima vertragen würden?«

Homann schwieg. Er dachte an die Eisdecke des Teichs. Daran, dass es kalt und windstill war und morgen früh vielleicht wieder eine Eiszapfentorte zu sehen sein würde. Und daran, dass demnächst, wenn es taute, der Teich wieder durchsichtig wäre.

Er räusperte sich. »Sind Sie sicher, dass der nichts bei sich hat, was Sie belasten könnte?«

»Einen Zettel mit meinem Namen und meiner Kontonummer«, sagte der Mann. »Aber das belastet mich nicht.«

Ein leises Jaulen ertönte. Es kam aus einer Tasche des Mannes, der wie beiläufig ein paar Schritte zur Seite ging. Homann tat, als hätte er nichts gehört. Das Geräusch war sehr gedämpft, aber eindeutig. Tarzans Schrei, den er vor Monaten als Klingelton geladen hatte. ›Marina, wahrscheinlich, oder … ach, egal.‹

Homann fasste einen Entschluss. ›Von wegen prima vertragen‹, dachte er; ›time is money, und bei Nähe geht die allerbeste Freundschaft baden.‹

Als sie den Teich passierten, gab er vor, auszurutschen. Eis unterm Schnee. Ein Taumelschritt, ein Stoß, und der andere schlug lang hin. Etwas … ein ekelerregendes Geräusch, wie dumpfes Brechen und Würgen.

›Warum hast du auch mein Handy angelassen?‹

Der Mann lag reglos da. Er war mit dem Kopf auf einen der von Schnee bedeckten Steine der Teichumrandung gefallen. Die gleiche Stelle wie gestern. ›Mindestens bewusstlos‹, dachte Homann. Er kniete neben ihm nieder, bückte sich, stellte fest, dass der andere atmete.

›Vielleicht, wenn du nicht falsch zitiert hättest …‹

Er tastete, öffnete den Duffelcoat, fand sein Handy und steckte es ein; ebenso den gefalteten Ausdruck des alten Zeitungsberichts. Über den Schultern war genug Stoff zum Packen und Zerren.

»Sonntags üben die Henker am Hals ihrer *Weiber* den Knoten«, murmelte er. »Weiber, nicht Frauen. Wer Hexameter und Nachtigallen stört.«

Homann zog den Mann auf die Umrandung und schob ihn aufs Eis. Die Schicht war vollständig, aber dünn, und sie brach sofort. Wie in der vergangenen Nacht. Homann beugte sich vor; er drückte und schob, bis der Mann unter dem Eis verschwand. ›Niemand hat was gesehen‹, dachte er. ›Gestern nicht und heute auch nicht. Keine Spuren. Ich profitiere nicht und hab kein Motiv. Na denn.‹

Er richtete sich auf und überlegte, was er mit den Spuren im Schnee machen sollte. Aber es schneite ja immer noch: schwere fette Flocken. Vorsichtshalber schob er mit den Füßen von beiden Seiten Schnee über die zertrampelte Fläche.

Er zündete sich eine Zigarette an. ›Nicht die Kippe hier fallen lassen, aber ein bisschen Weihrauch muss sein.‹

Halblaut sagte er: »Auf der Brücke Schweigestill wird man dich schanghaien. Keiner, der dir helfen will, kann dich mehr befreien.« Es klang wie ein Gebet.

Und morgen, dachte er, würde er Marina die Eiszapfenkrone zeigen. Aus der hoffentlich kein Zacken gebrochen wäre.

Bierpfanne

Ca. 1 kg Rinderbraten (oder Schwein, je nach Vorliebe)
½ l Schwarzbier nach Geschmack oder Verfügbarkeit (Guinness, Köstritzer, U Flecku, Quedlinburger Knuttenfurz; wahlweise kräftiges Pils)
3 große Zwiebeln
1–2 Suppenlöffel Ahornsirup, Himbeersirup oder Honig
Pfeffer und Salz
Kartoffeln
Apfelrotkohl (am besten vorher zubereiten)
zum Braten Öl, Butter oder Schmalz

Fleisch in Scheiben schneiden und diese halbieren; in Pfanne beidseitig scharf anbraten, dann in eine Kasserolle o. Ä. umbetten.

Zwiebeln in Ringe schneiden, in der Pfanne anschwitzen, mit dem Bier löschen und zu dem Fleisch in die Kasserolle gießen, dann alles ca. 2 bis 2½ Stunden (je nach Fleischmenge) zugedeckt auf dem Herd oder offen im Backofen (160°–180°) schmoren lassen.

Wenn das Fleisch weich/gar ist, aus der Kasserolle nehmen und warmstellen, die Sauce mit Salz, Pfeffer und Sirup bzw. Honig würzen, mit dem Rotkohl und den Kartoffeln servieren.

Peter Godazgar

Bei Mutti schmeckt's am besten

Bist du nervös? … Kann ich verstehen. Ist aber völlig unnötig. Ich bin Profi. Vollprofi. Bleib einfach in meiner Nähe und guck zu, dann wirst du 'ne Menge lernen.

Ich weiß, klingt blöd, wenn man das über sich selbst sagt, aber in meinem Fall stimmt es nun mal: Ich bin der Beste. Jedenfalls hier in der Gegend. Is einfach so! Soll ich mich dafür entschuldigen? Nöö, sorry, mach ich nicht. Niveau sieht nur von unten aus wie Arroganz, sag ich immer … Was? Kannteste schon, den Spruch?

Wo ich herkomme? Aus Eisleben. Kleines Städtchen in Sachsen-Anhalt. Kurz vor Halle. Lutherstadt. Kennste Luther? Martin Luther? Der wurde da geboren … Was? Wussteste schon?

Ja, schon toll, die Karriere, die ich gemacht habe. Ich sag's, wie's ist: Da bin ich stolz drauf. Hab ich auch allen Grund zu. Kannst dich ja mal in der Szene umhören, wie viele Auftragskiller aus den neuen Bundesländern kommen. Also, ich meine jetzt richtige Hitmen, nicht irgendwelche Heinis, die ihr Hartz IV aufbessern wollen, mit 'ner Knarre rumfuchteln und bei denen du Sorge haben musst, dass sie den Richtigen treffen. Soll ich dir sagen, wie viele Vollprofis es in Neufünfland gibt?

Einen.

Jawohl, exakt einen.

Mich.

Moi.

Aus dem Nichts hab ich mir das aufgebaut. Früher mal, da war ich Facharbeiter für maschinelle Blechumformung. Damit war natürlich Schluss nach der Wende. Aber beim Umformen bin ich geblieben. Na ja, in gewisser Weise.

Klar, ist ein gutes Gefühl, dass man es geschafft hat. Bei unserem letzten Jahrestreffen hab ich sogar den Preis für die konspirativste Auftragsausführung bekommen.

Um wen es da ging? Na, meinst du, das verrate ich dir? Junge, in unserem Geschäft geht es um Diskretion, hörst du? Diskretion! Oberstes Gebot ...

Nein! Ich verrate es dir nicht ...

Also gut, ich sag's dir: Neil Armstrong.

Ja, klar, jetzt lachst du!

Nein, ich mach keine Witze. Wieso Armstrong? Weil der Kerl auf seine alten Tage auspacken wollte ...

Na, auspacken eben, die ganze Story erzählen mit der Mondlandung, oder besser: mit der Nicht-Landung! Gib's zu, du glaubst das Märchen vom großen Schritt für die Menschheit auch!

Was? Ja, klar, hast ja recht, das ist manchmal schon ein bisschen schade, dass man ... wie soll ich sagen, dass man seine Erfolge nicht an die große Glocke hängen darf. Egal. Die, die es wissen müssen, wissen Bescheid, und das muss uns reichen, was?

Weißt du, wer mir den Preis überreicht hat? Luigi DiMaggio und Boris Popow. O Mann, ich sag dir, ich war so gerührt. Ich stand da auf der Bühne und hab geflennt wie so 'n Schlosshund ...

Was? Du kennst Luigi und Boris nicht!

Nein, nicht Oleg Popow!

Junge, erzähl das nicht zu laut, sonst kannst du deine Ausbildung beenden, bevor du richtig angefangen hast. Luigi und Boris sind Legenden, hörst du: Le-gen-den! Mann, Mann, Mann, ihr jungen Leute, manchmal hab ich den Eindruck, ihr interessiert euch überhaupt nicht mehr richtig für das, was ihr macht.

Luigi und Boris, Mann, Koniferen sind das! ...

Was? Ja, meinetwegen auch Kori-, Schlaumeier!

So, gleich sind wir da. Ach, mein Leipzig lob ich mir! War schon lange nicht mehr hier.

Hat schon was Weltstädtisches, oder? Guck hier, Oper und gleich daneben das Gewandhaus. Hier, auf dieser Straße, Junge, bin ich '89 mitgestiefelt, jawohl! Wir – sind – das – Volk! Wir – sind – das – Volk! Ach, das waren noch Zeiten.

Weißt du, was wir nachher machen? Wir gehen in Auerbachs Keller und essen Leipziger Allerlei. Ist wahrscheinlich nicht ganz so gut wie das von meiner Mutti, aber immerhin.

Was? ...

Wie bitte? ...

Du magst Leipziger Allerlei nicht? ...

Ja, klar, du kennst nur diesen Dosenfraß. Verkochtes Gemüse, ersäuft in einer klebrigen Mehlsoße. Vergiss es! Soll ich dir was sagen? Ich behaupte, es gibt kein Gericht, das derart in Verruf geraten ist wie das Leipziger Allerlei. Und warum? Weil kaum jemand weiß, wie es richtig zubereitet wird.

Ich wette, du weißt nicht mal, was da alles reinkommt? Na? ...

Na?! ...

Ja, fang mal an ...

Erbsen, richtig!

Möhren, korrekt!

Spargel, sehr gut! Und? … Ja, jetzt kommst du schon ins Stottern, was? Dann hör gut zu: Grüne Bohnen! Blumenkohl! Jawohl! Morcheln, mein Lieber. Frische Petersilie! Und: Flusskrebse! Dazu eine leichte, helle Soße, die – Achtung! – »unter Zugabe von Krebsbutter vornehm errötet«. Ist ein Zitat, hab ich mal irgendwo gelesen. Klingt gut, was? Und die Soße, die wird nicht drübergeschüttet und stundenlang mitgekocht. Die wird separat gereicht! Ganz wichtig!

So, gleich sind wir da. Fünfhundert Meter noch, sagt das Navi. Vielleicht gucken wir schon mal nach einem Parkplatz. Bisschen Abstand kann nicht schaden, was?

Diskretion, genau. Ich sehe, du passt auf, das gefällt mir!

Meine Mutti hat früher noch Mettwurst reingeschnitten, aber inzwischen bin ich Vegetarier … Was gibt es denn da zu kichern? Weißt du, was die mit den Tieren in den Schlachthäusern machen? Ist außerdem gesünder! Und besser für die Umwelt.

Was? Die Flusskrebse? Ja, okay, die gehören nun mal dazu, schon rein historisch gesehen.

Wieso? Na, dann sperr deine Lauscherchen auf: Ursprünglich war Leipziger Allerlei mal ein Arme-Leute-Essen. Wie ja bekanntlich viele Gerichte, die wir heute als Spezialitäten kennen. In einem Kochbuch von 1745 wird es zum ersten Mal erwähnt. Ganz schön lange her, was? Die Zutaten waren damals reichlich vorhanden. Rund um Leipzig gab es im achtzehnten Jahrhundert schließlich ’ne Menge Ackerland …

Warte, hier ist ein Parkplatz, das letzte Stück laufen wir.

Was? Nein, du kriegst keine Pistole! Sag mal, ich glaube, es hackt!

…

Ackerland also. Und jetzt die Vierundsechzigtausend-Euro-Frage: Wie heißt der Fluss, der durch Leipzig fließt?

Was? Elbe? Klar, Elbe! Du Vogel! Pleiße!

Darin wimmelte es damals jedenfalls nur so vor Flusskrebsen. Und die Pilze, die holte man aus den Wäldern.

So, und jetzt, im Jahr 1815, kommt laut Überlieferung ein Stadtschreiber namens Malthus Hempel ins Spiel. Der wollte die Bettler und Steuereintreiber loswerden und empfahl den Leuten, ihren Speck zu verstecken und nur noch Gemüse auf den Tisch zu bringen, sonntags vielleicht ein Stück Mettwurst oder ein Krebslein …

… aus der Pleiße, genau …

… ein Krebslein dazu. Die Gäste bekommen also statt Fleisch bloß ein olles Schälchen Gemüse. Und, so Hempels Folgerung, »all die Bettler und Steuereintreiber werden sich nach Halle oder Dresden orientieren«. Tusch!

Flusskrebse als Massenware und Abschreckungsmittel! Tja, so ändern sich die Zeiten. Heute kannste nach Leipziger Allerlei suchen, in dem Flusskrebse drin sind. 1876 kam nämlich die Krebspest nach Deutschland, aus Nordamerika natürlich, woher sonst, und seitdem sind Flusskrebse eine Rarität.

So, da wären wir. Nummer 16. Mach mal auf, die Tür …

Haha, war nur Spaß, geh zur Seite, lass mich ran.

So, im Treppenhaus bitte leise, ja?

Statt der Morcheln hat man früher übrigens Lorcheln verwendet, auch eine Pilzart, allerdings eine, die es in sich hat. Wenn du nämlich die Lorchel nicht lange genug kochst, ist sie hochgiftig … Mmh, das wäre auch mal eine originelle Tötungsvariante, halbgare Lorcheln ins Leipziger Allerlei mischen. Muss ich mir mal eine Notiz machen.

So, geschafft. Wieso muss der Typ ganz oben wohnen?

Nein, ich mach die Wohnungstür auf, ich seh doch schon, wie du die halbe Tür zerkratzt. Diskretion! Geh zur Seite.

So, bitte. Hereinspaziert.

Was? Natürlich ist da ein Schalldämpfer drauf! Schnauze jetzt. Volle Konzentration! Und bleib immer schön hinter mir.

…

Ja, guten Abend, nicht erschrecken, bitte! Keine Panik! Ganz ruhig. Einfach sitzen bleiben.

So, ja, schöööön ruhig! Sind Sie Herbert Kampmeier?

Ja? Fein!

…

Hast du gesehen?

…

Nicht lange zögern. Zack und aus. Ja, ich weiß, das ist kein schöner Anblick, aber ich fürchte, da wirst du dich dran gewöhnen müssen.

Arme Sau? Na, wenn du meinst.

Was er gemacht hat? Woher soll ich das wissen? Irgendwas wird er schon gemacht haben. Ich will's gar nicht wissen. Zu viele Informationen belasten nur.

Wollte wohl grad was essen, der Typ, hier riecht's jedenfalls nicht schlecht. Guck mal nach, was in dem Topf da ist.

Semmelknödel? Aha! Und in dem anderen? Was?

Wie bitte? Sieht aus wie Leipziger Allerlei, sagst du? Geh zur Seite!

Ich fass es nicht, Leipziger Allerlei! Hm, riecht gut. Gib mir mal den Löffel.

Oha, was ist das denn? Da ist ja Kohlrabi drin. Wieso ist da Kohlrabi drin? Was hat denn, bitteschön, Kohlrabi im Leipziger Allerlei zu suchen! Nee, nee, das lehne ich ab!

Hach, wenn ich das schon sehe, da könnte ich ausrasten, aber echt. Mann, Mann, Mann. Der kann froh sein, dass ich ihn schon erschossen habe!

Was? Ja, hast recht, wahrscheinlich hat's seine Frau gekocht. Na ja, und riechen tut's ja auch nicht schlecht, muss ich zugeben. Da, schau, da sind sogar Krebsschwänze drin, siehste?

…

Pass mal auf, wir machen jetzt mal was. Das, was wir jetzt machen, das macht man eigentlich nicht. Niemals! Unter gar keinen Umständen! Hörst du? Das ist eine absolute Ausnahme, was wir jetzt machen. Ich tu uns jetzt ein bisschen was von dem Leipziger Allerlei auf einen Teller, und dann probieren wir mal.

Wie, du willst nicht? Wenigstens mal probieren? Du magst keine Krebsschwänze? Hast du denn schon mal welche gegessen?

Na, dann halt nicht. Wer nicht will, der hat schon.

Wichtig ist beim Leipziger Allerlei übrigens, dass jede Zutat einzeln vorgekocht wird, bevor man alles zusammenrührt, weil jedes Gemüse andere Garzeiten hat. Aber diese Mühe macht sich ja kaum noch einer. Bloß meine Mutti, die macht das noch so. Und das schmeckt man dann eben auch.

Wobei ich sagen muss … doch, das schmeckt hier auch nicht schlecht. Da ist dem Kerl etwas entgangen. Doch, schmeckt, muss ich neidlos anerkennen. Da ist noch was drin, irgendwas anderes, ich schmecke es bloß noch nicht raus.

…

Was ist denn das? Kerbel? Könnte Kerbel sein.

Was? Nein, Kerbel muss nicht rein, kann man aber reintun. Ich persönlich lehne das ab. Salz, schwarzer Pfeffer, Petersilie, Schluss.

Muskat! Könnte Muskat sein.

…

Nicht schlecht, Herr Specht.

…

So, den Teller spülen wir jetzt ordentlich ab und stellen ihn zurück. Mach du das mal grad, bitte. Das Besteck auch, bitte.

…

Ist dir eigentlich auch so heiß? Mir ist auf einmal so heiß. Puh. Mach mal ein Fenster auf, ja?

Was? Ich verstehe dich nicht. Mir ist …

Oh …

Ich glaube, dieses Leipziger … also, das von meiner Mutti schmeckt doch anders …

Ui …

Aus der Leipziger Volkszeitung:
Zwei Wochen nach dem brutalen Mord an einem Oberarzt der Leipziger Universitätsklinik tappt die Polizei nach wie vor im Dunkeln. Der Mann wurde Anfang des Monats erschossen in seiner Wohnung aufgefunden, zusammen mit einer weiteren, bislang nicht identifizierten männlichen Leiche. Die Tatumstände geben der Polizei Rätsel auf. Bisherigen Ermittlungen zufolge starb der Unbekannte an einer vergifteten Portion Leipziger Allerlei. Hinweise auf einen Zusammenhang des Geschehens mit dem Transplantationsskandal hätten sich nicht bestätigt, teilte ein Polizeisprecher mit. Nach der Ehefrau des ermordeten Arztes wird weiterhin gefahndet …

Leipziger Allerlei

Zutaten (für vier Personen):
20 frisch gekochte Flusskrebse (oder 20 Krebsschwänze aus der Lake)
25 g getrocknete Morcheln
250 g Erbsen
400 g Blumenkohl
250 g feine Möhren
250 g grüne Bohnen
250 g weißer Spargel

Für die Soße:
80 g Butter
1 EL Mehl
½ EL Krebsbutter
200 ml Sahne
Weißwein zum Abschmecken (nach Belieben)

Bei frischen Flusskrebsen die Schwänze vom Körper trennen, Schwanzfleisch herausbrechen, unter kaltem Wasser abwaschen. Den Schwanzrücken an einer Stelle einschneiden und den Darm herausziehen.

Die Morcheln mit heißem Wasser übergießen.

Gemüse idealerweise getrennt gar kochen (Tipp: immer dasselbe Wasser nehmen!) und auf einer Platte anrichten. Mit Alufolie bedeckt im Ofen warmhalten (bei ca. 80 Grad).

Vom Kochfond etwa 250 ml abmessen.

Morcheln kräftig ausdrücken und in kaltem Wasser gründlich waschen, Morchelfond durch ein Sieb passieren.

80 g Butter mit Mehl und Krebsbutter glattrühren. Gemüsefond, etwa 75 ml des Morchelfonds und die Sahne auf-

kochen. Butter-Mehl-Mischung unter Rühren darin auflösen und 2 Minuten kochen (dabei ständig rühren!). Mit Salz, Pfeffer und eventuell Weißwein abschmecken.

Die ausgedrückten Morcheln mit den Krebsschwänzen in etwas geschmolzener Butter schwenken, salzen und über das Gemüse verteilen. Mit Petersilie bestreuen.

Servieren. Soße separat dazu reichen.

Nina George

Aktion Wutburger

Berlin rotzt, Berlin stinkt, Berlin ist die ewige Patientin der Republik; aber bei Gott, wie er sie liebte, diese große, singende Göre, und jetzt gerade, da liebte er sie besonders. Die S-Bahn schlängelte sich dem Sonnenuntergang entgegen, ein Hauch Frühling färbte die Stadt, und der Letzte, den Pelle heute am Potsdamer Platz ausgenommen hatte, hatte sich als Jackpot erwiesen. Zweitausend Euro in Scheinen, zusammengerollt in der Hosentasche, und im Sakko ein Kartenetui. EC, Visa, American Express und Bahn, alle Karten drin. Ein Ich-mach-was-mit-Film-wichtigwichtig-Heini. Kam aus Köln. Würde es überleben.

Da war auch was für die Kleine übrig, Klassenfahrt und der neue iPod. Gekauft, nicht geklaut. Pelle hatte Regeln. Eine lautete: für die Kinder nur Legales. Das hatte er bei seiner Tochter Suse so gehalten, und für Emma, seine Enkelin, galt das genauso.

Während der Berlinale arbeitete Pelle als »Medienexperte« getarnt. Guter Anzug, Wollmantel, Seidenschal, Budapester, Kastenbrille. Und die Moni vom Salon Wilke föhnte ihm die Haare schön. Dann noch das Handy am Ohr und den Trolley in der Hand. Sah ganz nach wichtigwichtig aus.

Es war schnell gegangen, vorhin. Ein fingierter Zusammenstoß vor dem Taxistand, Rollkoffer fallen lassen, in die fremden Taschen greifen, »pardon«, Rollkoffer aufheben und weiter.

Jetzt reihte sich Pelle in die Woge der Pendler ein, die über die frisch sanierten Bahnsteige und die Treppen des Charlottenburger Bahnhofs hinabschwappte. Pelle ließ sich zum Ausgang Richtung Stuttgarter Platz, oder Stutti, wie der Berliner ihn liebevoll nennt, treiben. Im »Rossia«, dem russischen 24-Stunden-Supermarkt mit Imbiss im Eingangsbereich des Bahnhofs, kaufte er Bier, Waffeltorte und Wodka. Er grüßte die Stammbettler und den Verkäufer der Obdachlosenzeitung *Straßenfeger* und stellte ihnen vier Flaschen Baltika Nr. 9 hin. Das war noch so eine Pelle-Regel: Wenn du hast, dann gib.

Einzahlung aufs Karma-Konto, würde seine Tochter Suse sagen. Wenn die wüsste, auf welche Art ihr Vater sein Geld verdiente. Aber dieses Geheimnis hatte Pelle seit Suses Sturzgeburt in einem Dieseltaxi vor 34 Jahren erfolgreich für sich behalten.

Auf dem Weg zu »Didi's Curry-Point« rechts neben dem Bahnhofsausgang hätte Pelle noch die eine oder andere Tasche ausräumen können. Aber seine wichtigste Regel lautete: Scheiß nicht, wo du isst. Sein Kiez war neutrale Zone. Hier hielt er die Finger still.

Auch wegen Kurti. Der stand wie immer um halb sieben an einem Stehtisch vor Didis Bude, rauchte und schob sich zwischen jedem Zug eine Ladung vom »Familienteller« rein. Drei Currywürste mit Pommes. Dazu eine Molle mit Strippe, ein Glas Bier und ein klarer Korn.

Kommissar Kurt Beck.

Als er Pelle kommen sah, knurrte er:

»Quatsch mir bloß nicht ins Essen.«

»Du scheißt doch Kontinente, wenn du weiter so frisst«, schnappte Pelle zurück.

»Möchtegern-Polacke.«

»Pseudo-Schimanski.«

So beschimpften sich der Dieb und der Kommissar jedes Mal, wenn sie sich sahen; früher im »Hecht«, heute bei Didi. Angefangen hatte es vor vierzig Jahren, als sich Kurti und Pelle, damals noch beste Freunde, in dieselbe Frau verliebten und beruflich entgegengesetzte Laufbahnen einschlugen. Der eine ging zur Polizei, und der andere perfektionierte sich in Eigentumsübertragung. Am Ende bekam Pelle die Frau, das Kind und die Scheidung, Kurt einen Dienstwagen, einen Herzinfarkt und ein drittes Kinn. Alles, was an Gemeinsamkeit geblieben war, war ihre Liebe zur Currywurst. Das war Heimat. Das war Berlin. Das war, was von guten Zeiten übrig blieb.

Als Pelle den schrankgroßen Imbiss betrat, hörte er, wie Didi höchstselbst zwei Touristen beriet. »Mit oder ohne Darm, dann heißt det Charlottenburger oder Spandauer ohne Pelle. Mit Schrippe oder Pommes. Wenn mit Pommes, dann Pommes neben der Wurst oder auf 'nem Extrateller. Soße traditionell als Curryketchup, Texas-scharf oder fruity; zwei mit Pommes rot-weiß vier fuffzich, drei Currywürste sieben fuffzich. Kleener Tipp: Denkt an das Zwischenbier, sonst schafft ihr die dritte Wurscht nicht.«

»Didi's Curry-Point« am Stutti war nicht mehr als ein Kabuff. Gleich nebenan, abgeteilt durch eine provisorische Wand, befand sich der Thai-Imbiss »Bich-Van«. Auf den ketchuproten Tischen der Currywurstbude flackerten Teelichter. Wortlos schob Didi Pelle einen Kaffee hin. Den guten Bohnenkaffee, schön aus der Presskanne.

Pelle setzte sich zu zwei Portugiesinnen an den Tisch, die sehr laut und melodisch sprachen und sich gegenseitig mit Currywurst fotografierten. Im Hintergrund immer dabei: Herta.

Herta Heuwer, die Dampfwurstkönigin. Die Mutter des Berliner Wurstcarpaccios. Sie hatte, so hieß es, am 4. September 1949 an der Kantstraße Ecke Kaiser-Friedrich-Straße die vermutlich erste Currywurst der Welt erfunden. Bei Didi lachte Herta, eine Wurstgirlande in den Händen, von einem Schwarz-Weiß-Foto an der Wand auf die Gäste herab.

Als Didi Pelle das Feierabendgedeck hinstellte – zwei Currywürste mit selbstgemachtem Ketchup und Curry, dazu eine Schrippe –, raunte er:

»Schon gehört? Der Ami kommt.«

»Mit 'ner Luftbrücke?«

»Nee. Die wollen die Schnellfresskette aus der Wilmersdorfer Straße verlegen. Läuft da nicht mehr. Soll jetzt hierherkommen.«

»In deinen Laden?!«

»Na ja, sag ich doch. Die Raffkes haben schon die Miete erhöht. Da könnt' ich Charlottenburger ohne Pelle am laufenden Meter verkoofen, und es würd' nix bringen. Und seit Neustem hat der Ami auch Currywürschte. Die macht der Uli Hoeneß, weeßte, der falsche Fuffziger macht Currywürste und Nürnberger und wat weiß denn ick allet, und dann gibt's in janz Berlin bald nur noch Bayrische Wurstzipfel mit roter Zuckertunke. Echt, besteht nur aus Zucker, die Soße. Und wattse inne Wurst reintun, weiß man ja ooch nich. Paar abjehalfterte Galopper det Jahres ...«

»Ach, komm, Didi. Erzähl mir kein' vom Pferd.«

»Doch, wadde ma! Pony, Ratte, Mensch, einmal durchen Fleischwolf gedreht und aufgekocht, erkennste ooch nich mehr. So 'ne Wurscht ist immer Vertrauenssache.«

»Mahlzeit.«

»Willste 'n Zwischenbier?«

»Jetzt schon.«

Das Bürgerbräu kam, Pelle trank und starrte nach draußen, wo der Kommissar die dritte Wurst in Beugehaft zwischen Magen und Leber nahm.

Kurti und er waren Ende der Sechzigerjahre dünne Jungs gewesen, dünn und braun und schnell. Sie waren der Kommune I, die eine Weile am Stutti residiert hatte, überallhin gefolgt. Pudding-Attentat, Mao-Bibel-Regen von der Gedächtniskirche. Die Brüste von Uschi Obermaier.

Später hatten sie für Muhammad Ali, Velvet Underground und »Der Pate« geschwärmt. Kurti ließ sich die blonden Haare wachsen, trug Sonnenbrille und wollte von den Mädchen »Andy« genannt werden, wie Warhol, und Pelle »Jimi«, wie Hendrix. Sie waren trotzdem gegen Amerika.

Kurti und Pelle waren mit achtzehn nach Bonn gefahren, zur Bonner Anti-Vietnam-Demo. Glühende Rudi-Dutschke-Fans. Gegen den Ami, gegen Wohlstandskonsum, gegen Krieg! Andy und Jimi waren für freie Liebe, trafen Anna, verliebten sich beide und stellten fest, dass das nicht gut ging. So wurden sie wieder zu Kurti und Pelle. Und zu Feinden. Anna hatte Suse, die damals sieben Jahre alt war, bei Pelle gelassen und war nach Indien gegangen, in irgendeinen Ashram.

Er hatte dann nachts gearbeitet, zwischen zwei und vier, wenn das Kind schlief. Mittags hatte er für Suse gekocht. Sie war nie ein Schlüsselkind gewesen, darauf war er stolz.

Kurt wandte sich um, als hätte er Pelles Blick in seinem Nacken gespürt. Der Nacken sieht aus wie eine Cervelatwurst, dachte Pelle. Er hob das Bürgerbräu. Prostete Kurti zu.

Der alte Kommissar wandte sich ab, als hätte er die Geste nicht bemerkt.

»Dann nicht, du blöder Butterberg«, murmelte Pelle.

Mit dem Brötchen tupfte er den Rest von der Currywurstsoße von seinem Pappteller.

»In Kreuzberch hammse Demo gegen den Ami gemacht. Und 'ne Anwohner-Initiative. Hat nix genützt«, sagte Didi beim Abräumen. »Böller in der Hundekacke, det haben die Jungs vor den Laden gelegt. Die Leute wurden wie durch 'n Ventilator beschissen. Sind trotzdem da hingegangen und haben sich das billige Zeug reingepanst.«

Der Ami. Labberbrötchen, Salat in Plastik, Einheitsgeschmack. Und nie sah so ein Burger aus wie auf den Fotos.

Pelle zahlte passend. Das Hochgefühl von vorhin war verschwunden. Es kam auch nicht wieder, als Wolka und Danuta, wie immer kurz vor ihrer Schicht im »Stutti Frutti«, hereinkamen. Sie küssten den Taschendieb zur Begrüßung links und rechts auf die Wange. »Siehst du aus cheute wie Filmproduzent«, lobte ihn Danuta. Wolka strich ihm sanft durchs Haar. »Schöne Frisur«, rollte sie. Wieso, fragte Pelle sich, wieso nur waren solche liebenswerten Frauen Nutten?

Die Rollen seines leeren Trolleys lärmten auf dem Asphalt, als er an den Thai-Sexkinos vorbei Richtung Kantstraße ging.

Er war seit Bonn auf keiner Demo mehr gewesen. Eigentlich hätte man ständig auf der Straße sein und »Nein!« schreien müssen. Aber die Welt hatte sich verändert.

Eigentlich war sie viel zu bequem geworden. Dieses Internet, wo sie Kreditkarten per Mausklick klauten, nicht mehr in die Häuser, sondern in die Computer einbrachen, und das alles anonym und bequem vom Sofa aus: War das noch ehrenhaftes Handwerk?

Pelle grüßte die Streetworker des »Druckmobils«. Der Lieferwagen gehörte dem Verein Fixpunkt und bot den

Stutti-Junkies saubere Spritzen und einen warmen Platz zum Drücken.

An der Fußgängerampel stand auf einmal Kurti neben Pelle.

Er musste gerannt sein. Seine Gesichtsfarbe sah ungesund aus, ein bisschen wie Didis »Fruity«-Sauce.

Sie überquerten die Kantstraße und gingen stumm nebeneinander her. Kurtis Keuchen, Pelles Rollkoffer.

»Verdammter Ami«, keuchte der Kommissar.

»Hmm.«

»Ich kann doch keine Amicurrywurst essen.«

»Hmm.«

»Da muss man doch was machen.«

»Hmm.«

»Verdammt! Kannst du noch was außer Hmm sagen?«

»Schon. Aber nicht zu dir.«

Pelle ließ Kurti hinter sich.

Rollerte weiter die Kaiser-Friedrich-Straße hoch.

Arschbomben hatten sie gemacht im Sommer. In Hockstellung vom Drei-Meter-Turm gesprungen. Heute bekam Kurt seine Knie vermutlich nicht mal mehr hoch, um sich auf den Pott zu setzen. Und Pelles Arsch war zu einem Altmännerhintern geworden, der sich in der Hose verkroch.

»Pelle!«, rief Kurt hinter ihm. »Denkst du eigentlich auch mal an andere als nur an dich?«

Pelle blieb stehen.

Drehte sich um.

Sie starrten sich an, der fette, in die Jahre gekommene Kommissar und der dünne, in die Jahre gekommene Dieb. Zwischen ihnen ein halbes Leben.

»Komm schon, Jimi«, rief der Kommissar. »Lass uns dem Ami in den Arsch treten!«

»Man sollte eine Burgerwehr gründen«, sagte Pelle zehn Minuten später. Sie saßen im »Hecht« vor zwei Molle mit Strippe. »Also, eine Initiative, die so heißt.«

»Bringt nichts«, schnaufte Kurti. »Habe ich schon recherchiert. Unterschriften sammeln, Petitionen einreichen, Sitzblockaden, egal – mit dem Ami wollen alle gern.« Er rieb Zeigefinger und Daumen gegeneinander. »Der übliche Grund.«

»Alle? Und wer in diesem Fall?«

Kurt Beck flüsterte Pelle den Namen ins Ohr.

»Der ist auch beteiligt an der Immobiliengesellschaft, die Didis Bude vermietet.«

»Der? Der ist doch Politiker hier im Bezirk.«

»Wie praktisch, nicht wahr.«

»Und an dem hängt's?«

»Nur an dem. Die Partei sieht das kritisch, das habe ich von einem seiner Kollegen. Aber der Typ hat eigene Interessen. Also drückt er den Ami hier rein. Und bald gibt's keine Currywurst an 'ner normalen Bude mehr. Weil's keine Buden mehr gibt. Ich sag dir: Wehret den Anfängen.«

Die Männer sahen sich an. Beide wussten, dass politische Schützenhilfe bei Immobilienangelegenheiten Tradition hatte in Berlin: ob Hochhäuser am Ku'damm, die höher wurden, als es den lichthungrigen Anwohnern guttat, ob 250 Kleingärten in Marienfelde, die wegen eines »vergessenen« anderslautenden Beschlusses nun doch einem Gewerbepark weichen mussten, ob »Wohnungsbau-Standard« in Prenzlauer Berg, der Eigentümern vorschrieb, wie sie ihre Bäder zu gestalten hatten; und alles nur, um Wähler zu gewinnen oder sich der »Zuneigung« gewisser Bauherren zu versichern.

»Geld korrumpiert, Geld tötet das Gewissen, Geld ist die Geißel der Gesellschaft«, dozierte Kurt.

»Von welchem Kommunisten bist du denn gebissen worden?«

Kurt schnaufte wieder. »Wenn du wüsstest, Jimi …«, begann er. Stierte vor sich hin. Dann:

»Töchter, die ihre Eltern mit Putzmitteln vergiften, um das Haus zu erben, Überfälle, bei denen die Opfer eine Niere, ein Auge lassen, wegen drei Euro in der Tasche. Fälle wie diese stehen bei mir täglich auf dem Programm. Und dann die feinen Banker und Unternehmer ohne Gewissen und Moral. Oder Politiker, die Männchen machen wegen ein paar Nutten, die man ihnen zuführt, für Zigarren, Whisky und Rügen-Urlaub. Und wir bequemen Blödeimer machen's mit. Ich bin's satt, Jimi, ich bin's so satt, wegzuschauen.«

»Und warum fragst du ausgerechnet mich?«

»Hast du noch deine Finger?«

»Natürlich habe ich noch meine Finger.«

»Siehst du. Keiner hat Finger wie du. Und kann sich so perfekt ausrüsten. Wie nennst du deine, eh, Arbeitskleidung heute?«

»›Medienexperte‹. Es ist Berlinale. Da kann ich wohl kaum als Müllmann gehen, das mach ich nur bei … na, ja.«

Während der Love Parade oder zu Silvester, aber das wollte Pelle jetzt nicht sagen. Sonst würde Kurti ihn eines Tages doch noch mal verhaften müssen.

Als Kurt damit rausrückte, wie er den Herrn Bezirkspolitiker beeindrucken wollte, musste Pelle zweimal schlucken.

Erst vor Überraschung. Dann vor Angst, die die Innenwand seines Magens mit einem Frösteln überzog.

»Aber wir erschrecken ihn nur!«

»Und erpressen ihn ein bisschen.«

»Und das sagt ein Bulle.«

»Ich sitz hier als Privatperson. Als engagierter Bürger.«

»Und wie nennen wir die Aktion?«, fragte Pelle. »›Burger-Begehren‹? ›Wir machen gegen Burger Front‹?«

»›Wutburger‹«, antwortete der Kommissar nach einer Weile.

Sie hoben ihre Biere an.

»›Aktion Wutburger‹.«

Danuta und Wolka hatten das Etablissement ausfindig gemacht, in dem der Herr Bezirkspolitiker sich rumtrieb. Als Gast eines der Baulöwen der Stadt, natürlich. Es war ein Herrenclub in Charlottenburg, nicht weit vom Stutti entfernt. Gedämpftes Licht, cognacfarbene Sofas mit geschwungenen Lehnen, die Wände mit rotem Samt ausgekleidet, goldene Lüster. Entzückende Frauen unter dreißig, die Getränke nachschenkten, Schultern massierten, tanzten. Manche nur mit einem Seil bekleidet, das kunstvoll durch den Schritt und um den Hals gezogen war. Andere in Abendkleidern, die Dekolletés mit Goldpuder bestäubt, was Pelle an saftige, glänzende Kartoffelklöße erinnerte.

»So stellt sich der Berliner also 'n Bud'dua vom Moulin Rouge vor …«, kommentierte der Kommissar die Szene. Sie saßen versteckt hinter einem falschen Spiegel in einem Raum, in dem sonst die Chefin des Etablissements saß und über Video alle Zimmer im Blick behielt. »Für Notfälle«, wie sie sagte.

»Warst du mal in Paris?« fragte Pelle.

»Ich war nirgendwo«, konstatierte Kurti missgelaunt.

Sie schwiegen.

»Wie geht's Anna eigentlich?« fragte Kurt dann.

»Sie schläft inzwischen mit ihrem Guru, aber nur an ungeraden Tagen«, sagte Pelle. »An den geraden Tagen sind die Jungs dran, die Wunderlampe des geistigen Erleuchters zu polieren.«

Kurti stutzte. Dann prusteten die beiden Männer los.

»Yoga, Horoskope, Kalorienzählen – irgendwie hat jede Frau ihre Religion, oder?«

»Weißt du, Kurti, es tut mir leid, dass wir damals ...«

»Da isser ja«, raunte Kurt und wies mit dem Kinn auf einen Mann Ende vierzig, der gerade in das Zimmer »Bondage Dreams« kam. Brille, Haarkranz, eine Hand knetete den Busen einer Osteuropäerin, die auf arabische Haremsdame machte, mit der anderen packte er sein Wahlversprechen aus.

»Ist ja nicht viel dran an dem.«

»Hmm. Halbe Currywurst.«

»Nich' ma'.«

»Ich glaube, die Typen gehen alle wegen der Kompensation in die Politik.«

Sie beobachteten, wie die Haremsdame die Gliedmaßen ihres prominenten Kunden geschickt an die vier Säulen des Himmelbetts fesselte, bevor sie begann, ihn zuzureiten.

»Na, dann. Braten wir uns mal 'nen Wutburger, bevor der sein Würstchen wieder einpackt.«

Kurt schaltete die Videokamera, die zu dem Zimmer gehörte, aus und stoppte auch die Aufzeichnung auf der Festplatte. Sie setzten sich die Masken auf. Kurt ging als Bürgermeister Klaus Wowereit, Pelle als Johannes Ponader von der Piratenpartei. Beide hielten sie ein »Zauberstab«-Püriergerät mit Akku im Anschlag.

Stumm stieg die Dame aus Osteuropa ab, als die beiden maskierten Männer das Zimmer stürmten, ordnete ihre sieben Schleier und verschwand.

»Was ...?«, fragte der Politiker. Sein eben noch erhobener Schwanz schrumpfte zu einer Garnele zusammen.

»Pony, Klaus, was macht ihr denn hier?«

Pelle und Kurt ließen die Akkupürierstäbe aufjaulen.

»Hey! Ihr seid ja gar nicht ...«

»Schnauze, du Spacken!«

Und das war das Einzige, was Kurti bis auf Weiteres hervorbrachte. Sehbehindert durch die Wowereit-Maske, den surrenden Zauberstab immer noch vor sich hertragend, stolperte er über die Teppichkante und fiel auf den halbnackten Politiker. Mit einem hässlichen Geräusch häckselten sich die Püriermesser durch Fleisch, Sehnen und Schwellkörper.

Den markerschütternden Schrei, der dann kam, unterband Pelle geistesgegenwärtig mit einem der herumliegenden Knebelbälle.

Es dauerte, bis sich der schwergewichtige Kurti gefangen und mühsam wieder aufgerichtet hatte. Derweil hatte der Pürierstab ganze Arbeit an dem gefesselten Körper geleistet. Der Politiker war gnädigerweise ohnmächtig geworden.

»Verdammt! Du hast Gulasch aus seiner Wurst gemacht.«

»War doch keine Absicht!«

»Wir wollten ihm doch nur Angst machen, ihn erpressen und ihn den Wisch unterschreiben lassen, in dem er sich offiziell gegen den Ami und eine weitere Verbreitung der Burger-Kette in Berlin ausspricht. Wir wollten ihn nicht gleich zu ... zu ...«

»Hackfleisch verarbeiten?«

»Ja, genau! Ach, verflucht, mein Gott.«

»Tut mir ja auch leid«, brachte Kurti zerknirscht hervor.

»Und jetzt?«

Sie sahen auf den Mann, der aus zig Wunden ausblutete und sich in eine lebende Bulette verwandelte.

»Jetzt musser weg.«

Die Hackfleischmaschinen am Ortsrand einer kleinen Brandenburger Stadt röhrten, in den überdimensionalen Püriertonnen wurden Fleischberge in eine rosafarbene Masse verwandelt. In drei Verarbeitungsabteilungen füllten sich die Vakuumverpackungen automatisch mit Frischhack für die Supermärkte. An anderen Stationen wurde das pürierte Fleisch gefriergetrocknet, um sich zwei Tage später in Tortelloni wiederzufinden. Und eine Marge ging zu flachen Buletten geformt an die einundsechzig Berliner Filialen eines großen Schnellrestaurants mit Burgerbraterei.

Kurt und Pelle saßen bei einem überglücklichen Didi und lasen in der BZ über das seltsame Verschwinden eines Charlottenburger Politikers.

Zur Feier des Tages gab Didi frische Buletten aus, die er am Morgen selbst angerichtet hatte, aus schönem, frischem Brandenburger Hackfleisch, mit Schmorzwiebeln, Senf und geriebener Schrippe.

»Lass ma'«, sagte Kurti.

»Ich nehm 'ne schöne Spandauer ohne Pelle«, meinte Pelle.

»Hast du eigentlich mal über vegetarische Currywurst nachgedacht, Didi? Man weiß ja nie, wer heutzutage im Brät steckt …«

»*Wer* drinsteckt?!«

»Äh, was. Stute, Pony, Marder, so was.«

»Currywurscht vegetarisch, det is ja mal 'ne total crazy Idee. Noch 'ne Strippe, die Herrn?«

Der Kommissar und der Dieb stießen an.

Der Frühling stand vor der Tür.

Currywurst

Die Berliner Currywurst besteht aus Brühwurst mit oder ohne Darm (»Spandauer ohne Pelle«) und wird mit Cayennepfeffer oder Chilikörnern (»Molotow-Wurst«) angeboten. Im Ruhrgebiet ist es stets eine Bratwurst, nicht gepökelt, nicht geräuchert. Serviervorschlag: Als Schimanski-Teller, Bottroper Schlemmerplatte oder »C-Wurst«. Beilagen sind »Pommes Schranke« (= rot-weiß), auch Asi-Teller, Bratwurst-Carpaccio oder Kanzler-Teller genannt.

Zutaten (für vier): 4 Bratwürste, eine Dose Tomaten, 200 g Tomatenmark, 60 g Bratenfond, 40 g mittelscharfer Senf, 750 ml Wasser, 30 g Zucker, 15 g Salz, 1 EL Currypulver, 1 EL scharfes Paprikapulver, 1 TL Paprikapulver edelsüß, eine Prise Muskatnuss, 50 g Speisestärke. Alles bis auf die Würste und die Stärke zusammen aufkochen. Die Stärke mit Wasser verrühren, die Soße binden. Die Würste mehrmals quer einschneiden und in einer Pfanne bei mittlerer Hitze 5–8 Minuten hellbraun braten. In Scheiben schneiden, mit Soße übergießen, mit Curry bestreuen.

(nach Raimund Ostendorp, »Profi-Grill«, Wattenscheid)

Das Herta-Heuwer-Rezept von 1949 ist bis heute unentdeckt. Zur Nachkriegszeit gab es acht bis zwölf gängige Gewürze. Die Grundsoße bestand aus Tomatenmark, Paprika, Pfeffer, Worcestershiresoße, Zucker, Curry und … genau: geheim!

Die Autoren

Friedrich Ani, geboren 1959, lebt in München. Er schreibt Romane, Gedichte, Jugendbücher, Hörspiele und Drehbücher. Seine Romane wurden in mehrere Sprachen übersetzt und vielfach prämiert. Für ›Süden‹ wurde er u. a. mit dem Deutschen Krimipreis für den besten deutschsprachigen Kriminalroman des Jahres ausgezeichnet. 2012 erhielt Ani den Bayerischen Fernsehpreis für das Drehbuch ›Das unsichtbare Mädchen‹. Er ist Mitglied des Internationalen PEN-Clubs.

Zoë Beck, geboren 1975, lernte Klavier und studierte englische, amerikanische und deutsche Literatur. Nach diversen Film- und Theaterjobs im In- und Ausland arbeitet sie heute als Autorin, Synchronredakteurin und Übersetzerin und schreibt u. a. für culturmag.de. Sie lebt in Berlin. Mehr unter www.zoebeck.net

Richard Birkefeld, 1951 in Hannover geboren, ist Historiker und Politologe. Sein erster Roman ›Wer übrig bleibt, hat recht‹ wurde mit dem Deutschen Krimipreis und dem Friedrich-Glauser-Preis ausgezeichnet und in Dänemark und Frankreich für nationale Literaturpreise nominiert. Es folgten die Romane ›Deutsche Meisterschaft‹ (dtv 21158) und ›Tod einer Stracke‹ sowie zahlreiche Kurzgeschichten. Birkefeld lebt als freier Autor und Herausgeber in Hannover.

Horst Eckert, 1959 in Weiden/Oberpfalz geboren, lebt in Düsseldorf. Er studierte Politische Wissenschaft und arbeitete als Fernsehjournalist. Seine Romane gelten als »im besten Sinne komplexe Polizeithriller, die man nicht nur als spannenden Kriminalstoff lesen kann, sondern auch als einen Kommentar zur Zeit« (Deutschlandfunk). Sie sind in mehrere Sprachen übersetzt und vielfach preisgekrönt (u. a. Friedrich-Glauser-Preis). Zuletzt erschien sein Roman ›Schwarzlicht‹. Mehr unter www.horsteckert.de

Nicola Förg hat mittlerweile 13 Kriminalromane verfasst und an zahlreichen Anthologien mitgewirkt. Sie gilt als Erfinderin des Allgäu Krimis. Ihr Alpenkrimi ›Mordsviecher‹ wurde vom Tierschutzbund Bayern mit dem Tierschutzpreis ausgezeichnet, auch in ihrem aktuellen Buch ›Platzhirsch‹ geht es tierisch zu. Die gebürtige Oberallgäuerin, die in München Germanistik und Geografie studierte, lebt heute mit Familie sowie Ponys und diversen Kaninchen und Katzen auf einem Anwesen in Prem. www.ponyhof-prem.de

Christiane Franke, geboren 1963, lebt in Wilhelmshaven an der Nordseeküste, wo auch ihre bislang sechs Romane und der Großteil ihrer kriminellen Kurzgeschichten spielen. Sie ist Herausgeberin von Anthologien, war 2003 für den Deutschen Kurzkrimipreis nominiert und erhielt für 2011 das Stipendium der Insel Juist »Tatort Töwerland«. Und da sie auch anderen gern das Handwerk des Schreibens vermittelt, ist sie Dozentin für Kreatives Schreiben. Mehr unter: www.christianefranke.de

Nina George, geboren 1973, arbeitet seit 1992 als freie Journalistin, Schriftstellerin und Kolumnistin. George schreibt Wissenschaftsthriller und Romane, Reportagen, Kurzgeschichten sowie Kolumnen. Ihr Roman ›Die Mondspielerin‹ erhielt 2011 die DeLiA, den Preis für den besten Liebesroman. Für ihren Kurzkrimi ›Das Spiel ihres Lebens‹ wurde Nina George 2012 mit dem Glauser-Preis ausgezeichnet. Unter ihrem Pseudonym Anne West gehört sie zu den erfolgreichsten deutschsprachigen Erotikautorinnen. Nina George lebt im Hamburger Grindelviertel. Mehr über die Autorin unter www.ninageorge.de

Peter Godazgar, geboren 1967, studierte Germanistik und Geschichte und besuchte unter anderem die Henri-Nannen-Journalistenschule in Hamburg. Er arbeitet als Redakteur bei der Mitteldeutschen Zeitung in Halle (Saale) und lebt seine kriminellen Fantasien in den Abenteuern des tollpatschigen Privatermittlers Markus Waldo und einer stetig wachsenden Zahl von Kurzgeschichten aus. Als Ausgleich zu den vielen Toten hat er soeben seine erste Liebeskomödie vollendet. Beim Leipziger Allerlei verzichtet er aus vegetarischen Gründen auf die Krebse und die Krebsbutter – schmeckt trotzdem. www.peter-godazgar.de

Gisbert Haefs, Jahrgang 1950, lebt und schreibt in Bonn; als Übersetzer/ Herausgeber verantwortlich für Borges, Kipling, Brassens, Dylan u. a., als Autor haftbar für Erzählungen, historische Romane (›Hannibal‹, ›Troja‹, ›Raja‹, ›Die Rache des Kaisers‹ u. a.) und Krimis (Matzbach).

Dora Heldt, 1961 auf Sylt geboren, ist gelernte Buchhändlerin, Verlagsvertreterin und Autorin. Mit ihren spritzig-unterhaltenden Romanen erobert sie regelmäßig sämtliche Bestsellerlisten. Die Romane ›Urlaub mit Papa‹ (dtv 21143), ›Tante Inge haut ab‹ (dtv 21209) und ›Bei Hitze ist es wenigstens nicht kalt‹ (dtv 24857) wurden auch verfilmt. Zuletzt erschien ihr Roman ›Herzlichen Glückwunsch, Sie haben gewonnen!‹ (dtv 28007). Dora Heldt lebt in Hamburg.

Norbert Horst, geboren 1956 in Bad Oeynhausen, trat nach der Schule in den Dienst der Polizei ein und arbeitete hier in unterschiedlichsten Bereichen. Nach Jahren als Verhaltenstrainer arbeitet er heute im Bereich Öffentlichkeitsarbeit/ Presse der Polizei Bielefeld. 2003 erschien sein erster Roman ›Leichensache‹, für den er den Friedrich-Glauser-Preis als bestes Debüt erhielt. Für seinen zweiten Roman ›Todesmuster‹ wurde Horst 2006 mit dem Deutschen Krimi Preis ausgezeichnet. Er lebt mit seiner Familie in Ostwestfalen.

Gisa Klönne, geboren 1964, studierte Anglistik, arbeitete als Journalistin und lebt heute als Schriftstellerin in Köln. Ihre erfolgreichen Romane um Kommissarin Judith Krieger wurden in mehrere

Sprachen übersetzt. Zudem veröffentlichte sie zahlreiche Kurzgeschichten und ist Herausgeberin zweier Krimi-Anthologien. Für ihr Werk wurde Gisa Klönne mehrfach ausgezeichnet, u. a. mit dem Friedrich-Glauser-Preis 2009 für ihren Kriminalroman ›Nacht ohne Schatten‹. Die Kriminalpolizei Bonn ernannte sie zur Ehrenkommissarin. Zuletzt erschien ihr autobiografisch inspirierter Familienroman ›Das Lied der Stare nach dem Frost‹. Mehr unter www.gisa-kloenne.de

Arnold Küsters, geboren 1954, studierte u. a. Anglistik und Psychologie. Er arbeitet als Journalist vor allem für Hörfunk und Fernsehen und veröffentlichte bereits zahlreiche Kurzkrimis und Prosatexte, auch bei dtv. Zuletzt erschien ›Ein Knödel zu viel‹. Als Musiker gehört er, wie Gisa Klönne und Sandra Lüpkes, zum weltweit einzigen Kriminalorchester »HANDS UP! and the shooting stars« und spielt Bluesharp in der Rockband »STIXX«. Für Grillagetorte fährt er besonders gerne ins Hofcafé Alt Bruch. Arnold Küsters lebt mit seiner Familie am Niederrhein. Weitere Infos unter www.arnold-kuesters.de und www.stixx-online.de

Cornelia Kuhnert lebt und schreibt in Hannover. Sie war nach dem Geschichts- und Germanistikstudium Lehrerin an verschiedenen Schulen. Seit einigen Jahren arbeitet sie freiberuflich als Autorin von Kriminalromanen und Kurzkrimis aus dem niedersächsischen Kleinstadtmilieu (›Tödliche Offenbarung‹). Sie ist die Herausgeberin von Anthologien in verschiedenen Verlagen und organisiert das Krimifest Hannover. Mehr unter www.corneliakuhnert.de

Sandra Lüpkes, geboren 1971, lebt als Schriftstellerin und Sängerin in Münster. Mit großem Erfolg hat sie zahlreiche Romane, Sachbücher und Kurzkrimisammlungen veröffentlicht. Ihre tatkräftige Heldin, die Profilerin Wencke Tydmers, ermittelt inzwischen in neun spannenden Fällen, aktuell erschienen sind ›Götterfall‹

(dtv 24964) und das Sachbuch ›Woran erkennt man ein Arschloch?‹. Mehr über die Autorin unter www.sandraluepkes.de

Susanne Mischke hat mehr als ein Dutzend Kriminalromane veröffentlicht sowie fünf Jugendkrimis und einige Kurzgeschichten. Mit dem Roman ›Der Tote vom Maschsee‹ begann ihre erfolgreiche Hannover-Krimiserie um den kauzigen Kommissar Bodo Völxen und seine Schafe. 2013 erschienen der Roman ›Töte, wenn du kannst!‹ und der Thriller ›Schneeweiß, blutrot‹. Die Autorin lebt in Hannover. Mehr auf ihrer Webseite: www.susannemischke.de

Ingrid Noll, geboren 1935 in Shanghai, studierte in Bonn Germanistik und Kunstgeschichte. Sie ist Mutter dreier erwachsener Kinder und vierfache Großmutter. Nachdem die Kinder das Haus verlassen hatten, begann sie Kriminalromane zu schreiben, die allesamt sofort zu Bestsellern wurden. Viele ihrer Bücher wurden erfolgreich verfilmt.
 Zuerst erschienen in: Dirk Kruse (Hrsg.), Augenschmaus. 2013 Quetsche. Verlag für Buchkunst.

Sabine Thomas wurde bekannt als TV-Moderatorin. Sie hat einen preisgekrönten Roman sowie zahlreiche Kurzkrimis veröffentlicht, schrieb Drehbücher für eine ARD-Krimiserie und ist Herausgeberin einer Seenkrimi-Trilogie (»Tatort Ammersee«, »Tod am Starnberger See« und »Tod am Tegernsee«). Sie lebt in München und am Ammersee in Starnberger Fünfseenland und veranstaltet Literatur-Events, darunter das Krimifestival Fünfseenland und das Internationale Krimifestival München. Sie ist Jury-Mitglied beim Agatha-Christie-Krimipreis. Weitere Infos unter www.sabinethomas.de